オリーヴ
チェックランド

天皇と赤十字

——日本の人道主義100年——

工藤教和 訳

法政大学出版局

Olive Checkland
HUMANITARIANISM AND THE EMEROR'S JAPAN, 1877-1977

Japanese translation rights arranged
with Olive Checkland
c/o Campbell Thomson & Mclaughlin Ltd., London
through Tuttle-Mori Agency, Inc., Tokyo.

本書を太田成美さんと日本赤十字社のヴォランティア精神に捧げる

明治天皇（在位1867—1912年）．彼の名のもとに日本赤十字社が設立され，人道主義の考え方が取り入れられた．こうして，日本の新体制は国際社会に対してその正当性の認知を求めた．

まえがき

西洋人の心の中には、日本人の人道主義についてある固定化されたイメージがある。それは、一九四一年から四五年の戦争〔太平洋戦争〕で連合国の捕虜に対して振るわれた暴力行為によって作られたものである。しかし、一九〇四年から〇五年の日露戦争においては、ロシア人捕虜への人道的な処遇で日本人たちは世界の指導者であった。本書では、人道主義（Humanitarianism）という言葉を、戦時における苦難の緩和と福祉の向上を意味するものとして限定的に用いることにする。

日本赤十字社（JRC）は、伊藤博文と岩倉具視の創案になるものであった。彼らは岩倉使節団訪欧の折、その地の人道主義運動を学ぶためにジュネーヴでのひとときを赤十字の人々と過ごした。当時の日本は、国際的な認知を受けるために苦闘していた。機知に富む伊藤が、この日本の国家としての正当性を証明する一つの場として赤十字を見なしたのであろうか。彼が日本赤十字の創業を促したのは事実である。一八七三年一月から九月までウィーン駐在の外交官をしており、この間使節団員とも何度か会見していた佐野常民がこの実際的な労を担うことになった。

日本赤十字社は、草創期から皇室と関係があり、その援助を受けて来た。「天皇の赤子」である軍隊に関与する運動である以上、天皇の庇護を受けるのは当然のことであった。日本では天皇の名の下においてのみ、この種の団体が会員に絶対的な忠誠を求めることができた。これは否定できない事実である。

佐野が、日本赤十字社の前身となる慈善団体を発足させる機会を得たのは、西南戦争（薩摩の反乱）が勃発した一八七七年であった。この時「博愛社」の名前で、戦場で傷ついた人々に対する初歩的な救護活動が始まった。

一九〇〇年までに日本赤十字社は、おおよそ日本の人口の一割にあたる名目九〇万人の会員を抱え、この種の団体では世界一の規模となっていた。赤十字社は、日本では超愛国主義的な団体であり、地方の公務員などがこれに派遣されていた。西洋社会の多くの場面できわめて重要となる「ヴォランティア精神」は、アメリカ合衆国赤十字社の顧問団がこれに介入した一九四五年以降に至るまで、日本赤十字社の基本的な精神となることはなかった。当惑すべきことではあるが、他の諸国では平和時になると赤十字社の会員数が低迷するかもしれなかった。しかし、日本ではそのようなことはなく、会員数は、西洋の水準に比べると驚くほど高いままで推移した。

一九〇〇年までには強い指導者となっていた明治天皇は、彼が方針として掲げた人道主義的な目標を疑いもなく達成した。ロシアとの戦闘は激しかった。多くの流血を見た後、辛うじてこれに勝利した。しかし、敗北したロシア人たちは、一旦捕らえられると、大切にそして温かい心配りをもって扱われた。ロシア人捕虜を虐待してはならないとの天皇の言葉が、部隊の将校を通じて一般の兵士にまで行き渡っていた。ロシア側の数字によると、七万人もの捕虜のうち収容中に傷病で死亡したのは五〇〇人ほどだという。第一次世界大戦中に日本は中国山東省の租界などにいた五千人のドイツ人を捕虜とした。彼らもまた手厚く遇された。

ロシア人たちを親切に処遇した日本人の偉業は、当時の国際社会で広く知られるところとなった。この頃、捕虜の取り扱いを大枠で定めたジュネーヴ条約がまだ存在しなかった。そのような時期だけにこれは世界中の注目を集める出来事であった。実際、この時期において、国際団体としての赤十字は、戦傷者の救護という元来の活動から捕虜の保護にまで活動領域を拡げることには否定的であった。一八九九年のハーグでの国際平和会議で作成された捕虜などの取り扱いについての諸規定を参照して、日本人たちはことにあたったのである。（付属資料A参照）

国際赤十字は、日本の組織を対等なものとして早期に承認した。このことが、日本には特別の重要性をもっていた。日本が「不平等条約」を改定しようと苦闘し、一般的にいえばいまだ西洋社会の保護を受けていた時期になされたこの認証は、大きな影響を与えた。赤十字国際委員会が日本を差別しなかったことが、国際社会の人道主義的な活動に対して例外的に大きな報酬をもたらしたのであった。

他方で、明治天皇も数百年にわたってサムライを律してきた古くからの強固な軍律をすでに覆し、拒否していた。かわりに彼は、近代的な人道主義的考えを国民が受け入れることを推奨した。古い考え方は勢力を失い、姿を消したように見えた。しかし、けっして死に絶えてしまったわけではなかった。

一九二六年の大正天皇の死とともに、狭量な国家主義的な考え方への道が開け、古い価値観が再び自己主張を始めるようになった。このようにして、近代的な人道主義と冷酷な軍律との恐ろしい不一致が露呈されるようになった。平和時においては、この二つの考え方は併存しともに繁栄することができた。それが軍隊の補助機関であるがゆえに熱い支持を受けた巨大な日本の赤十字社は、国の外では強く力のある人道主義的団体として称賛された。日本は、戦争での行き過ぎを制御しようとするジュネーヴ条約の初めからの署名国でもあった。しかし、第二次世界大戦はこの二つの立場が両立しえないことを示すことになった。なぜなら、日本軍部の野蛮な力と対した時、日本人以外の人々への赤十字の博愛精神はたじろぎ、勢いを失ったからである。

準公的な機関として、日本赤十字社は東京だけではなく各地方をもよく代表するように構成されていた。役職上、その地方の赤十字組織の成功に責任をもつ県知事たちは、そこの赤十字社が日本一であることを確かなものとするために、郷土愛を鼓舞して競い合った。地方の中心都市は、堂々とした赤十字の地方本部をもつことを誇りとしていた。後にはそこに病院も建てられた。医師、看護婦、薬剤師および看護士からなる救護班が、臨時の野戦病院や赤十字病院で働くために地方の赤十字病院から単位部隊として徴用された。日露戦争中にそのうちの数班が捕虜の救護のために働いた。

赤十字社は、女性に看護婦としての専門的な職業訓練を授けた日本でおそらく最初の機関であろう。看護婦の制服を着用し、赤十字病院で「働く」ために貴族階級から募り看護活動に加わった婦人たちは、おそらくは象徴的な「篤志家（ヴォランティア）」であろう。彼女たちの看護活動は、上流の子女たちにみずから進んで訓練を受けるよう促すためのものであった。女性たち（初期には、それはしばしば戦争未亡人すなわち戦時の英雄であった）は、厳しく訓練され監督されていたが、看護婦として教育され、経済的な能力のみならずその地位と名声をも得ていた。このことの重要性について、西洋人たちは理解に苦しむかもしれない。

日本赤十字社は、一八九〇年代から一九〇〇年代にかけて拡大し繁栄した。その後、日本がイギリスやアメリカと同盟した第一次世界大戦中にも成長を続けた。第一次大戦後、その名声にも後押しされて、もし一九二三年九月一日の関東大震災がなかったならば、日本赤十字社は永年の希望であった赤十字国際会議を一九二〇年代に主催することができたであろう。一九三四年になって赤十字運動は、その四年ごとの国際会議を東京で開くことを承諾した。この会議は一九一二年のワシントンを除いて一度もヨーロッパの外に出たことはなく、この東京会議は、多くの外国人を集めた。それは、日本で開催された初めての主要な国際会議であった。外国人訪問者たちは、日本の能率の良さに驚いたに違いない。またおそらくは絶え間ない暖かい歓迎に圧倒されたであろう。

東京会議での議論は、過去の業績を引き合いに出した祝賀的なものであった。満州への介入を確実にするために日本軍によって演出された一九三一年九月一八―一九日の満州事変と、それに引き続いた満州国傀儡政権の押しつけとについては何の言及もなかった。満州での日本の活動を批判したリットン調査団報告の結果として生じた一九三三年三月の日本の国際連盟脱退も無視された。そして関東軍が、東京の日本政府の統制を実際上は離れてアジア大陸で行動していることについての認識もなかった。この関東軍は、大東亜戦争を準備し、すぐにも南満州から中国本土への侵略を始めようとしていたのである。

東京での国際赤十字会議の楽観主義は、人道主義のむなしい勝利であった。なぜなら、あらゆる賛辞や美辞麗句にもかかわらず、戦争にひた走っていた日本に国際主義は不適切なものになっていたからである。

第一次世界大戦は、交戦国の間で傷病者の捕虜みならず、傷ついていない捕虜の扱いも問題であることを明らかにした。その結果、一九二九年に戦争捕虜に関する二つのジュネーヴ条約の条項が合意された。しかし、日本はそれらをけっして批准することはなかった。一九四一年から四五年の戦争は日本人の手に数多くの捕虜をもたらした。その多くが虐待されたのである。それは一九〇四年から〇五年の日露戦争や一九一四年から一八年の第一次大戦中に日本が見せた高い道徳的な水準からは大きくかけ離れていた。より古い価値観が再び浮上したのであった。名誉ある日本人は、捕虜となるよりも死を選んだ。日本人の家族は、息子たちを兵士として送り出す時、彼らに永遠の別れを告げ、けっして生きて虜囚の辱めを受けてはならないと諭した。数字がこれを証明している。一九四五年の七月末に一万五九五九人に数字は跳ね上がるものの、一九四四年末では日本人の捕虜は八六五八人にすぎなかった。これに対して連合国側の捕虜は約二〇万人であった。

日本は、オーストラリア、ニュージーランド、カナダ、アメリカそしてイギリスなどの人々からなる捕虜を、それまで長い間日本で囚人たちを扱ってきたのと同じように取り扱った。労働に駆り出したのである。伝統的に囚人たちは最も過酷な労働を強いられてきた。白人たちは、日本、満州、ビルマその他の東南アジアなどの鉱山、工場で働いた。生存ぎりぎりの不十分な米食しか与えられていなかった。このため、厳しい気候条件下での労働は、多くの人々の肉体的な限界を越した。頻繁に事故が発生し、多くが命を落とした。

一九四一年から四五年の戦争で日本赤十字社は活動不能な状態にあった。このことに批判的な人々には、赤十字の奉仕者が軍隊の手中にある道具のように思われた。また、これに好意的な人々には、国際的な緊張を和らげるために赤十字の職員ができることはほとんどなかったように見えた。すべてが終わった後に、ジュネーヴの国際赤十字は、その体面を繕うような声明で、日本赤十字社当局みずからは恥ずべき行為を何もしなかったことを確認した。

戦争中、捕虜のための交渉は、通例ジュネーヴの赤十字国際委員会（ICRC）のような中立の代表者によってなされた。日本の軍隊がこれに協力的でなかったとして責められても仕方がない。彼らは遅延と妨害の方針をもってこれに臨んだのは明らかである。日本居住の、あるいはジュネーヴから派遣された赤十字国際委員会の代表者たちが、捕虜の待遇改善についての議論をする連絡経路を打ち立てるために奮闘した。しかし、すべて何の効果もなかった。数カ月に及ぶ長い交渉の末に行なわれた捕虜収容所への訪問は、収容所司令官たちによる長々とした口上によって時間を無駄にさせられた。彼らは、いかに高い水準がその収容所で維持されているかを延々と説明した。やっとのことで国際赤十字の人々に許されたのは、

一、二名の捕虜とのわずか二分間ほどの短く厳格に制限された会話であった。そこにはいつも日本人の衛兵が立ち会うか、または会話を聞き取れる距離にいた。時として赤十字の小包が収容所に届くこともあったが、めったに捕虜の手には渡らなかった。このようなことすべてが捕虜たちの境遇をさらに厳しいものとした。この明白な捕虜への虐待が、アメリカが戦争末期にかけて実行した残忍な東京への集中爆撃を決断する際の一つの要因となったという。日露戦争や第一次大戦における捕虜に対する行動基準が一九四〇年代にもまだ健在であったなら、広島・長崎への原子爆弾の投下はなかったのであろうか。

悲惨な戦争は、前例のない天皇のラジオ放送とともに一九四五年八月一五日に幕を下ろした。この放送は、戦争の敗北と連合国共同宣言の受諾を告げるものであった。これは、それまで長い間勝利を約束する宣伝にならされてきた日本人たちに衝撃を与えた。天皇は国民に「堪え難きを堪え、忍び難きを忍ぶ」ことを求め、そしてこのことをもって「万世の為に太平を開かんと欲す」と告げた。日本は今日でもまだ攻撃的な国として見られている。しかし、明治以前には、好戦的な行動は閉ざされた国境内の権力争いにのみ限られていた。近代世界にこの国を引きずり込んだのは西洋の軍艦の大砲であった。悲劇的にもこの国は、帝国主義の甘言にのってその模範的な生徒であることを示したのである。

一九四一年から四五年の戦争は旧日本赤十字社を破壊した。救いは、アメリカ赤十字社（ＡＲＣ）の援助を受けながら、地方赤十字病院の活動を民間医療サーヴィスへと発展させることによってもたらされた。現在日本赤十字社は、日本中に総合病院、産院、薬剤事業、診療所その他付随的サーヴィスを含む医療活動ネットワークを展開している。東京やその他の場所でも日本赤十字社は今なお看護婦の訓練をしており、渋谷では大きな総合病院を運営している。日本全国の血液事業は、実際的には日本赤十字社によって担われている。

海外では、日本赤十字社はインド、東南アジアやその他の第三世界にいくつかのプロジェクトをもっている。「非軍事的な」日本は、現代医学と医療の恩恵を受けることがより少ない国々とその恩恵を分かちあえるよう望みつつ、新たな役割を何年間にもわたって模索し続けている。

キリスト教のシンボルである十字架が、中立のジュネーヴに本拠を置く赤十字組織の人道主義的な活動の隠喩として採用された。この十字架を日本が熱心に受け入れたのは、それへの真正な関心の表現としてではなく、ただ世界クラブの仲間に急いで入る必要からであったのかもしれない。たとえこの見解を認めたとしても、それはロシア人、ドイツ人捕虜に援助の手を差し伸べた日本人の初期の業績を損なうものではない。しかしまた、一九四五年に、東南アジア各地の収容所から姿を現わした痩せ細った捕虜たちの光景を忘れることもできない。

日本における赤十字運動関係の研究を始めることができたのは、当時外事部の長で、現在日本赤十字社の副社長を努める近衛忠輝氏から一九九〇年にいただいた支持によるものである。大和日英基金からは東京滞在中の出費の負担を大いに軽減する研究費をいただいた。慶應義塾大学は、研究を確実に遂行するために必要な訪問教授という地位と研究環境を寛大にも提供してくれた。玉置紀夫・節子、工藤教和、杉山忠平、ならびに小松芳喬の諸氏は、貴重な激励と支持をいつも惜しまなかった。マーガレット・ラム(Margaret Lamb)、玉置紀夫そしてオズワルド・ワインド(Oswald Wynd)の各氏は、この原稿を批判的に読み、多くの助言を与えてくれた。鎌倉からは、太田成美氏が、四〇年間彼が勤務した日本赤十字社の道程と活動についての献身的な研究者として協力してくれた。東京日本橋では、サクラ精機株式会社社長松本謙一氏にお世話になった。氏は、日露戦争時(一九〇四―〇五年)に彼の会社が製作した精密な義足、義腕、義眼についての他所では得られないような情報を提供してくれた。エディンバラでは、ジェイムズ・マッキィワン（James McEwan）氏が日本の大浜〔山口県〕で捕虜になっていた頃の未公刊の日記を利用させてくれた。サリーでは、ヴェロニカ・マーチバンクス（Veronica Marchbanks）氏がバーネット・ヒル（Barnett Hill）にあるイギリス赤十字の文書館で日本関係の資料を熱心に探してくれた。ジュネーブでは、フローリアン・トルゥニンガー（Florianne Truninger）氏が、一連の問い合わせに対して忍耐強く、直接の利用が制限されている赤十字国際委員会の文書館をくまなく探索してくれた。一八八一年から一九四六年までの赤十字の全史料が所蔵されている国立文書館があるワシントンでは、タブ・ルイス（Tab Lewis）氏が関連ありそうな史料を丹念に探してくれた。テネシー州ブラントウッド（Brantwood）では、日本で働いたことがあるアメリカ赤十字のマーガレット・ダフィー（Margaret Duffy）氏が、「ヴォランタリズム」について大いに助力してくれた。グラスゴーでは、イザベルおよびビル・バーンサイド（Isabel and Bill Burnside）の両氏が、私の手書き原稿を誤りなくタイプしてくれた。これらすべての人々に感謝する。

イングランドのケンブリッジ、および
スコットランド、ファイフのセラーダイクにて

オリーヴ・チェックランド

凡　例

一、日本語原著がある英訳書からの引用については、日本語原文を使用した。

一、外国語の引用文献のうち日本語訳があるものについては、訳書を参考にしたが、原則として訳し直した。

一、片仮名表記については英語発音を原則としたが、慣用の表記法がある場合にはそれを使用した。

一、日本人名のうち、漢字表記の確認できない者については、これを片仮名表記にした。

一、訳者による注は、〔　〕によって本文中に挿入した。

目次

第一部　天皇への信任の確立

第一章　日本における赤十字

戦場での残虐行為と博愛

一八七七年九月二四日、日本の南西部鹿児島の近く[1]、反乱軍は新規に徴兵された皇軍と対峙していた。反乱軍は、不十分な装備しかもたず、そのいでたちはさまざまであった。ある者は人を威嚇するような伝統的なサムライの装束に身を包んでいた。また、ある者は、近代的な西洋式軍服の部分部分をまちまちに取り合わせて身拵えをしていた。よく装備された天皇の軍隊は、近代的な兵士の服装できれいに整えられていた。彼らはよく統制され、訓練されていたので、最後にはサムライの軍隊を戦場から敗走させた。

殺戮が終わって、反乱軍の傷ついた指導者、西郷隆盛[2]は切腹した[3]。忠実な彼の追随者が介錯しその首を埋葬した。戦場の他の場所では、別の一団の人々が、結成されたばかりの日本赤十字社の前身、博愛の結社、すなわち博愛社の精神のもとに、反乱側か否かを問わずに[4]、傷ついた兵士の救護にあたっていた[5]。

古い武士道と新しい博愛の精神、これら二つの立場の不一致と非妥協性とがこの本のテーマである。太平洋戦争中の旧式な野蛮行為によって損なわれはしたものの、一八七七年以来長い間、日本では人道主義が昂揚していた。

後年になって、反乱の指導者西郷隆盛は、敗残者であったとの評価から高潔な人物であったとの評価を得るに至り、偉大な西郷となった。彼は、サムライの原理のために戦い、けっしてそれに背くことがなかったとされた。日本赤十字社の人道主義的な活動が高まりを見せていたまさにその時期、一八九一年に西郷は国民的な英雄として反乱の罪を赦された。西郷の等身大よりも大きな銅像が、戦没者を祠る靖国神社[6]からそう遠くはない上野公園に今でも誇らしげに立っている。

アンリ・デュナンと赤十字

その二〇年ほど前、一八五九年の夏至の日に、ヨーロッパで最初の人道的な介入が行なわれた。この時、スイス国籍のアンリ・デュナン（Henri Dunant）は[7]、「みんな兄弟です」（'Tutti Fratelli'）と叫び、ソルフェリーノ（Solferino）の戦いの後、北イタリア、カスティリオーネ（Castiglione）の市民とともに、敵味方双方の傷ついた人々を救護した。ここでいう味方はイタリア人やフランス人、敵はオーストリア人であったがその区別をしなかった。アンリ・デュナンはこの時、フランスの最高司令官ルイ・ナポレオン（Louis Napoleon）に面会しようとしていた。しかし、彼は戦場の殺戮のすさまじさ（一五時間の間に三万八〇〇〇人が死傷した）[8]に戦慄をおぼえたのみならず、倒れたところに放置され苦しみ死んで行く戦傷者の非人道的な状態に深く心を痛めたのであった。この結果、彼は『ソルフェリーノの思い出』[9]と題する本を書いた。この本は、ヨーロッパ中に広く流布した。

戦争規模の恐るべき拡大を招いたのは、殺傷力をつねにましていく武器の出現と、強大な国民軍の創設、強制徴兵制の導入であった。このような要因が、ヨーロッパやアメリカで、「戦争の破壊的な力を制限するために」なんらかの協調した努力が必要であると考える人々を生み出したのである。[10]

こうしていくつかの国々において、戦時に負傷者を援助する協同組織が結成された。赤十字最初の国際会議が、一八六三年一〇月にジュネーヴでヨーロッパ三一カ国の代表団の参加を得て開催された。この中には、イギリス病院総監督官W・ラザフォード博士（Dr W. Rutherford）[11]も含まれていた。一八七五年一二月二〇日の集まりで赤十字ジュネーヴ委員会は、赤十字国際委員会の名称を採用した。一八八八年の九月一八日にはモットーである「戦場に慈愛あり（'Inter arma caritas'）」が初めて取り入れられた。十字架はキリスト教[12]のシンボルであるが、それはまた中立国スイスのシンボルでもあった。赤十字の白い背景とは異なるが、赤い背景に白い十字架はスイスの国旗である。

戦さの神の力を鎮め、戦傷者に相当な手当てを保証するための闘いは、戦場での医療活動についてもう一つの場面をもっていた。地中海への通路を求めて進出を試みるロシアに対してイギリス、フランスが挑んだクリミア戦争（一八五四―五六年）におけるフローレンス・ナイチンゲール（Florence Nightingale）[13]とその協力者たちの働きが、広く世に知られるところとなった。故国を遠く離れて戦い、傷つきあるいは病に倒れた兵士たちを看護する施設は、良心的な軍医たちの存在にもかかわらず、痛ましくも不適切なものであった。クリミアばかりでなく他の場所でも、この不十分な環境条件が戦闘そのものでの犠牲者以上の戦病死者を出していた。ナイチンゲールと女性の医療救護隊が、戦場や前線後方の軍病院に登場したことは、一般兵士の意識に革命をもたらした。伝説的な「ランプを手にした婦人」、慈悲深い天使は、単なるシンボル以上の重要なものであった。何もしなければ死んだかもしれなかった数千の人々に、救済の手と健康の回復をもたらしたのであった。

イギリスでは普仏戦争の勃発に呼応するように、一八七〇年の夏に戦病傷者救援全国協会が結成された。

これがすぐ後にイギリス赤十字社となった。[14] アメリカでは南北戦争期（一八六一―六四年）に、救護隊員として戦闘の影響の恐ろしさを自身も体験したクララ・バートン（Clara Barton）によって、アメリカ赤十字社が一八八一年に創設された。[15]

日本における人道主義

一八五九年七月一日、イタリアではアンリ・デュナンがソルフェリーノの戦いで活躍していた頃、東京の南に開港条約によって作られた小さな港、横浜に、西洋人商人の小さな一団が上陸した。この中には、ジャーディン・マセソン（Jardine Matheson）商会社員ウィリアム・ケジック（William Keswick）[16]もいた。そこは、「将軍」の都の中心からわずかしか離れていなかった。東京湾に面したこの地への西洋人の恒久的な進出は、日本がそれまで世界の他地域からみずからを孤立させてきた鎖国を打ち破るものであった。日本の三つの港、横浜・長崎・函館への西洋人の到来は、破産に瀕した将軍政府〔江戸幕府〕の終末の前兆であった。

何人かの日本人たちは、ヨーロッパにおける潮流の変化にすでに気づいていた。早くは一八六七年に佐野常民[17]がパリの世界博覧会で赤十字の考え方を伝える展示に目を止めた。[18] 彼は後に、岩倉使節団の他の団員とともに一八七三年のウィーン博覧会でそれとは別の公開展示を見た。また、一八七三年六月二九日から七月一五日までのスイス訪問で、[19] 日本の遣欧米使節団の団長岩倉具視と伊藤博文がジュネーヴの赤十字を訪ねている。これについて、日本の大使たちは「数回の会合での我々の説明に真摯な関心を寄せ」、「我々の出版物を受取った」と記録されている。[20] 日本人たちのために働いたエイメ・ウンベール（Aimé

Humbert）は、日本の立場について、日本ではヨーロッパの例にならって軍隊が作られており、それぞれの連隊には軍医と野戦衛生兵が配属され、衛生部隊が目下編成されつつあると説明する手紙を書き送っている（ヌシャテル（Neuchâtel）、一八七三年九月二〇日）。ウンベールは、「ミカドがジュネーヴでの条約の諸原則を堅く維持していくのに、今はまさに絶好の機会である」と論じている。[21]

岩倉と伊藤が関心を示した結果、佐野常民が日本に人道主義的な考え方を導き入れる責任を果たすことになった。一八七七年、その行動をおこす機会が到来した。その年の西南戦争の最中に、おそらく戦場で働いていた医者を通じて博愛社が創設され傷ついた人々に何がしかの救護活動がなされた。一八八六年にこれが再組織され、日本赤十字社となった。これは後にジュネーヴの赤十字によって認知された。最も注目すべきことは、戦場での古いサムライの行動規範を否定して、日本が西洋の倫理と価値観に基づく人道主義を進んで奉じたことである。

人道主義の背後にあった考え方

ヨーロッパでは、人道主義の考え方について多くの議論があった。赤十字のもともとの創立者で唱導者であったアンリ・デュナンは、[22]事業に失敗し再起不可能なほどの負債を抱え、ヨーロッパ中を無一文で歩き回らざるをえなくなった。ジュネーヴでは、ジュネーヴ公共福祉協会で働き、実務によって法律家となっていたギュスターヴ・モワニエ（Gustave Moynier）が昂揚しつつある赤十字運動の指導者となった。

哲学的な次元では、ジャン＝ジャック・ルソー（Jean Jacques Rousseau）が、戦争の遂行について一七六二年に次のように記している。

戦争の目的は敵国の撃破にあるので、人にはその国の防衛者が武器を手にしているときのみ彼らを殺す権利がある。しかし、一旦武器をおき降伏すればただちに彼らは敵でも敵のまわし者でもなくなり、普通の人間に戻る。したがって彼らの命を奪う権利はもはやなくなる。時として一人の命を奪うことなく国を消滅させることができる。戦争は目的遂行に必要なもの以上の権利を人に与えてはいない。これらの原理はグロチウスのものではなく、……物事の本性から発し、理性によって基礎づけられたものである。[23]

ルソーがグロチウスに言及していることはきわめて適切である。なぜならグロチウスは有名な一六二五年の『戦争と平和の法』(*De Jure Belli et Pacis*)において、実践的な理由から戦争捕虜は奴隷になる運命にあると書いているからである。一九四一年から四五年の戦争で日本人たちの捕虜に対してとった態度は、この古い方の考え方を反映したものであった。

しかし、ルソーの勇敢な言葉を理解することは容易でない。降伏した敵の将兵が中立になりうるのであろうか。中立をどのようにして規定できるのであろうか。いかにして戦場で中立となった部隊を保護できるのであろうか。これらの問題についての明文化を主導したのは、ドイツ系アメリカ人の法律家、フランシス・リーバー(Francis Lieber)であった。[24] 彼は、南北戦争においてアメリカ人が従うべき戦場での規準を規定したが、これが広く認知されるようになったのである。「リーバー・コード」は、「戦場におけるアメリカ政府軍への指令」[25]として発令された。リーバーは個人的にもこの戦争に特別の関心があった。なぜなら、三人の息子のうち二人は北部の連邦軍として、また他の一人(彼は戦死したが)は、南部の連合軍として戦いに参加したからである。

リーバー・コードは言葉が注意深く選ばれ、厳密であった。「戦争捕虜は、戦いあるいは負傷によって、戦場あるいは病院で、個別の降伏か捕捉によって囚われの身となった、武装兵員もしくは補助兵員として敵軍を実際に援助した公の敵である」(第四九条)。これはさらに精緻化されている。「捕虜を公の敵であるとの理由で処罰の対象としてはならない。また、なんらかの苦痛や辱めをもたらす意図的な処罰、残虐な監禁あるいは食糧制限、不具にすること、死に至らせることなど野蛮行為に属するいかなる報復も捕虜に加えてはならない」(第五六条)。しかし、第五九条は、「すべての捕虜は報復的な措置を課せられることからは免れえない」とも規定している。要するに第七六条にあるように、規準は、「捕虜は可能なところでは必ず質素かつ衛生的な食事を与えられ、人道的に扱われねばならない」と規定していたのである。[26]

ヨーロッパでは軍事戦闘行為の諸規則を検討するためのブリュッセル会議(一八九九年のハーグ会議と同じくロシアの要請で開催された)で、さらなる明確化が試みられた。「捕虜は法が定める敵ではあるが犯罪人ではない。彼らは、彼らの敵国政府の管轄にあるが、個人または彼らを捕虜にした部隊の手にあるわけではない。したがって、いかなる暴力や虐待も受けることがあってはならない[27]」。

捕虜

赤十字運動は、この頃はすでに保守的になっていたのであるが、戦場での負傷者にのみ関心をもっており、戦争捕虜の問題に関与することを拒んでいた。

ロシア皇帝ニコライII世の個人的な指導で、一八九九年にハーグ国際平和会議が、「陸戦に関する法規慣例」についてのすべての問題を検討しようとした。この国際会議は、「当時一般的なものよりも人道的な考え方、とくに捕虜は抑留する側の軍隊の兵員と同様な処遇を受けるべきであるとの考え方を反映した捕虜取り扱いについての詳細な条項」について合意した[28]。これは、この困難な問題を処理するための方式を大枠で初めて定めたものであった。日本人たちはこの諸取り決めに依拠して日露戦争でのロシア人捕虜を遇した。この国際会議協定をおおむね再確認した一九〇七年の第四回ハーグ国際会議の取り決めが、第一次世界大戦の捕虜にも適用された。これは一九二九年まで効力をもった。

日本における赤十字

一八八六年六月六日、日本は赤十字運動の正式会員として認知された。わずか三〇年前まで外の世界に対して事実上門戸を閉ざしていた国にとっては驚くほど早い承認であった。アジアの他の国々では、日本を除いて唯一の独立国であったシャムが一八九六年六月二九日に、日本が事実上の植民地化を進めていた朝鮮が一九〇三年一月八日に、そして中国が一九〇四年六月二九日にそれぞれ加入を認められた。日本の赤十字運動への参画が、国家としての正当性を認めさせる一つの方策であったことは疑いがないようである。日本人にとって、偏見に満ちているように思えた世界の中で、赤十字運動が平等な取り扱いをしてくれたことには特別の意味があった。それは「国家としての認知を早々と告げる旗印[29]」であった。しかし、それは格別の、そしてその当初の意義以上の反応を引き出した。始めのうちは戦争の恐怖を和らげる人道的な活動などということは、どうでもよいことであったかも知れない。しかし、一二年後の戦争において約七万人のロシア人捕虜が日本人の博愛主義の恩恵を受けることになったのである（本書第五章参照）。

日本の赤十字社が、欧米のそれらとは異なり、ヴォランティアによって成り立っている組織ではなかったことも強調しておかなければならない。著名な日本の学者が以下のように述べている。

明治政府は国民皆兵制度を実効あるものにすることに熱心であった。帝国の目的達成に貢献させるために陸海軍兵役対象外の男女を赤十字の会員になるよう説得し、強制的な徴兵名簿の補完とすることを考えついた。これにしたがって、地方の公務員や有力者たちには、赤十字会員をできるだけ多く獲得することが求められた。在郷軍人会がその勧誘に参加した可能性もある。赤十字普通会員たちは、彼らの会費が国への重要な貢献となっていると得心した。[30]

日本赤十字社は、発足後すぐに成功を収めたわけではなかった。「陸軍省との相談の下に」日本人の四〇〇人につき一人にあたる会員数一〇万人を目標とした拡張計画が策定された。この水準の会員数であれば、彼らが納入する会費で十分な資金が得られるであろうと当局は確信していた。一八八八年に磐梯山が噴火した際にいくらかの会員数の増加があった。佐野に促されて、皇后は、日本赤十字社が被災者を救援し、損害を片づける、いわば国の救助機関の役割を果たすことに同意した。一八九四年の日清戦争の勃発がさらに刺激を与えた。愛国的な日本人たちは競って加入しようとした。一八九三年の三万六〇〇〇人の会員は、一八九五年には一六万人にまで膨れ上がった。年三円の会費を各会員は支払ったのである。

会員には、普通・特別・名誉の三種類があった。「それぞれには皇室の裁可をうけて授与される功労メダルがあった。受賞者はそのメダルを他の帝国勲章とまったく同じように公式の席につけて出ることが許された[31]」と報告されている。一九〇三年までに日本赤十字社は、会員数九〇万人、年間総収入三〇〇万円をもつ世界最大の組織になっていた。一九一三年一〇月までに会員数は一六二万五三〇人を数えるに至った。そのうち六万七七六八人が女性で、一万七一八七名が外国人であった。[32]

日本赤十字社は、高度に組織化され、権威的で、中央集権的なものであった。地方的な自治が重要視される他の国の組織とは異なっていた。

各県にあった地方の支部は、資金面と戦時の救護とその準備の活動すべてについてほとんど中央の機関の意思と統制の下にあり、独立した存在ではなかった。地方の支部の主な仕事は、会員を募集し、会費を徴収することであった。そうして集められた会費は中央の財務部に吸い上げられた。いくらかの人員と資金とが地方に回されることがあった。しかし、それらはほとんど中央の決定に委ねられていた。東京の指示と統制なしに、戦時あるいは政治的な混乱時の傷病者救護活動を実行することはできなかった。[33]

運営方針が、上野公園で開かれた総会で三万から四万人の聴衆を前にして決められたことは事実である。しかし、このときの議事はすべて「拍手」によって採決された。[34] 三〇名からなる常任委員会はすみやかに再選された。とくに「死亡や不在によるたまにある例外的な変更を除いて、毎年同じ名前がその委員会名簿には載っていた」。常任委員会は運営機関で「社長一人、副社長二人からなる理事」を選出した。これらの役職者が日本赤十字社の意思決定者であった。

佐野常民伯爵は、一九〇二年に逝去するまで社長職にとどまった。新しい社長は、松方正義伯爵であった。[35] 彼の夫人は長い間赤十字婦人委員会の活動家でもあった。しかし、この任命と彼の夫人とはほとんど関係がない。なぜなら、松方は彼の財政上の能力を買われて任命されたからである。彼は、一八八一年に日本の財政が重大な危機にあった時、大蔵卿となった。大蔵卿としての彼は、彼が始めた一八八〇年代の厳しい財政政策によって特徴づけられる。これは日本人に多くの辛苦を強いた。しかし、この政策のお陰で強い通貨をもった一八九〇年代の日本が立ち現われたのである。

松方が社長を引き継いだ一九〇二年、赤十字社の財政は不安定であった。収入は少なく、出費のみが嵩んでいた。天皇の寛大な援助と会員からの寄付はあったが、戦時における活動を十分に支えるには不足していた。松方のお陰で、赤十字社の財政は大いに改善した。彼の社長就任を、日露戦争をにらんで、赤十字社の財政安定を図る目的であったと見るのは思い過ごしであろうか。

日本の人道主義的な努力の頂点は、約七万人の捕虜を抱え、彼らを公正にそして人道的に扱った日露戦争の最中にあった。日本赤十字社の医療部隊が、病に倒れたり傷ついたロシア人たちを長い期間看護したのであった。多くの国から訪れたオブザーヴァーたちは、日本の人道主義的な行動の発露に満足したと記している。ロシア当局も自国国民に向けられた心遣いに驚き、日本赤十字社に感謝の気持ちとして多額の献金をした。

第一次世界大戦の後、日本国内には前進的な展望をもった考え方と、日本が近代世界に向けてひたすら邁進することに懐疑的な伝統的な考え方との間の葛藤があった。数年を経ずして、とくに軍部を中心に古い価値観を信ずる人々の勢力が政府部内で着実に地位を固めていることが明らかになった。日本は一八八六年以来赤十字運動に関与して来た。一九二九年七月二七日には、その有力国として戦傷病者と捕虜についての諸国際条約に署名した。しかし、捕虜についての条約はついに批准されなかった。

一九三〇年代に始まり一九四五年八月の敗戦で終幕を迎えるまで、日本が関わった戦争は、日本人の恐ろしい野蛮な側面を明らかにした。初期にあれほどまで熱心に信奉していた人道主義の高い水準は放棄されたのであった。事実、日本赤十字社の国際的な活動は衰退にさらされた。結局において、日本赤十字社は、アメリカ赤十字社会員の献身的な努力によって、アメリカによる日本占領中に再興された。アメリカ人たちは、とくにヴォランティアの考え方の導入に熱心であった。ヴォランティアたちはみずからの意思で赤十字に参加し、したがってこの運動の本来の姿での責任を分担したのであった。

一九六五年のウィーンでの国際会議で、赤十字は再びその原則を、人道主義、不偏不党、中立、独立、団結、普遍性、そして自発的な活動にあると宣言したのであった。

これらの諸事実に照らしてみると、日本は、国際的な組織である赤十字が実践した公正さと非差別性から恩恵を受けた。一九三〇年以前の日本赤十字社は、人道主義と普遍主義でものごとを考えようとした。そして戦争時における寛大な行動で称賛された。しかし、その組織はけっして独立したものではなく常に政府の意思に左右された。実質的に政府の一機関であった。一九四五年以前には、強圧的な日本国家が赤十字の対応を決めた。日露戦争においては、戦時の人道主義が公式の政策であった。一九三〇年代からしだいに太平洋戦争に向かう時期においては、人道主義は放棄された。日本が人々にこのような統制力をもっていたことは、規律性もしくは権威主義に不慣れな西洋人にとっては驚くべきことかもしれない。しかし、それらは今日においても日本人たちの一つの特徴となっている。太平洋戦争中に事実上崩壊した日本赤十字社は、部分的にはアメリカのモデルに依拠して、一九四五年以降再生した。

第二章　「天皇の赤子」——陸海軍における健康管理

準備の状況

日本の安全と独立の維持は、天皇の腕に抱かれた彼の「赤子[1]」にかかっていると言われていた。このため一八九〇年にもなると陸海軍兵士たちは、「自身の身体は天皇陛下のもの、戦さのための機械である」と教え込まれていた[2]。人道主義的な関心は、自己の利益と合致した。すなわち、病に倒れる陸海軍兵士は、国の安全を危うくする存在であり、その責めを負わねばならなかったのである。

平時においては、肉体的な健康の維持と改善がはかられなければならなかった。栄養豊かな食糧と清潔な飲料水の供給に重大な関心が払われた。戦時においては、物資の補給を確保し、救護部隊、担架搬送隊、野戦病院を直ちに利用可能にしなければならなかった。これらのうちで当時最新の出来事は、戦争には不可避の戦傷者を手当てするための病院船もしくは病院列車の配備であった。

自身が慣れ親しんだ気候条件とは異なる土地に軍隊や民間人が生活や仕事のために派遣された時、健康あるいは人命に避けることのできない高い犠牲があることをヨーロッパ人たちは早くから知っていた[3]。欧米人たちは、熱帯病の犠牲になりやすかった。他方で彼らは、熱帯の人々に致死性の病気を持ち込んだのである。二〇世紀に至るまで、戦闘員が戦闘そのものよりも病気で多く死亡することはいたし方ないものとされていた。一九〇四—〇五年の日露戦争で初めて、戦闘あるいは戦闘での負傷がもとで死亡した者の数が病気による死者を上回った。

一八世紀末の啓蒙主義時代の知的な好奇心に促されて、軍医たちは彼らの管理下にある兵士を冒した病気についての記録をつけた。この関心の増大は、フランス革命後の人道主義的な気運の高まりを反映していた。また、戦闘で死亡した者と同様に軍事行動中の病気による死者への遺族にも年金を支払わなければならなかったという事情もあった。とくにイギリスとフランスの陸軍では、ますます統計がとられ研究が行なわれるようになった。それらは兵士を襲った病気の影響についての貴重な情報源を築き上げることになった。(4)

ドイツ、フランス、イギリスなどで学んでいる過程で、日本人の軍医担当者たちもこのことの重要性を認識するようになった。一九世紀の後半に、彼らは民間人や軍人を冒した重い伝染病の共同研究に従事し、当然のことであるが、その知識を日本に伝えることに熱心であった。(5)

クリミア戦争(一八五四—五六年)でフローレンス・ナイチンゲール(6)によって教えられたはずの健康と衛生状態についての教訓にもかかわらず、南ア戦争(一八九九—一九〇二年)でイギリス陸軍は病気、不潔な飲料水、粗悪な食糧のために甚大な損失を蒙った。米西戦争中のキューバ、プエルト・リコ(一八九八年)およびフィリピン作戦(一八九九年)で、一発の銃弾も放たれる前に、アメリカ人たちは、(7)不潔な食糧と水のために前線の後方で数千の犠牲者を出す屈辱を味わった。西洋の陸海軍兵士と共通の問題に加えて、日本での主要な問題は、米食の不適切性に起因する脚気の発病であった。これは後に、ヴィタミン欠乏症であると判明した。

これらの問題についての日本人たちの準備状況を日本人の研究報告からだけではなく、アメリカ人、イギリス人の評論家たちを通しても知りうる。元アメリカ陸軍軍医ルイス・リヴィングストン・シーマン博士（Dr Louis Livingston Seaman）は、[8]『東京から日本人とともに満州へ』（*From Tokio through Manchuria with the Japanese*, 1904）と『日本の真の勝利』（*The Real Triumph of Japan*, 1905）で、日本人の成果として彼が評価したものを記述している。イギリス赤十字社看護婦エセル・マッコール（Ethel McCaul）[9]とその友人の看護婦イレーヌ・セントオービン（Elaine St. Aubyn）とは、日露戦争中の日本国内とアジア大陸の野戦病院施設を見学し、それらから深い印象を受けて記録を残している。

伝染病

衛生状態改善のための広く利用可能な方策と、個々の病気と闘うための新手法とを軍の医療関係者たちは駆使した。彼らは、一八九〇年代から一九一四年の間に「国内外ともに兵士の病気による死亡率を一世紀間で最も顕著に引き下げることに成功した[10]」。

多くの手におえない問題も残ったが、医学は大きな進歩を遂げた。マラリア（今日でもまだ熱帯地方での致死性の病気である）[11]は、キニーネの使用のおかげで根治はできないものの制御可能となった。一八九〇年代までには、マラリアがある種類の蚊を媒介にして伝染することを医学研究は明確に証明した。その後、蚊とその繁殖地を壊滅する試みが続いた。ただし、蚊には何百もの種類があるのでこの作戦は困難を極めた。

一九五〇年代のサルファ剤の発見まで、結核の治癒は難しかった。[12]結核をもつ兵員は暖かい気候の海外に派遣されることによって恩恵を受けたかもしれない。それは今日の用語では「転地療養」として知られるものである。その他の肺疾患については正確な診断、治療ともに困難があった。

一八四九年に水を媒介として伝染することが知られるようになったコレラは、ドイツでロベルト・コッホ（Robert Koch）によって研究された。彼は一八八三年に、コレラ菌（*Viblio cholerae*）の分離に成功した。一八八五年から一八九一年にかけてドイツでコッホとともに研究した北里柴三郎（一八五三—一九三一年）[13]が、一八九二年に破傷風の原因となる破傷風菌（*Clostridium tetani*）を分離することによって治療の突破口を切り開いたことは特記に値する。その後、日本の細菌学者たちは重要な活躍を続けた。他の「水を媒介とする消化器系感染症」[14]にはアメーバ赤痢や下痢を含む多くの種類の赤痢があった。一八九八年に志賀潔は毛状毛管赤痢の病原菌の一つを発見した。この最初の菌は、現在ではシゲラ（*shigella*）として知られている。吐根剤などの薬も効き目があったが、それにもまして清潔な飲料水と適切な下水処理が重要であった。

腸チフス、発疹チフスその他の熱病は、マラリアのような「発作的な」発熱ではなく、「慢性的な」熱病に分類される。チフス菌は、一八八〇年にカール・ヨゼフ・エーベルト（Karl Joseph Eberth）によって発見された。軍隊では清潔な飲料水の供給作戦が衛生意識の向上によって成功した。しかし、適切な廃棄物処理システムが導入されるまで、これらの病気の危険性がなくなったわけではない。初期の段階であれば梅毒、淋病などで死にいたることは稀であったが、軍医が診療したもう一つの病気は性病であった。より効果的な治療を可能にする科学知識の発達によって伝染病克服の努力は成功していった。

軍事作戦行動についての障害の予想は、敵軍の銃弾での犠牲者ではなく、病気による犠牲者数の予測の方に多くがかかっていた。シーマン博士は米西戦争でのキューバ作戦を、「戦場での名誉の戦死」一名について一四名が病気の犠牲になった「恐ろしい悲劇」と形容した。彼は日本軍では「病死者一名あたり銃弾による戦死者四名」であったと述べている。[15] どのようにしてこのような著しい改善が陸軍では可能であったのであろうか。

日本帝国海軍の場合、水兵は艦上に隔離されているので、伝染病の制御はより容易だった。しかし、上陸休暇、狭い居住空間はそれ独自の問題を引き起こした。天然痘（当時ロシアのウラジオストックや朝鮮で流行していた）を水際で防ぐために海軍は天然痘の予防接種を実施した。また、腸チフスに対しても予防接種を行なった。彼らの伝染病予防の主要な手段は、佐世保・舞鶴両海軍基地に設けられた検疫所の利用であった。戦闘時、あるいは戦闘直前の準備期を除いて、病院船が艦隊のまわりを航行し、伝染病に感染した恐れのある将兵を毎日引き取った。艦上の人々は節制によってそれを癒すことができたが、性病も日本帝国海軍で蔓延した。

陸海軍の軍医

日本では一九世紀後期の軍医には三つの主な機能があった。身体検査による新兵の選考、兵員の健康の維持、そして傷病の治療の三つであった。理想を言うならば、彼には、伝染病専門医、薬剤師、顕微鏡検査員、X線技師、さらには昆虫学者[16]（蚊のような昆虫がよく病気の媒介をするので）として活動できるような高度な科学的訓練のみならず、衛生監視員の専門技能、一般開業医の診断技能、外科医の慎重な精確さが必要とされた。明らかに一人の人間でこのように広い範囲の技能を網羅することは不可能である。しかし、日本人たちは一九〇四年の日露戦争中までに、これらすべての分野である程度の熟練を駆使できる人材を十分もつことができたのであった。

日本帝国海軍では、兵員はお互い近接しあって艦上の制御された環境の中に、地上の陸軍とは顕著に異なる条件の下で生活していた。潜在的な健康上の問題は同じであったかもしれないが、状況が著しく異なったので海軍の対策は陸軍とは違ったように見える。もう一つの相違（と緊張関係のもと）は、帝国陸軍がドイツ式をモデルとしていたのに対し、海軍はイギリス海軍を模範としていたことに由来する。日本では医師の職業はドイツ医学に一般的には影響されていたが、一九一四年以前の帝国海軍最初の軍医総監高木兼寛はロンドンの聖トマス病院で訓練を受けたイギリス外科医師会会員（一八八〇年）であった。健康状態を改善する方策、とくに食糧について、海軍は陸軍のそれとは大きく異なっていたことは事実である。

清潔な飲料水

二〇世紀の初めまでには、戦場にある陸軍は清潔な井戸水もしくは沸騰水による飲料水の確保が重要であることを理解するようになっていた。南ア戦争でイギリス陸軍軍医部隊（RAMC）に従軍したA・B・コッテル（A. B. Cotell）は、「できるだけ清潔なすぐに利用可能でかなり満足のいく水の供給」を確保することの大切さを指摘している。[17] 彼は「考えられうるすべての衛生上の予防策」をとることの決定的な重要性を主張した。さらに、それぞれの個人が、知っている限りのすべての予防策を常々とることの必要性を強調した。

コッテル博士は、南アフリカで彼がとった行動についての短い文章を、四つの推奨策で締めくくった。それらには、「すべての既存の水供給源を人間や動物によって汚染されることのないように直ちに保全すること、可能な限りすべての水を煮沸し、条件が許す限り水筒には紅茶をいれること」などがあった。さらに加えて（軍医将校とともに）すべての水供給源を検査し、「既存の供給源の保全を監督するため」にイギリス工兵隊の下士官を常時配属すべきであると主張した。[18] コッテル博士は、（南アフリカのイギリス陸軍で使用されたような）給水車について、しばしば病原菌を潜伏させるようなもので完全には清掃できていないとして非難した。彼は、確実で信用のおける人間がつねに給水車を担当すべきこと、それは完全に清掃されるべきこと、そして可能な限りいつでも清潔な水を獲得してくることなどを助言した。

中国北部で一九〇四―〇五年に作戦行動をした日本陸軍の場合、規則は厳格であった。すべての水供給源は衛生隊の将校によって科学的に検査された。その後、その供給源が全面的に使用禁止なのか、飲用なのか、調理用なのか、それとも洗濯用だけなのか誰が見てもわかるように貼り紙で明示した。一九〇五年七月に満州の日本軍に随行したイギリス大使館員の一人は、このラベルの貼りかたについてコメントしている。彼はさらに街道筋や公共の場所の井戸には、「いつも赤十字の要員一名」[19] が歩哨として立っていたことを記録している。共用のヤカンは湯沸かしだけでなく炊飯にも使われていた。明らかに米のとぎ汁も飲用にあてられていた。

飲料水をめぐる規律（日本軍のみならずロシア軍における）の有効性は、陸軍中尉桜井忠温が語った事例によく示されている。彼は、旅順港攻防戦で瀕死の捕虜の尋問にあたっていたが、捕虜の求めに応じて「グラス一杯の井戸水」を与えようとした。ところが、そのロシア人はこれを断った。「私の水筒の中に煮沸水が入っています。それを下さい」と言った。桜井中尉はこう述べている。「そのロシア人が敵から水をもらうのを潔しとしないためにそうしたのか定かではないが、私は衛生上の規則を守ろうとし、煮沸していない水を飲もうとしないそのロシア人の注意深さに印象づけられた[20]」。桜井は、彼の叙述の中で、戦闘行動中のために水筒に飲料水を補充することができないために兵士たちが不快となり難儀しているとしばしば書いている。ルイス・シーマンは、それぞれの日本兵士たちは、緊急に水を煮沸するためのヤカンをもっていたと述べている。桜井はむしろ前線にいる兵士が悩まされた激しい喉の渇きを強調している。

清潔な水の確保は、軍医が大幅な権限をもつ排泄物の処理の効率性にも部分的には依存していた。日本人たちは、前線の後方に模範便所を建てた。しかし、善意の試みにもかかわらず戦闘中に条件は急速に悪化した。桜井自身も「肌までびっしょり濡れ、冷えきってしまうこと、昼夜を分かたぬ過重労働、睡眠不足、そして考えられるうちで最も悪い水の飲用」によって赤痢を患った[21]。この時には、ちょうど戦闘の中断があったので桜井と彼の同僚は適切な看護を受けることができた。彼らは次の戦闘に間に合うまでに快復した。桜井の記述は、シーマン博士の無批判的な叙述を矯正するのに役立つ。

後年、一九三八年の中国侵略の際、一人の憔悴しきった日本兵が、いかにしてすべての規則を無視したかについて次のように記述している。「水は泥水で不潔だったが、それを水筒に満たし、配給されていた薬品を入れてからたっぷりと飲んだ。予防薬としてクレオソート錠剤も服用したが、あまりにも疲れていたのですぐに何の予防策もとらずにその水を飲むようになった[22]」。このようにして、困難な状況下では、最も気をつけている兵士でさえも規則を破ったのである。

艦上にいた水兵たちには機関の余剰蒸気から得られる蒸留水が普通は支給された。したがって、激しく砲撃されるとか大破したとかでない限り、海軍は通常良好な飲料水の供給源を確保できた。戦闘中の飲料水供給については、陸軍が直面した複雑な補給問題が海軍にも言えたであろう。

米食

日本は、米を糧食として戦う近代的な軍隊を戦場に出現させた最初の国である。米は貴重な食糧であった。それは容易に消化されたし、調理、包装され日本人兵士たちに支給され、簡単に携帯することができた。しかし、それ単独では健康を維持するために必要なさまざまな栄養素を賄うことはできなかった。当時研究はまだヴィタミンが食事には欠かせない要素であることを見いだしてはいなかったが、米に欠けていたのはヴィタミンB_1・チアミンであった。[23] 軍事作戦中、兵士たちは、普通ならば手に入れることのできる野菜とか漬け物なしで米だけでしばしば生き延びなければならなかった。これは他所では「ベリ・ベリ(beri-beri)」として知られている脚気の発病を招いた。脚気は日本やその他の国々で数世紀前から知られていたが、多くの人々を同時に衰弱させ、日本陸軍の諸隊を危険にも無力化するかもしれなかった。一九世紀になって日本で機械精米あるいは玄米の精製が新しい習慣となったことが事態をさらに悪化させたのかもしれない。玄米には普通ヴィタミンB_1が含まれていたが、好まれるようになった白米にはそれがなかったからである。[24]

脚気には二つの型があった。「乾式」と「湿式」である。「乾式」の場合は神経系統の退化が認められた。この病気の患者は、神経炎あるいは「神経系統の病気」、または「脳の病気」とさえ診断されてきたらしい。「湿式」の場合は、心臓血管の障害、肝臓機能の退化をもたらしたが、主には水腫症すなわち過剰水分の体内残留によって特徴づけられた。[25] この病気は患者を極端に無力化し、死を招くかも知れなかった。

この脚気のもつ破滅的な影響は、日本人軍医たちを研究室に駆り立てた。科学的な研究が、なぜ米食が不適切なのかについての解答を与えてくれると期待したからである。この栄養学的な調査に加わった者の一人に森鷗外（一八六二―一九二二）がいた。彼は、上級軍医として日本人兵士の食糧についてドイツで研究した。[26]

森鷗外は一八八四年一〇月一一日ベルリンに到着し、一八八八年の夏にドイツを離れた。彼は見事なドイツ語を話したので、この滞在研究から得るところが大きかった。彼は日本人兵士の食事についてとくに研究した。コストの上から米食が不可欠であることを知っていたので、彼は米食を支持する立場から論じた。彼は、大麦は米よりも多くの蛋白質を含むものの消化がしにくいと記している。鷗外は、一八八六年一〇月、『衛生学雑誌』（*Alchiv fur Hygiene*）に「日本兵食論」（'Über die Kost der niponischenm Soldaten'）を発表しこれらの問題を論じた。この研究の多くは彼一人でなしたものではない。

後に（一八八七年四月）彼は、ベルリンの（ここで彼は仲間の日本人学生たちが無気力で内向的であることを知ったのであるが）ベルリン大学衛生学研究所でロベルト・コッホとともに研究した。仕事はドイツ語を話せない上司の石黒がやって来るまで大いに進捗した。石黒の到着は彼を通訳の役に変えてしまった。一八八七年の秋、彼は石黒に随行してカールスルーエ（Karlsruhe）の赤十字の会議に出席した。この会議で正式に国際赤十字組織が確立したのである。彼は一八八八年七月五日にドイツを離れた。

「西洋」の食事を日本人たちは好まないとか、さらには「牛肉」の追加は高くつきすぎるなどと主張する人々の保留にもかかわらず、陸軍の食事は確かに変化した。日露戦争時にイギリス赤十字代表団は大麦と各種の種子が入ったビスケットを賞味したが、彼らは大麦と米の袋が、「缶詰の肉、調理済み野菜、干し魚などとともに前線の軍隊に送られようとしている」とも記している。[27] あるイギリス人の駐在武官は、満州で日本人技術者たちが橋を建設しているのを座りながら見ていた時に「一人の将校から、部下が脚気の予防として飲む煎った大麦のお茶を一杯（彼らはそう呼んでいた）ふるまわれた。それは大変口にあった」と回想している。[28]

日本帝国海軍が水兵の食事の不適切さを認めざるをえなくなったのは、一八八四年のことであった。この年、朝鮮での事変〔甲申の変〕の際、[29]乗員の多くが脚気によって無力となり操艦上の問題を切実なものにしたからである〔実際にはこの問題は二年前の壬午の変において起きた〕。一八九〇年二月に「海軍食糧規則」が導入された。それによると海軍軍人は艦の上で支給される定められた食糧を食べることが義務付けられた。それまでは、水兵たちは彼らのわずかな給料で自分の好きな食物を買っていた。

海軍における脚気の症例をみずからの課題として調査したのは一八八二年二月に海軍医務局副長に就任した高木兼寛博士[30]であった。彼は一八八〇年にイギリス外科医師会の会員となり、ロンドンで数年間の訓練を受けていた。この期間に彼は西洋の食事に慣れ親しんだのである。彼は艦上において水兵の食事には蛋白質が不足し炭水化物が多すぎると信ずるに至った。

この課題の緊急性が明白となったのは、一八八三年に練習艦「龍驤《りゅうじょう》」が二七一日に及ぶウェリントン、バルパライソ、カラオ、ホノルルに寄港するニュージーランド、南アメリカの航海から帰着した時であった。この航海で三五〇名の乗組員のうち一〇〇名以上が重症の病人となったのである。高木博士は、脚気が西洋の海軍の艦隊乗組員に発生した例を聞いたことがなく、また日本海軍の軍艦もたいていはヨーロッパもしくはアメリカ製で他国の海軍の船と同じであることを知っていた。したがって、日本の海軍兵士がイギリス海軍と同様の生活と任務を果たしているとするならば、この病気は日本人の食生活に関係しているに違いないと考えた。

彼は水兵の食事を変化させる一つの実験を組織してこの問題に解答を見いだそうとした。練習艦

表１　「龍驤」と「筑波」乗り組み水兵の食事（1883年頃）

	「龍驤」乗組員	「筑波」乗組員
米	782 g	648 g
パン	—	600
海軍ビスケット	—	490
魚	96	15
牛肉	73	300
野菜	215	450
牛乳		
砂糖	18	75
味噌	16	50
小麦粉	—	75
豆類	—	45
漬物	145	75

出典：L. L. Seaman, *The Real Triumph of Japan* (New York, 1906), p. 238.

「筑波」[31]が「龍驤」が行なったと同じ航海に送り出された。しかし、食事は表１に見られるように同じではなかった。

パン、牛肉、海軍ビスケットを含む西洋式食事への変更は水兵たちに不評であったに違いない。後に妥協の産物として米に大麦を混ぜることが義務付けられたが、これの方がもっと受け入れられやすかった。

「龍驤」が一二五人の脚気患者を出してホノルルに入港したのに対し、「筑波」の場合艦上の患者は三名であった。すべての航海を通じて改革前の食事をした「龍驤」では一六〇人の患者であったのに、「筑波」では一六人であった。これは一人の海軍軍医にとって目覚ましい技術的な発見であった。彼は、後に一九〇四―〇五年、日本海軍がついにロシア艦隊に打ち勝つことができた一因に、脚気の悩みを海軍将兵から除こうとした彼の強い意志があったと主張することができた。今日では高木博士の食事が成功した原因はその多様性にあったとされている。なぜならそれは当時気づいてはいなかったが必要なヴィタミンを含んでいたからである。海軍当局は、水兵と艦に関係はしたが、岸壁作業者、苦力、一般乗組員、赤十字救護部隊の隊員などのように、海軍の食糧規則の適用外にあった人々にはそれ以後も多くの脚気患者を出し続けたと記している。

野戦病院

前線の後方にある日本の野戦病院は、軍の衛生部隊か赤十字部隊のどちらかによって人員配置がなされていた。ヨーロッパの古くからの伝統では、前線のすぐ背後で軍医が手術を執刀した。しかし、運輸交通手段の発達とともに、病院列車や病院船によって負傷者を前線から移動させることができるようになった。一八六〇年代の外科医学界の革命的進歩は[32]、重傷を負った患者に対する手術の成功率をより高めていた。このため戦場では、普通は破片などを一旦取り除くと傷口を無菌の包帯で保護し、負傷者を後方の基地の病院に搬送するようになった。

日露戦争時の野戦病院については驚くほど対照的な記述が残されている。一つは戦闘前のファンワンチェン（Fang-hwang-cheng）の野戦病院について記したイギリス赤十字から訪れた看護婦によるものであり、もう一つは戦闘後のタイポーシャン（Taipo-shan）近くの病院についての桜井中尉の記述である。

マッコール看護婦は以下のように述べている。

私たちは到着してすぐに、一つの寺院が仮設病院にあてられているのを見つけた。そこは大きく、風通しもよく、清潔だったのでほんの少しの工夫、変更を加えただけでその目的にぴったりだった。……病室の中では、すべての患者がいわゆる寝台の床架の上にきわめて心地よさそうにしていた。寝台は、頭と足の両側に鉄製の支柱があり、中央の底部にはボードもしくはキャンバス地が張られて厚いマットレスを支えていた。籾殻を詰めた丸い枕と真紅の毛布がこの寝台を仕上げていた。

患者の上に氷嚢を吊るすための小奇麗だが単純な木製の仕掛けがあった。これは見ているだけで楽しかった。それは頑強で年若い兵士には万巻の書よりも楽しみを与えるものだと聞かされた。花瓶には花が常に補充され、患者たちはそれらを活けることを楽しみにしていた。……赤痢保菌者用の病棟が、一角を隔離して設置されていた。そこでは最も厳格な規則が遵守されあらゆる予防策がとられていた。……包帯を捲く場面をいくつか見たが、衛生兵はすべて白衣姿であった。……手術台は鉄製で、持ち運びのために折りたためるようになっていた。木村博士は、機械係が製作した工夫の品を多く見せてくれた。機械係は、軍の病院に必ず配属されており、医療器具の研磨、補修にあたっていた。ビスケットの缶は重要な役割を果たした。それらはナタール（Natal）の野営地に散らかっていたものとほぼ同じ形をしていた。それらからは次のようなものが作られていた。ヤカン、洗面器、桶、汚れた包帯入れ、看護用の諸器具、料理用の道具類などである。それらが古くなり使えなくなった時には注意深く埋められた。燃やすことのできない廃棄物もこのような方法で処理されたので、野営地の清潔さは几帳面に守られた。木炭は熱源として広範に使われていた。とくに消毒用に発明された独創的な小さなコンロの燃料になっていた。我々の軍医が、これらすべてを視察することが許されなかったのがたった一つの心残りである。(33)

前線の後方ではあるが、ロシア軍の砲撃可能範囲にあった緊急処置隊についての桜井の記述はややこれと異なっている。彼は以下のように述べている。

戦闘が続いている時、そこかしこで赤十字の旗が戦場の負傷者に合図を送っていた。現場で即死した勇者はこの大きな恩恵を受けることはなく、負傷者がその恩恵を独占的に受けた。戦闘が始まるや否や、担架隊は、担架を肩から吊るし戦場を駆け巡り、負傷者を収容し、緊急手当所に運んだ。これらの苦力、もしくは担架搬送隊は戦闘員と同様の勇気と誠実さをもっていなければならなかった。さもなければきわめて危険な場所と時間にこのような活動をすることはできなかったであろう。負傷者を捜索・発見し彼らを安全な場所に運ぶという、剣と銃弾に勇敢に立ち向かうこの博愛的で危険に満ちた仕事はこれらの人々に委ねられていた。彼らは乏しい食糧と貴重な飲料水を患者たちと分かち合わなければならない。また、患者たちにあらゆる心配りをし、愛情に溢れた心で彼らを和ませ元気づけなければならない。担架搬送隊の労苦と気高い仕事は、我々の限りない感謝の気持ちを受けるに値する。

桜井はさらに続ける。

私が実際の作戦行動に携わった夏に、蝿の大群が惨めな患者たちを襲った。蛆が彼らの口と鼻の中で繁殖したようだ。また患者の幾人かは腕が不自由なためこの害虫を追い払うことができなかった。病院の衛生兵たちは進んでこれらの悲惨な犠牲者たちを助けようとしたが、数があまりにも少なかった。百人の負傷兵につき衛生兵はただ一人という割合であった。患者たちは遮蔽物がなかったので日中の灼熱の太陽に、雨に、あるいは夜露にさらされたままであった。ある時には、野外に長い間放置されていたため患者たちは筆舌に尽くし難い状態に陥っていた。実際に傷の手当てをする前に、彼らを水流に浸けてほうきのようなもので体をこすって洗わなければならなかった。これらの恐ろしい状態は、偏《ひとえ》に予測できない戦闘の激しさから生じた、予想をはるかに越えるおびただしい負傷者の発生によるものであった。医療業務にあたる者はできるだけ迅速にすべての人々の治療をしようと思っている。……しかし、収容定員二〇〇名の病院に一千名を押し込まねばならないのだから、傷ついた人たちによりよい看護をしようとしても彼らは無力であった(34)。

マッコールの野戦病院についての記述と桜井の救護所についてのそれとを対比することは不当な比較なのであろうか。そうではあるがこれら二つの記述は、理想的な姿と実際のありさまを示すことにおいて、両者ともに正当性をもっているかもしれない。野戦病院に活けられた花は、イギリスからやって来た赤十字の婦人を喜ばすためにそこに置かれたに違いない。桜井も花に気づき次のように叙述している。「ここでは青い草といくつかの愛らしい花々が我々に微笑みかけていた。これらの花を摘み、それを空の薬莢に活けるなりボタン穴にさすなりして、その香りを楽しむことができよう。小さな青い勿忘草は我々を時々空想の中で故国の愛しい人々へと誘うのであった(35)」。

外国人による記述と日本人のそれとの際立った相違は、部分的には説明できる。桜井は以下のように記している。

演習時あるいは戦時でも実際の作戦行動以外の行軍では、できるだけ多くの休憩と食糧の携行とが許される。しかし、実戦のための行軍では、食糧と水さえももたずに、あるいは激しい嵐をついてでも行かねばならない。それぞれの兵隊は重さ一〇貫(三七・五キログラム)のリュックと僅か水筒一本分だけの飲料水を携行している。水筒の水が尽きると兵士たちはもはや一滴の水を得ることも叶わなかった(36)。

桜井中尉は、ロシア人から陣地を奪取するための戦闘の後、彼と部下の憔悴しきった様子にしばしば言及している。戦争の準備と戦争そのものとのこの明確な対照は、外国人の評論者たちが、けっして実際の前線そのものに赴かなかったことを想起させる。

病院船

医療活動の当然の帰結としての病院船の配備は[37]、人道的な見地からすると論議を呼ぶ部分が残っていた。一八六八年に軍事用の病院船は「なお戦争の諸法規に従うこと」そして「捕獲の対象となること」[38]、すなわちいかなる保護も与えられないことが合意されていた。一八九九年のハーグでの万国平和会議において、病院船には敵の捕獲の対象とならない「中立」船の地位が与えられた。大きな赤十字をつけ白く塗装された船には三種類のものが認められた。個々の国に属するもの、私的な協会などによって装備され派遣されたもの、および救援組織、すなわち赤十字によって維持されているものの三種であった。

最初に病院船が使われたのは、双方の海軍司令官たちが病院船の中立性を尊重することに合意した後の一八九八年の米西戦争であった。先駆者となったのは、アメリカ赤十字社であった。赤十字国際委員会は彼らに次のように書き送っている(一八九八年六月九日)。

ジュネーヴ条約追加条項の受け入れに基づいてあなたがたが海軍の軍事行動を準備されていること……を知り大変嬉しく思います。貴赤十字社が赤十字の旗を海にはためかせた初めとなるでしょう。またその事例は赤十字にとって新しい実りある時代を告げるものとなるでしょう。皆様にお祝いを申し上げます[39]。

アメリカ赤十字社は、モワニエ号(*the Moynier*)、レッド・クロス号(*the Red Cross*)、ステイト・オヴ・テキサス号(*the State of Texas*)の三隻の病院船を活動させた。

適切な装備と人員が配置された病院船の必要性は、一八九四—九五年の日清戦争の過程で明らかになった。この戦争で戦傷者たちは貧弱に改造された商船で中国大陸の戦場から日本へと運ばれたのであった。この一時凌ぎの代用品から生じた死亡率の高さは、もっと優良な何かが配備されるべきだとの声をあげるのに十分であった。戦時にしか使用されないこのような注文生産の船の費用は、いかなる国の赤十字でも手にあまるものであった。この結果として、日本では商船会社の日本郵船と赤十字との両者に満足のいくような賃貸借契約を取り交わすことが定められた。

博愛丸（二六三六トン）[40]、弘済丸（二六二七トン）の二隻が日本郵船によってスコットランドのクライド川沿いのレンフルー（Renfrew）にあるロブニッツ造船所（Lobnitz Shipyard）にそれぞれ五万四〇〇〇ポンドで発注された。これらの船は鋼鉄製で、電灯照明をもち、二つの甲板と一つの軽甲板があり、英国ロイド船級協会によりA1級として登録された。

この「病院船」は、「赤十字社の徴用があった場合には、その元の姿と色に復元されるべきこと」との条件付きで通常の貨物船として日本郵船によって使われた。一般的には赤十字の活動のために船を復元する期間として三〇日が定められていたが、「戦時にはわずか七日」の猶予しかなかった。[41]

これら新規の病院船は、一九〇〇年の北清事変において初めて使用された。両船は、大沽沖合いにおいて赤十字の旗を掲げたのであった。この緊急時において、博愛丸は七回日本と往復し一五三六人の患者を、また弘済丸はやはり七回の往復で一五二三人を運んだ。[42]

それぞれの船は、三等ベッド一五四、二等ベッド一二、一等ベッド三六および伝染性疾患患者用ベッド六、計二〇八人の患者を収容できるようになっていた。一般兵士用の空間と将校用のそれとの間には広さに大きな差があった。最下等クラスの一五四のベッドはそれぞれ七七ずつ二つの船室に配置されていた。これらのベッドは二段ベッドで、五台ずつが一セットになるように結びつけられていた。このようになっていたので、中に挟まれて寝ている六人の患者には彼らの頭と足以外には看護要員が近づくことができなかったようにみえる。洗面施設としては、台の上にある一つの洗面器だけのように見えるが、あるいは直接には見ることができない船室のどこかに他の洗面器が意図的におかれていたのかもしれない。船室リストのどこにも浴室の記載がないのは注目すべきことである。三等船室に皿や容器がおかれていたことを見ると、食事もその船室内でとられていたらしい。これとは対照的に三六の将校用一等ベッドは一一の船室に、また二等ベッドは四台ずつ三つの船室に配置されていた(43)。

そのことは次のように認められている。

船の異なる部分での看護活動は同じ難易度ではない。通常船の最も快適な部分に位置する将校用の船室や手術室での看護は、換気が悪い船尾や貨物室での看護に比べて心地が良い。したがって、同一の看護婦や看護人たちをいつも同じ場所で勤務させることは公平とは言えない。かくして、二、三航海ごとに新しい看護活動の割り当てが決められたのである(44)。

日露戦争中には病院船への需要がきわめて大きく、博愛丸と弘済丸とは大陸の戦場と日本とを定期的に往復した。一九〇四年から〇五年にかけて博愛丸は五二、弘済丸は五四の航海を記録した。これらの航海で、船は嵐や高波に遭遇したばかりでなく、濃霧や浮遊機雷の危険などのために遅れることもあった。博愛丸は一万三〇〇七名の患者を戦場から日本に運んだ。そのうちの一四〇〇人はロシア人であった。日本人は病院船を重用したが(45)、また戦傷者護送用に改造された貨物船も使用した。

表2　日露戦争（1904-05年）の犠牲者数（ロシア側数値）

実数

	戦場で死亡	負傷	行方不明・捕虜	負傷原因で死亡
ロシア軍	25,331	146,032	59,218	6,127
日本軍	47,387	173,425	6,700	11,425

平均兵力1千名あたり数値

	戦死	負傷	行方不明・捕虜	負傷原因で死亡	負傷者の死亡率(%)
ロシア軍	37.7	217.4	82.2	9.1	4.19
日本軍	72.9	266.8	10.3	17.6	6.58

出典：N. Kozlovski, 'Losses of Russian Army, 1904-5', *JRAMC*, Vol. 18 (1912), p. 331.

きわめて適切な関心

一九一二年に『イギリス陸軍医療部隊雑誌』（*Journal of the Royal Army Medical Corps, JRAMC*）は、ロシア人軍医N・コズロフスキー（N. Kozlovski）の一九〇四―〇五年の日露戦争におけるロシア陸軍の損失についての論文の翻訳を掲載した[46]。表2の数字からは、一八カ月間の戦闘での日露両陸軍の損失を比較できる。この数値の信頼性には問題があるかもしれないが、ロシア側の見解を示している。

この表を解釈して、コズロフスキー博士は以下のように述べている。

日本陸軍は絶対的にも相対的にも最も高い戦死者数、負傷者数を記録している。他方、ロシア陸軍は捕虜について最も高い数値を記録している。前者は、戦闘行動の執拗さ、実際の戦闘参加者の多さ、長期間に及んだ作戦行動によって説明されよう。後者は、旅順港陥落で大勢のロシア人が捕虜になったことによるものである。

日本陸軍の損害は例外的に大きい。これは、部分的には多

表3　日露戦争（1904-05年）の犠牲者数（日本側数値）

	即死	負傷	不明	損失	合計
将校	1,657	5,307	53	7,017	14,034
下士官および兵士	41,562	48,366	5,028	194,956	289,912

出典：Baron K. Takaki, 'Military Hygiene of the Japanese Army', *New York Medical Journal,* Vol. LXXXIII, No. 23（9 June 1906）より編纂.

くの人々が自身を「肉弾」として旅順港要塞への数週間にわたる無益な攻撃で犠牲にしたことによる。

日露戦争で、ロシアは、一〇〇〇人あたり一二人を病気で、六人を負傷で、二五人を戦死で失ったと述べている。彼らは、これに相当する日本側の数字は、病気二七、負傷一一、戦死四七であると信じている。

日本の数字は異なる分類法をとっているので、信頼できたとしても比較することは難しい（表3）。

「損失」という言葉が戦死傷者総数を表わしていること、したがって戦傷のみならず伝染性もしくは普通の病気によって戦力からはずれた者も含んでいるらしいことを銘記しておくべきである。「不明」とは不運にも捕虜となった人々の数を示しているかもしれない。日本人たちは捕虜という範疇にけっして言及しなかったし、またそれを認めようともしなかった。

日本陸海軍の医療部隊によってなされた、陸海軍兵士の健康を保とうとする仕事が大きな成功を収めたことは疑いない。戦場での犠牲者が例外的に大きかった事実は、医療部隊隊員による救護の不備というよりは、むしろ「天皇の赤子」としての日本人の勝利への執念を反映している。

日露戦争後も日本の陸海軍兵士たちは、新しい医療知識の恩恵を受け続けた。さまざまな病気予防のための注射が定期化したし、食生活上不可欠のヴィタミンの重要性が認められ理解された。一般的に言って、兵士の健康は改善された。しかし、ずっと後になって一九四一―四五年には、太平洋戦争の激しさと伸びきった日本の物資補給線が、食糧事情、衛生環境ともに著しい水準の低下をもたらした。太平洋戦争は、多くの軍人、民間人を栄養不足と不健康な状態に陥れた。

第三章　赤十字と国民の健康管理

赤十字病院

一九世紀後半の日本には、都市での自発的あるいは慈善的な病院制度、より小さな町や村での小規模病院のネットワーク、さらには専門病院などはまったくなかった。[1] 世界の多くの諸国民もそうであったが、日本人たちには入院治療はもとより、実際のところ、他の一切の医療を受ける機会がなかった。東京渋谷のかつての藤田ヴィラに以前からあった日本で最初の大病院は、[2] 東北における戊辰戦争での官軍の負傷者を収容していたようである。これは後年、東京帝国大学医学部に初期の一般病院として統合された。

結果として、日本赤十字社が、まず東京に、後には日本各地の中心地に建てられた自身の病院を通して、健康管理活動の主要な提供者となった。これは一般国民への医療を施すことによる人道主義の一つの形態と見なすことができる。一般国民を治療する重要な役割はあったが、赤十字病院の目的はなお、「戦時における軍の傷病者の救護と、平時における救護活動要員の育成」におかれていた。[3] したがって、一般国民の患者が赤十字要員の訓練のためにあったことを銘記しておく必要がある。

日本赤十字社自体が東京に病院をもつべきであるとの提言をしたのは、同社の外科部長、橋本博士

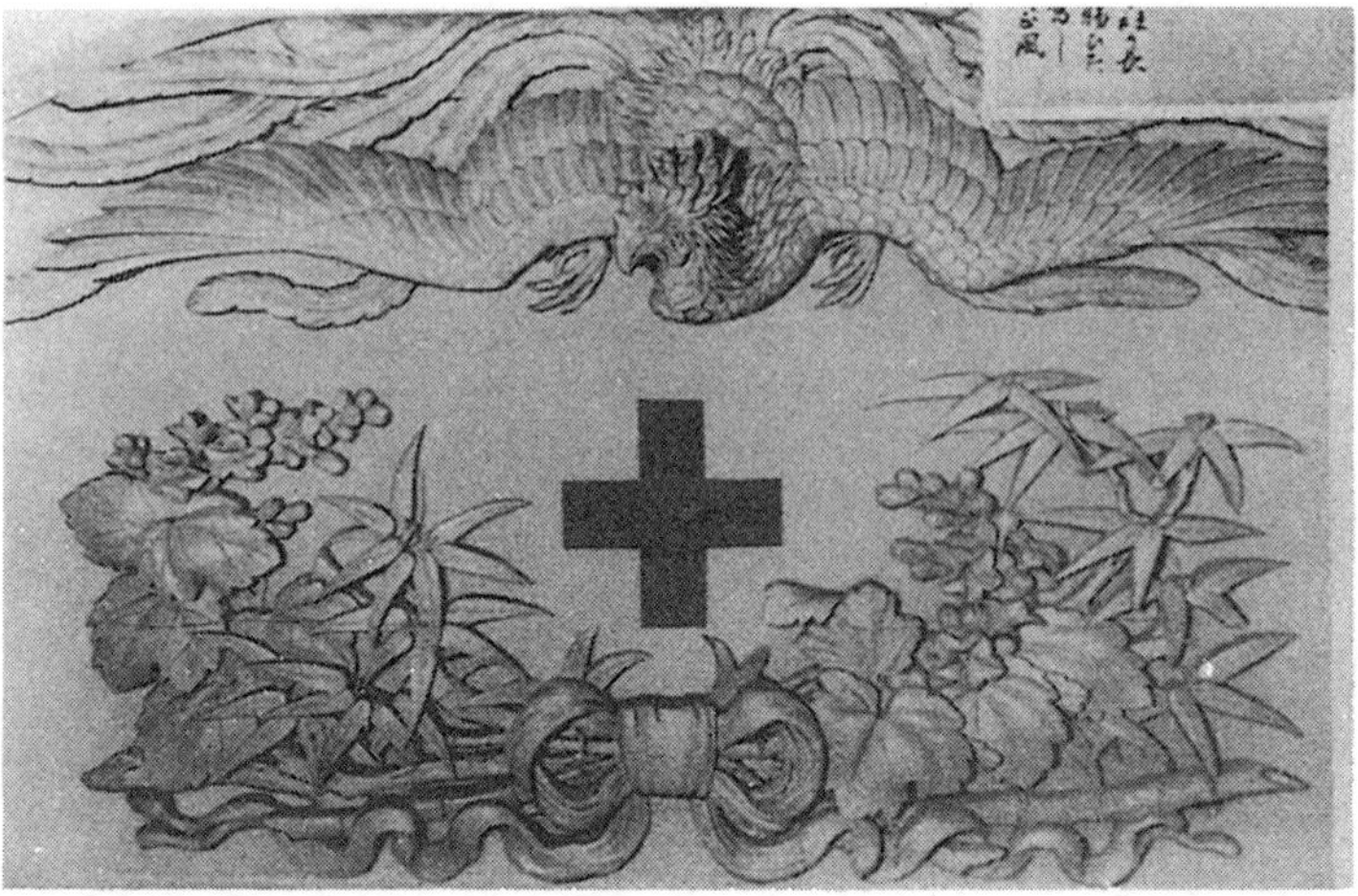

日本赤十字社初期の社章．昭憲皇后によってデザインされた．桐と竹と鳳凰があしらわれている．

(男爵)[4]であった。彼は、ドイツで軍医の活動を研修していた時に、平時の軍要員訓練のためには、まず一般用の病院が欠かすことのできないものであることを知った。彼の帰国後、陸軍省は、東京にもっていた土地を赤十字に貸与することを認めた。「軍医活動従事者の寄付をもとに」建築された博愛社病院が、一八八六年の一一月に皇后臨席の下に開院された。この病院は、赤十字救護要員を訓練すること、多くの患者を治療することを通じて内科的・外科的な経験を広げること、そして究極的には戦時に備えることを目的としていた。評判の高かった橋本博士は多くの患者を引き寄せた。このため、病院の規模があまりにも小さすぎることがすぐに明白となった[5]。

ジュネーヴでの最初の赤十字国際委員会開催から五周年の日に、皇后は東京の西の郊外、渋谷にあった皇室財産の土地を一〇万円の寛大な寄付とともに下賜した。新しい病院[6]はドイツのハイデルベルク大学病院をモデルとして建築され、一八九一年五月一〇日に皇后によって開院された。この日にあたって

表4　日本赤十字病院（東京）患者数内訳（1887-1933年）

	外来患者			入院患者		
	慈善	有料	計	慈善	有料	計
1887年	109	1,423	1,532	27	288	315
1892	172	2,355	2,527	65	648	713
1897	197	4,655	4,852	93	1,166	1,259
1902	271	7,148	7,419	314	1,376	1,690
1909	255	12,180	12,435	413	1,938	2,351
1912	531	16,518	17,049	457	1,978	2,435
1916	689	21,190	21,879	537	1,904	2,441
1921	913	21,230	22,143	521	1,867	2,388
1926	1,418	31,706	33,124	506	2,629	3,135
1933	2,672	31,092	33,764	696	3,750	4,446

出典：*The Japanese Central Red Cross Hospital* (Tokyo, October 1934), p. 15.

皇后はさらに五千円を寄付した。この金額は、その後一〇年にわたって天皇・皇后から毎年寄付されることになった。その後一八九九年に、金額は年一万円、期間は二〇年間と変更された。このようにして日本赤十字社は、本格的な病院建設にあたって皇室に多くを負っていた。この病院の敷地には現在もなお赤十字の医療施設がおかれている。

一八九一年に、この病院には内科・外科・産婦人科・眼科の四診療科があったが、後に耳鼻科（一八九一年）、小児科（一九一〇年）、皮膚科（一九一二年）、歯科（一九二三年）を含む他の専門診療科が加わった。大きな手術室が、物理療法室・整形外科室とともに一九〇五年に設けられた。他方、伝染性疾患の患者を収容する施設が一九〇六年に拡充された。病院が診療した有料・慈善（無料）の患者数は表4の通りである。

一階建の病院の建物は、いつも手狭であった。付加的な建物、外来患者用診療室、追加の病棟、そして新看護婦寮などが増築され続けた。しかし結局は、病院全体を改築することになり、一九三四年一月に「鉄筋コンクリート」病院の定礎が行なわれた。この年からも同一の敷地で何回かの増改築が繰り返されてきた。

日本赤十字社は準公的な地位をもっていたので、日本中の各府県知事がそれぞれの地域での赤十字の組織化に責任をもっていた。かくして二〇世紀の初めまでには各地の中心地に人目をひく赤十字の建物が建築された。一九一四年には東京以外に一三の赤十字病院があった（表5参照）。戦争時にはこれら施設は軍事用施設の一部となった。

このようにして、日本赤十字社は広い地域で最初の、ある時には唯一の、病院ベッド提供者となったのである。

表5　赤十字病院ベッド数(1911年)

	ベッド数
中央病院（東京）	276
兵庫支部病院	114
三重	86
滋賀	118
長野	191
富山	92
和歌山	100
香川	199
	1,176
日本人経営の赤十字病院	
台湾	69
関東州（遼東半島）	45
奉天（満州）	42

出典：*The Red Cross in the Far East* (Tokyo, May 1912), p. 15.

日本赤十字社産院

一九二一年に初の赤十字産院が東京に設立された。[7] この建設の動きは、直前の戦争〔第一次世界大戦〕で昂揚した赤十字運動への情熱を失わないように、各国の赤十字社が母子の健康を改善するためにさらに努力を重ねるべきであるとの赤十字社連盟の勧告に触発されて起きたものであった。「幼児死亡率が驚愕すべき状態」[8]にあった日本ではこれ以上緊急なことはなかった。広範な無知を反映して多くの母親や乳児が死亡していた。

平山男爵（当時の日本赤十字社社長）の発議によって一九二一年七月に赤十字中央病院の近くの「樹木に

囲まれ、よい空気、静かな環境、そして交通の便に恵まれた」渋谷の丘に沿って最初の産院の建築が始まった。[9]

家ではなく病院で出産するというのは、当時の日本では新しい考え方のようであった。一九二二年五月九日に産院が開院した時、どのような人々が入院しようとしているのか、すぐには定かではなかった。この事情は、一九二三年九月一日に関東大震災が東京と横浜の広い地域を壊滅させた時に一変した。[10] 数日間続いた揺れは、数百件の火災を発生させ、すでに壊れかけていた数千の家屋もまた焼失した。

災いが転じて福となったようである。がら空きであった産院は、家を失った妊婦や小さな乳幼児を抱えた母親たちで一杯になった。産院の要員たちは、物資の補給がなく、食糧が不足しているなか、この危機に目覚ましい勢いで取り組んだ。幸いにも「自動車が彼らの手に入った」ので、彼らは寸暇を惜しんで「避難所から避難所へと車を運転してまわり」、いかなる所からのものであれ物資を調達した。[11]

次のようなことにもまたとくに注目できる。

産院の助産婦や看護婦は、素晴らしいほど冷静にして沈着であった。……地震のあの恐ろしい揺れと振動のなかで、患者を病棟から近くの野外の安全地帯へと誘導した。……激しく恐ろしい揺れのなかで、助産婦や看護婦たちはあたかも戦場に身を置いているように……義務を見事に遂行したのであった。[12]

五月九日に産院は「母の日」を開催した。この日、すべての施設が一般に公開された。「母親たちのために講演会、健康診断、さらには子供の衛生や福祉についての母親教育の映画会などが催された」ので人気のある外出先となった。[13] 産院は特別相談所も開設した。一九三三年にこの事務所は二七七五件の相談を受けている。母子の健康管理を向上させようとする善意があったことは疑いない。しかし、東京全体ではこの恩恵を受けた人の数はきわめて少なかった。

新しい女性の職業

一八九〇年に日本赤十字社は看護婦の三年間養成コースを開設した。この種の試みとしてはアジアで初めてであった。近代的な看護婦を育成することの重要性は、フローレンス・ナイチンゲール[14]とその仲間の看護婦たちがクリミア戦争の最中に傷病者の生命を救うために奮闘して以来、彼女によって広く公に論じられてきていた。フローレンス・ナイチンゲール自身も、ドイツのライン川沿い、カイザーヴァルト(Kaiserworth)[15]にあったプロテスタントの婦人牧師補のための教育機関(ここが近代看護婦教育の発祥地となった)で看護婦としての訓練を受けた。クリミア戦争の後、ナイチンゲールは、募った寄付金とイギリス人たちから彼女に贈られた資金をもとに一八六〇年にロンドンの聖トマス病院にナイチンゲール看護婦学校を設立した。[16]これ以降、看護活動が若い女性にとって尊敬されるべき実際に名誉な職業であるとようやく考えられるようになった。

日本人の医師たちは、フローレンス・ナイチンゲールのこの良質な看護教育の重要性を一般に訴える活動を知っていた。彼らは、しばしばドイツで教育を受けたので、ドイツ人たちの先駆的な努力についても見聞していた。彼らがドイツに滞在し勉強した時、よく訓練されたドイツ人看護婦の助力を受けた。したがって、日本の医学が西欧の方向に進むためには何か同じような機関を設立しなければならないと思うに至った。

一八八〇年代の後半に看護婦訓練の計画が論じられていた頃、これに関わった医療関係者たちは、西欧においてと同様に前途には幾多の困難が待ち受けていることも承知していた。一八六七年になっても、フローレンス・ナイチンゲールは、看護活動が「歳をとりすぎた、ひ弱い、酩酊した、汚い、愚かな、または役立たずの」[17]人々によってなされているとなげいている。なぜなら看護活動はいまだに非熟練労働と見なされていて、婦人労働者憧れの仕事ではなかったからである。患者の健康を取り戻すために医者とともに働く医学的な教育を受けた知的な看護婦という概念を確立するには、どこの国々でも困難があった。

困難の一つは、看護活動が男性の肉体に接触しての世話を必要としていたことである。これは、未婚の育ちの良い女性にふさわしい仕事とは見られなかった。イギリスでは、上流階級としての教育が培った信念に裏打ちされて、フローレンス・ナイチンゲールが、戦時における努力の結果、国民的な英雄となった。彼女はその後、健康管理のための新しい規則を作成することによって、成功の度合いはさまざまであったが、看護活動を女性の職業として形作るべく奮闘した。西洋では看護活動とキリスト教の奉仕の精神が結びついたため、彼女の仕事は非キリスト教国に比べて達成しやすかったのかもしれない。彼女は厳格な行動規準と訓練を看護婦たちに求め、病室の「天使」として立ち現われるようにさせた。日本では女性の地位の低さが、彼女たちを職業婦人として訓練すること、さらには尊敬されるようにすることをむずかしくしていた。

赤十字の看護婦たち

高水準の原則を模倣し、西洋的な諸目標に鼓吹されて、日本赤十字社は看護婦部隊創設のための試みで、次のような条件を看護婦教育にあたる教員に求めた。

雇給一カ月銀貨一五〇円とし、期限は満二年にして、往復上等旅費を給し（たぶん家から病院まででぁろう）、在留中は家屋一宇を貸し渡し、寝具は自弁として一時家具料を給し、すべて病院長の指揮管理を受けしむる目的にして、ドイツのアウグスタ病院などにて実地鍛錬の看護婦あるいは有志婦人中その技に長じ規則に熟し品行方正真に看護婦の模範たるに足るべき人にして独、仏、英の語に通ずるかまたは適恰の人にして……（仮名遣い一部変更――訳者）[18]

これには誰も応募しなかった。

一八八七年六月二日、皇族の女性たちに先導されて華族や閣僚の子女たちによる篤志看護婦人会[19]が発足した。小松宮妃殿下が同会の筆頭幹事となった。一九〇四年までに五三八人が会員となった。これは看護婦の訓練を受けようと志す一般女性たちのモデルとしての役割を意図した閉鎖的なクラブであった。華族女学校の少女たちもこれに加わった[20]。それは職業として訓練された従軍看護婦（あるいは軍看護婦）創設の気運を鼓舞した。

日本赤十字社の篤志看護婦たちは、「定められた訓練コースに従った」。そのコースには、通例は軍医将校の監督のもとに行なわれる「傷の手当て、包帯の準備」などが含まれていた。この婦人たちはときどき実際の救急活動、あるいは病院看護に従事した[21]。名家の婦人、子女を公共の目的のために動員したこのような団体は、日本にはそれまでなかったものである。看護活動が女性にとって価値ある職業であるとの考え方を発揚させるという真の目的は隠されていたかもしれない。しかし、それはなお重要かつ緊急なものであった。この女性の一団による公にされた活動は、多くの関心を引き、職業としての看護婦という考え方を日本で一層身近なものにした。新聞報道などを通じて、一般国民にはこの名門婦人「看護婦」たちは大いに目立つ存在ではあったが、彼女らが本気で不快な召し使いの仕事にも思える看護業務に携わったと

救急救護法の講義を受ける篤志看護婦人会に集う貴族階級の女性たち．（1897年頃）

は考えにくい。

赤十字社は将来への計画を練り続けた。同社は陸軍からの医師を看護婦養成課程部長として任命した。彼は、看護婦を教育することになっていた医師たちとともに活動することになった。一八八九年六月二四日に「看護婦訓練規則」を合意し、看護婦養成課程を一八九〇年四月一日から開講することにした。

諸規則の主要な点をまとめると、入学資格は、「看護婦訓練生は、二〇歳から三〇歳までの身体強健、性質温厚、品行方正な女性で、普通の文字を読み、仮名まじり文を書き、算術の心得のある者で、東京に保証人二人を有すること」であった。養成は、三年半以上（後に三年に短縮された）にわたって行なわれる予定になっていた。一年次には、「解剖学大意、生理学大意、消毒法大意、二年次には、看護法、治療介輔、包帯法、三年次には、救急法、傷者運搬法、実地温習」などを学んだ。卒業後訓練生たちは、赤十字社の「救護看護婦」として登録し備えなければならなかった。この契約期間は一五年で、「健康で肉体的にも壮健」で五〇歳以下である場合には契約を更新できた。契約は簡潔で、直裁的で、義務的なものであった。

誓約書

日本赤十字社の救護要員に関する諸規則に則り（看護婦、介護人あるいは他の職員）として契約したからには、私は、その兵員へのいたわりの気持ちを通じて国家への責務を果たす強い意志をもって、赤十字社の諸規則に従うのみならず同社の要請に迅速に応じ自身を救護活動に捧げることをここに厳粛に誓います。

氏名　印　身分　本籍(22)

結婚については何の制約もなかった。しかし、「救護看護婦」が一刻の猶予もなく赤十字の要請に応えなければならなかったことが、（当時の日本の慣習からいって）結婚を事実上不可能にしていた。しかし、看護婦たちにも利点があった。赤十字に要請されない時には、その需要が安定的で増え続けており、しかもかなり給料が高い私的な看護活動に携わることが許されていた。この養成課程が始まってから数年間、給料は訓練生に直接支払われることがなく、赤十字の役員に支払われ、そこから本人の申請によって訓練生の手に渡っていた。(23)この慣行がどのぐらいの期間続いたのか、訓練生たちが重労働で得た賃金を直接受け取れるようになれるまでどれだけ彼女らがこの疑問に耐えたのかについては不明である。

一八九〇年に二五名の応募者から試験の結果一〇名が選抜され、四月に開講した赤十字看護婦養成課程に入学した。同年の一〇月には、東京からの五名に加えて地方四名（京都二名、愛媛一名、広島一名）が秋の入学生となった。四七府県の知事たちが各地方の赤十字組織に責任を負っていたので、知事の夫人たちを進んで地方の赤十字婦人委員会の長に仕向けることは比較的簡単であった。一九〇四年にはそのような婦人委員会が全国で三六あり、三三六六人の会員を擁していた。この婦人委員会の組織は、地域のふさわしい若い女性たちを東京での、また後には赤十字病院が地方に開設されるにしたがって、地方病院での訓練・養成に向かわせる重要な経路となった。[24]

初期において、看護婦養成に応募する機会を得ようと欲した場合、少女たちはより高い段階までの教育を受けていることが必須条件であった。一八九四年にこのような学校に少女たちが志願したのには三つの理由があると世間では信じられていた。向学心に燃えているか、貧しい家の出身で収入の機会を求めているか、器量に恵まれず簡単には結婚できそうもないかのいずれかというものであった。[25]

日清戦争の後、戦争未亡人を日本赤十字の看護婦として採用しようとする努力がなされた。彼女らは日本の社会ではすでにヒロインとして扱われていた。この計画は大成功で、日本赤十字、戦争未亡人双方に多大の恩恵をもたらした。なぜなら、旧来のままであるならば、彼女らは夫の姻戚関係に縛られて余生を送る以外手立てがなかったのである。資格が認定された看護婦となることは、未亡人を一家に収入をもたらす働き手に変えた。彼女らの地位を向上させ、職業的な資格のみならず世の尊敬を集めることにもなった。それまでは家計の負担と見なされていた人々がその境遇から脱するための糸口がこうして提供された。それは、日本女性への一つの支援となった。これらの看護婦は、通常はいくぶん年輩であったが、しばしば主任看護婦とか日本赤十字看護学校の講師を務めた。後の太平洋戦争の間、戦争未亡人看護婦は「軍国の母」となった。

軍務を引退した人々がなることが多かったが、男性看護士も採用された。一八八〇年に「看護士諸規則」が制定され、赤十字のための看護士訓練が始まった。これは一八八八年まで続き、その後も、一九三三年に廃止されるまで断続的に続いた。訓練を受けた看護士の数は、一六〇〇名にのぼる。男性たちは、戦場から、前線後方で、あるいは実際上どこからでも負傷者を搬送する「搬送隊」もしくは「運搬隊」としても使われた。[26]

一〇〇年以上の間、日本赤十字社は看護婦養成を行なってきた。[26] 現在は、このための四〇のセンターが全国にある。年とともに教育課程も変化してきた。哲学・美学・外国語・薬学・社会福祉（とくに赤十字の活動に関連した）などの科目が追加され、カリキュラムは現代社会にもっとふさわしいものとなった。また、日本の法体系、例えば一九四八年の助産婦を含む看護婦と公衆の保健活動に携わる人々についての法律などを考慮したものとなった。

今日、赤十字看護婦（「救護看護婦」という言葉は一九四七年に廃止された）を志願する者は、高校卒、独身、二三歳以下で、学校の寮に生活することを望み、赤十字が定める身長と体重の規準を満たさなければならない。日本の赤十字社は、教育に多くの資源を投入している。すなわち八五パーセントをこえる訓練生が同社の助成をうけている。一九八八年に看護婦養成に費やされた金額は四〇億円に及んだ。一八九〇年以来の一〇〇年間に、約八万人が訓練をうけた。そのほとんどすべてが、強制ではなかったが赤十字病院で仕事を続けた。[27]

きわめて重要なものに、一九二二年以来赤十字によって行なわれた助産婦の養成があげられる。[28] この課程に適用された諸規則は看護婦のそれと似通ったものであった。当初志願者は高等小学校で優秀な成績を収めた者であったが、一九三〇年代初めからはほとんどが高等女学校出になった。寮それ自体は渋谷の施設内にある新しい建物であった。

鉄筋コンクリート四階建の建物は、スチーム暖房され電気器具も揃っていた。地下には調理場、食堂、洗濯室と部屋があった。四階には二つの部屋があり、一つは特別の集会とか娯楽室に、他の一つは日本の行儀作法の稽古に使用された。その他はすべて助産婦、見習い生、看護婦の居室に当てられていた。

寮に暮らす訓練生たちは自炊をした。一九三四年に彼女らは「多少とも自宅にいるのと同じような暮らしを楽しみ、家事の訓練もできるように自分自身で食べ物を選びそれぞれの予算で暮らせるようになっている」と言われた。[29] 夜勤で眠れなかった人が日中によく睡眠が取れるような工夫努力もなされた。養成期間は二年間であった。現在日本では三つの助産婦養成学校がある。このうち東京のセンターが一番重要である。一九四六年以来四六〇〇名がこれらで資格を得た。

一九〇七年からは、上級もしくは卒後研修が少数の選ばれた人々に可能となり現在に至っている。このような教育を受けた人の数は一五〇〇を超える。一九二九年から数年間一〇〇名以上の訓練生が公共保健婦として教育された。ただし、この仕事は一九三七年からの中国での軍事行動に引き続く時期に廃止されその後は復活していない。少数の訓練生が現代外国語の教育を受けたが、これも一九三七年に取り止めとなった。

その初期から日本の赤十字では看護婦への「道徳的価値」の教育に多くの時間と努力が割かれた。看護婦たちは、「忠誠心、愛国心、博愛そして慈悲と仁愛、第二に誠実、第三に勤勉と忍耐、第四に気配りと寛容……（特に患者への）、第五に自己規制と情緒の安定、さらに患者の心を捉えるやさしさ」の資質をもつ者とされていた。[30]

きわめて長文の（そのほんの一部分しかここでは引用しなかった）小沢男爵の赤十字看護婦に必要とされる資質についての議論は、いかに徹底して赤十字看護婦を含む日本人への教化が行なわれていたかを示すものである。貧しい家の娘が売春婦として売られていた長いならわしを考えると、この高い道徳的な価値の強調は、このような貧しい女性が、売春婦ではなく看護婦として地位を確立することの難しさをまた逆に示唆するものかもしれない。小沢男爵は、生理学あるいは解剖学あるいは他のすべての教科を教える医師たちも、「学生たちに高い目標と高い理想を確実に印象づける高貴な思想を鼓吹する資質をもった」人々でなければならないとして議論を結んでいる。[31]

日本赤十字社が、どれだけ多くの近代的な職業看護婦の部隊を創出できたかとの問題が残っている。たしかに一八九四―九五年の日清戦争においては看護婦の非効率性が責められたが、一九〇四―〇五年の日露戦争までにはその水準は大いに改善された。それにもかかわらず多くの人が、ある男の担架隊員の発言、「看護婦は女らしくなく、皆おてんばなのでどうも好きにはなれない」に同意をしたこともまたありそうなことである。[32]

日露戦争後から一九三七年の「支那事変」の前までの期間、赤十字の看護婦の水準がそう高くはなかったことが明らかなようである。一九三三年に入学資格の見直しが行なわれ、以来看護婦が受けるべき訓練と教育の質を向上させる真剣な試みがなされた。しかし、一九三七年七月七日に日中戦争が勃発したとき、赤十字看護婦の深刻な不足があり、中国に派遣されるべき「救護班」の必要人員を確保するのが困難であった。

「すべての公的あるいは私的な人道にかなった行ないが湧き出る慈悲と博愛の源泉」[33]である皇室に援助された赤十字の国民の健康管理への貢献は、大きなものがあった。しかし一九四五年まで、それが日本の軍隊への付属物であったがゆえに栄えたことも疑う余地がない。外国人から見るとこの組織は封建的で、女性スタッフへの態度も高圧的に思える。しかし、家の中の抑圧的な状態から逃げ出した女性にとって、赤十字の看護活動はある種の自由を与え、家長の支配からの解放を意味したとも言えるのではなかろうか。

第二部　天皇への称賛

第四章　日本、人道主義の世界的リーダー（一八九四年―一九〇五年）

赤十字運動の最先端、日本

日清戦争（一八九四―九五年）の時点で、日本は赤十字への加盟を全面的に認証された（一八八六年以来）アジアで唯一の国であった。[1] 中国にはこれに相当する組織はなかった。しかし、戦争勃発直後、国際赤十字の人々の同意を得られるならば中国赤十字社を組織しようとする中国在住の西欧人宣教師・医師たちによる急な動きがあった。

ジュネーヴの赤十字からは、これに否定的な手紙が返信された。

我々は、ジュネーヴ条約の調印国でない国での赤十字社の存在を正式に認めるわけにはいきません。中国のこの条約への加盟が（スイスの連邦評議会の仲介を通じて）外交的に決着をみていない以上、いかなる種類の中国赤十字社も認可はされないでしょう。

現在までのところ、この加盟についての働きかけを我々は行なってきてはいません。なぜなら、それは時期尚早に思えるからです。戦争に関する諸規則から見た時、たとえ皇帝が条約に調印したとしても、我々にはジュネーヴ条約を遵守するほどに中国人たちが文明化しているとは思われません。加盟手続きをとり、実現しそうもない約束を取り交わすことは、結果として軽率な行為になるのではないでしょうか。

さらに、中国がジュネーヴ条約に参加する場合において、それがいかに大規模で有用であっても宣教師医師団が赤十字に加入する資格を有するとは思えないことも私はここに付記しなければなりません。

我々は、一つの国に一つの団体しか認めません。その団体は、その国の固有性をもたねばなりません。外国人によってすべてが構成されるあなた方の場合、この必須の条件を満たしてはいないように思われます。(2)

中国政府が改訂前のジュネーヴ条約を批准した後の、日本との戦争から一〇年経った一九〇四年六月に中国赤十字社が発足した。(3)

これとは対照的に、日本は赤十字運動のごく初期からこれにかかわってきた。揺籃期の赤十字運動は、加盟を希望するどのような国も喜んで受け入れた。岩倉使節団(4)がジュネーヴに滞在した一八七三年夏に最初の接触があった。ジュネーヴの人々によると、その後日本はジュネーヴ条約の精神を盛り込んだ軍事規律を制定した。一八八六年に、「陸軍が必要な変更を終えたことをみて、日本政府はジュネーヴ条約に正式調印をした(5)」。一八九四年に戦争が勃発したとき、日本赤十字の態勢は整っていた。「多くのよく訓練された要員を抱え、豊富な資材をもつ同社は、軍隊が頼るに足る補助的な部隊となった(6)」。戦場では貴重な用益を提供し、また傷病者の日本への移送の任務を担った。

捕虜の収容施設と保護についての取り決めはなかった。この当時、捕虜についてはジュネーヴ赤十字の管轄外にあると考えられていた。日本の報告にあるように、中国人の傷病者が日本に移送され東京の赤十字病院で看護を受けたのは事実かもしれない。だが同時に、この戦争における中国での日本人の残虐行為についての記録も残されている。

しかし、日清戦争は、一九〇四年から〇五年の日露戦争の前座であった。日露戦争で日本の人道主義への貢献が、世界中に広く示されることになった。

ロシアは以前からジュネーヴ条約を批准しており、一九〇四年にもなるとロシア赤十字社は、「多くの資源を蓄積していた」。不幸なことに、組織の腐敗ではなかったとしても、間違った運営が、ロシア赤十字の役割の全面的な遂行を妨げていることがすぐに明白となった。世論の昂揚があり、活動はより確実な基盤の上に迅速に移された。「サンクト・ペテルブルグからハルビンまで赤十字は九五の野戦病院と二八の中継地点の連鎖を構築した。また二八の移動部隊と一二の消毒部隊、二つの防疫拠点を傘下においた。傷病兵を移送するために無数の病院列車と数隻の病院船があった」と報告されている。[7] 実際のところ、ロシア赤十字は、正規軍医療部隊の活動の不備をある程度まで補うことができた。

しかし、日本が勝利者であったのだから、人道的な活動のより多くの責任を引き受けることになった。それは日本と日本人が威厳、献身そして同情をもって応えなければならない一つの挑戦であった。結果として、日本は当時の世界のどの国も経験したことがない戦時の人道的活動の実践者として立ち現われることになった。

この日本人の行動を、旅順港制圧、幾人かのロシア人捕虜の解放、病院船、日露両国兵士のための義肢などの事例を見ることによって、より詳細に検討することができる。日本でのロシア人捕虜の生活については次章で述べる。

旅順港

旅順港は、長い血みどろの死闘の末、一九〇五年一月二日に陥落した。降伏したロシア人たちは一月六日に街頭を行進した。この光景を一人のイギリス人評論家はこのように記述している。

最初に将校がやって来た。彼らは帯剣し、ある者は乗馬して、またある者は疲れきった様子でとぼとぼと歩いていた。将校たちはすべて立派な身なりをしていた。薄青色の外套をまといパテント皮の長靴を履き、まるで皇帝のパレードからいましがた抜け出して来たように見え、六カ月にわたる籠城戦の後とは見えなかった。兵士たちを見ると、衣服も長靴も粗末な状態であった。多くは、中国風の衣服と羊皮のコートを着ていた。しかし、肉体的には極めて良好な状態にあり、健康そのものに見えた。護衛がこれほど少ない捕虜がこれまでにあったであろうか。行進によってまきあげられる土埃を通して、隊列のあちらこちらにほんの少しの赤い毛布を背負い銃を手にしたカーキ色の軍服姿を目にするのみであった。明らかに彼らは大勢のロシア人縦隊の中に埋没してしまっていた。……これら数千のロシア人を少数の日本人が護衛している光景はまるでコミックのようであった。[8]

日本は、解放宣誓制度を設けた。これによって四〇〇名ほどのロシア人将校たちが戦争に再び参加しないとの宣誓をした後に直接ロシアに帰還した。この中には最高司令官ステッセル中将[9]も含まれていた。ニコライ皇帝は、満州にいた将校たちに、「今回の戦争に再び参加しないという義務を負ってロシアに帰るか、それとも部下と運命をともにするかはそれぞれの将校の特権として選択できるものとする。皇帝は、諸君と諸君の部下たちの勇敢な防衛戦に感謝している」との書簡を送った。[10] イギリスの観察者たちによると、ロシア人将校たちがありうべき報復を受けなかったのは、一つの寛大な態度の表現であった。当時の一つの評論を引用することでこの態度は十分に示されよう。旅順陥落から数日後の一九〇五年一月一二日、旅順から数マイル北に離れた長嶺子駅での光景である。

私はロシア人たちに……同情の念を抱きながら長嶺子駅に行った。彼らの権威の失墜と屈辱は計り知れないほど大きかったのだから、ごく普通の人間としてその国をどう思っているかにかかわらずそのような境遇にある個々の人々に同情を禁じえなかったからである。しかし、将軍、大佐、その他将校の一団が、悲劇よりは舞踏会の方がよく似合う衣装で、いかにその状況を軽く考えているか、敵が進んで与えてくれる援助をいかに傲慢な態度で受けようとしているかを目の当たりにした後には、その同情も消え失せてしまった。かわりに正義が行なわれるべきだ、公正に報いを受けるべきだとの感情が沸き上がってきた。(11)

要塞から行進して退去できないロシア人の傷病者のために、食糧・衣服そして医療用品が準備されていた。事態は考えていたよりもはるかに劣悪であり、日本の軍当局と赤十字の両者をすぐさま危機的状態に陥れた。旅順要塞の中にはロシア人傷病者のために緊急使用する建物が三四あった。日本人たちは、六千名の負傷者、九千名の壊血病患者、五〇〇〇名近くの伝染病患者、そして一五〇〇名にものぼる他の種々の病気患者、都合一万七千名以上のロシア人を抱えていることを知った。

最初にしなければならなかったことは、もっと秩序だった形で活動を組織するために、ロシア人医療部隊員をそのまま任務につけておくことであった。治療の仕方が異なるために、ロシア人と日本人の医療要員とを同じ場所に配置できないことがすぐに明らかになった。したがって、病院の病棟を病棟ごとにロシア人管轄、日本人医療チーム管轄というように割り当てた。自分たちには急場凌ぎの臨時収容施設を指定し、最良の病棟をロシア人の管轄に割り当てるという目覚ましい寛容の精神が発揮された。しかし、このことを後で悔やむことになる。二重の不利を背負うことになったのである。奇妙な日本人たちの管理の下に、しかも最も荒れ果てた病棟に入れられたロシア人たちからは不平の声が上がった。日本人たちは、自分たちの管理下にあるロシア人捕虜もロシア人管理下にある者と同じに快復していると主張したが、この仕事が赤十字救護班に悪条件に耐えることを強制し、かつ余分の心配をかけたことを認めざるをえなかった。

旅順にあった三四の病院施設のうち、三つだけが病院目的に建てられたものであった。それらは、セント・メアリ会赤十字病院、中央軍病院、そして海軍病院であった。これら以外の施設が満足のいく状態にはないことを日本人たちは気づいた。傷口は普通の布で包帯され、外套を毛布がわりにして、しばしば患者は床に寝かされていた。この三四の病院施設を合理化する精力的な試みがなされた。これが行なわれた後、秩序はいくぶん回復し、病院施設は旅順要塞病院と改名された。

その他の地方では、一二の赤十字救護班が日露戦争中に中国本土に派遣された。彼らは、あまり楽な時間をもてなかった。赤十字第一〇二救護班は次のように報告している。

我々には、ペイホウサン（Peihosan）の斜面に建つかつてロシア砲兵連隊に属していた兵舎の一つを割り当てられた。その建物は大きかったが、至る所に埃、ボロ布、壊れた器具、薬莢の破片などが山をなしており、足の踏み場もなかった。窓ガラスはことごとく破れ、砲弾が飛び込んだ跡の穴が屋根や壁にあいており、これを病棟にして使うことなどとても人間業ではできないように思えた。しかし、それをなさねばならなかった。我々は夜通しで片づけ、掃除をした。また窓ガラスには布を貼り付け、空き箱を燃やして部屋を乾燥させ、その要塞で見つけうる限りのどんな状態のベッドでもそこに運び

日露戦争中に使用された日本製の浄水器.

入れた[12]（戦艦ポルタヴァ（*the Poltava*）号の下士官の傷病者がこの部隊に割り当てられた）。

少数の通訳しかいない時にとくに困難が生じた。第四一臨時救護班は次のように報告している。

「ロシア人たちは我々を疑い深い眼で見ていた。彼らの生活を快適で安楽なものにするために最善を尽くしたが、マナーとか慣習の違いは時として誤解や不満のもとになった」[13]。しかし一旦、そこの日本人たちが軍隊の救護班ではなく赤十字の人間であることがわかると事態は好転した。たしかに日本人たちは誇らしげにこう記録している。「我々の心の奥底から発した私心のない親切」は、ロシア人たちを味方に引き入れた。彼らが移動しなければならなくなった時、引き続き日本赤十字社の看護の下に置かれるよう望む声ともなった。捕虜たちは、担当した医療要員にとって大きな試練となった。それは彼らの「規律と衛生意識の欠如」がはなはだしかったからである。日本人たちによるとロシア人たちは「床に唾を吐き捨て、病室やベッドの上で靴や衣服を繕い、料理をしたり食事をとったりした」のである。ロシア人たちに衛生水準を高く保つ必要性を説得するために何かがなされなければならなかった。日本人たちは、自治制度を導入することを決意した。すなわち、ロシア人患者の中から一人を衛生規則励行責任者として彼らに選出させることであった。[14]

赤十字救護班は、日本陸軍医療部隊と協調して活動した。一九〇五年一月から三月末までに一万七〇〇〇人のロシア人捕虜のうち八〇〇人が死亡し、一万人以上が健康を回復し日本に送られ、四千人以上が傷病兵として免役され本国に煙台〔山東省〕経由で送還された。医療業務従事者と軍医らのロシア人「衛生」要員たちも帰国が許された。この中には、志願して病院の雑役などに就いた多くの捕虜も含まれていた。一九〇五年五月二二日までに、中国北部で活動していた赤十字救護班は、ロシア人たちを救護する緊急の任務を終え日本に帰国した。[15]

病院船

病院船は、日露戦争中に日本人の傷病者やロシア人捕虜を日本に移送するために使われた（前出第二章および表6参照）。「日本人たちは、病める者、傷ついた者を快適にするために必要なあらゆる設備を備えた一八の病院船を使用した。それぞれの船には、主任医師とそのスタッフ、ならびに日本赤十字社で訓練を受けた二〇から三〇人の病院看護婦が乗り組んでいた」[16]とある評者は確信している。

それより以前の一八九八年の米西戦争中に、モワニエ号、レッド・クロス号、ステート・オブ・テキサス号（これら三隻は中立の非戦闘船として白と赤の印をつけていた）が船上で人道的な活動を始めた。この点

表6　日露戦争（1904-05年）における日本の転換「病院船」*

船名	重量トン	ベッド数	搬送患者数	ロシア人	死亡者（含ロシア人）
横浜丸	2,372	318	13,549	55	51
ロセッタ丸	3,875	427	18,124	119	47（ロシア人1）
ロヒラ丸	3,899	?	9,848	478（&184）	49
御吉野丸	3,455	?	16,603	314	61
チョイサン丸	1,984	210	7,555	230	23
幸運丸	2,876	290	9,498	88	30
河野浦丸	2,185	228	7,060	27	43
土洋丸	2,066	?	7,463	158	26
樺太丸	2,500	?	7,509	15	12
東英丸	2,807	?	6,826	18&160	9
小雛丸	4,000	?	8,896	78	15
神宮丸	2,616	252	6,556	173	12
羽後丸	2,300		4,299	99&59	8
吉生丸	2,478		5,101	530	2
近江丸	2,501		5,912	?	3
琴平丸	3,723	442	8,048	322	4

*　これらの船は，元来は貨物船で，急遽，そしておそらくは患者の搬送にはあまりふさわしくはない方法で転換されたようである．

出典：N. Ariga, *The Japanese Red Cross Society and the Russo-Japanese War* (1907), pp. 144-74.

で、アメリカ赤十字社こそが洋上で赤十字旗を掲げる創始となった。

しかし、戦争時における交戦国双方による病院船の使用が容易に進んだわけではなかった。一九〇五年の海戦に先立って、ロジェストヴェンスキー（Rojestvenskey）提督の艦隊に配属されていたロシアの病院船、オーレル号（*the Orel*）とコストロマ号（*the Kostroma*）が、日本巡洋艦の臨検を受け佐世保港に回航され、そこで二週間拘留された[17]。

この行為はロシア側からの怒りに満ちた反発を招いた。国際赤十字からの要請にもかかわらず、日本赤十字社・日本海軍両者ともにいかなる説明もすることができなかった（しようとしなかった）。この事件は国際赤十字の『会報』（*Bulletin*）で全面的に報道され、「ハーグに設けられる紛争裁判所」での審問に付すとの脅しまでなされた。しかし、結局は却下された。この事件は、戦争時に互いに対立しあう側それぞれから見た「中立性」問題のむずかしさを示している。

これよりは論争的でないが、一九〇五年二月に日本へ戻ったイアン・ハミルトン卿（Sir Ian Hamilton）は、次のように記している。

一九〇五年二月九日、黄海上で私はハーランド・ウルフ（Harland and Wolff）社製の六〇〇〇トンほどの出来栄えの良い船の上にいる。この船上には日本の衛生伍長と一二人の部下の管理下に一〇〇〇人の捕虜が乗っている。ロシア人たちの中に将校はおらず、兵士たちは私の制服が何を意味するか全く理解していない。

日本人たちは彼らを大変な思いやりと親切さをもって処遇している。いかなる種類の優越感や不遜な態度を示すこともない。ロシア人たちはロシア人たちでよく服従している。本当にアングロ・サクソン人と比べて彼らは従順で統御しやすいように思える。捕虜たちの中には三〇〇人の水兵がいるが、彼らの体格、物腰・態度、機敏性、そして知性の水準が陸軍兵士のそれをはるかに上回っていることに強く印象づけられる。幾人かの捕虜はアコーディオンを演奏している。他の人々は踊っている。彼らは良質の暖かい衣服をまとい、良い肉付きをしている。レディースミス（Ladysmith）〔南ア戦争の激戦地〕の戦い後の憐れな我々の同胞たちとは大違いの状態にある。(18)

義肢

二〇世紀の悲惨な諸戦争は義手・義足・義眼の莫大な需要をもたらした。[19] このような成り行きそれ自体は、一九世紀の後半に生じた外科技術における革命によるものであった。麻酔術・防腐術、さらには無菌状態下での手術などの発展によって、手足を失った人々の生存率が高まったのであった。日露戦争でも、日本人・ロシア人の双方で、多くの手足を失った人々が補綴術の恩恵を享受した。

義肢の歴史は数百年も遡ることができるが、近代における発展はたぶんアングルシー（Anglesey）侯爵の時代に源をもつといえよう。[20] 彼は、一八一五年のワーテルローの戦いで片足を失う傷を負ったが、生き長らえたのであった。後に「アングルシー」の脚として知られるようになった爪先・踵・膝の関節をもった義肢の特許を登記したのはチェルシー（Chelsea）のジェイムス・ポッツ（James Potts）であった。自身も片足をもたないパーマー（Palmer）博士によってこの義肢の原形が一八三九年にアメリカにもたらされた。

一八五一年の大英博覧会でパーマーの木製の義肢だけが等外賞を受けた。その後数年を経て、パーマーの改良された「アメリカ義足」が登場した。この義肢は、膝と踵の関節と筋肉の動きをまねる人工の腱と爪先に動きをもたらすバネを備えていた。イギリスには一八五〇年代後半から一千を超えるこのような義足が使われていたと考えられている。そして第一次大戦まで同様のものが使われていた。

悲劇的にもアメリカの南北戦争は、これらにさらに多くの需要を作り出した。ニューヨークのマークス商会（Messrs Marks and Company）は、木製の「義足」脚をやめたため「ゴム足」で有名になった。また、

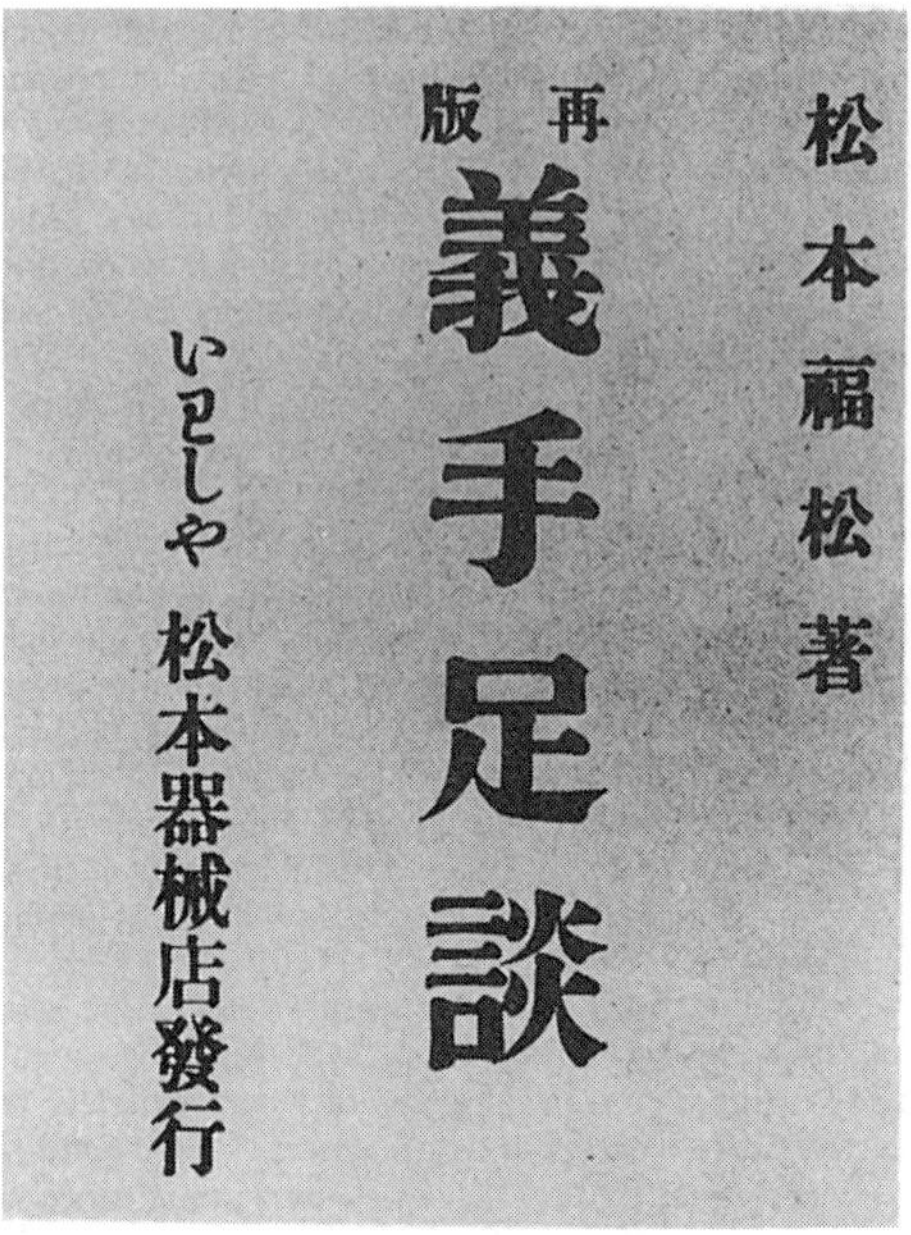

松本福松『義手足談』(1904年)の表紙．この著書に収められた情報および専門的な知識は，ニューヨークのマークス商会によるものである．

アメリカではニューヨーク州ロチェスターのダグラス・ブリー(Douglas Bly)がボールと受け皿踵の機構をもった義肢を発明した(一八五八年)。もう一人のアメリカ人デュボア・パーマリー(Dubois Parmalee)によって世に出された吸着受け口とローラー膝は、義肢を固定するための胴体に巻く紐をなくする試みを促した。

一七五ほどのこれら義手・義足・義眼がロシア人捕虜に提供され装着された。身体が不自由になった日本人たちにどれだけの数の義肢・義眼が供されたかは定かでない。発見された写真は、すべて新しい義肢をつけたロシア人捕虜のものばかりである。松本器械店は、[21]ニューヨークのマークス商会から得た見本にしたがってこれらの義肢を製作した。この会社は、日本政府と皇室から特別の認定を受けていた。日本人は革新の才にたけていた。また彼らの寛大さによって、日本人のみならずロシア人兵士・水兵らがこの恩恵を受けた。「人工的な腕・脚・眼の調達の任務を果たし、部位の測定のために多くの時間を割いた」のは愛媛から派遣された日本赤十字社第八〇救護班であった[22]。

松本器械店は、脚の長さと大きさを測るために必要とする部位の描写図を受け取った。床に紙が置かれそこにさまざまな形、測定値が記録された。興味深くまた重要なことは、日本人たちがことのほか義足の柔軟性にこだわったことである。正座することが普通で、人工踵の動きを必要とする下駄を履物とする彼らにとって柔軟性は最重要の問題であった。もしこのような日本独特の要請がなかったなら、彼らがこれほどまでに関節のある義肢の製作で第一人者となりえたかどうかはわからない。

この時代は、執刀外科医と補綴器具製作者との連携がなかったことも銘記しておかなければならない。外科医は、彼が最善と判断した部位でその一部または肉を残して脚や腕を切断した。義肢を製作する職人はどのような部分を外科医が残そうともそれに応じて作業をしなければならなかった。両者が協力しあうことはなかった。

ロシア人への義肢や義眼の支給[23]は通例、昭憲皇后からの使者によってなされた。これはその必要資金が皇室から提供されていたことをうかがわせる。

勝ち誇る新生日本

日露戦争での日本の勝利は世界中を驚かせた。このためこの戦争について多くのことがすでに書かれてきた。弾道学から見ても顕著な特徴があった。満州の戦闘でロシア側は直径七・六二ミリメートルの弾丸を使用したが、日本のそれは六・五ミリであった。国際赤十字にはつぎのような報告がある。「この武器は

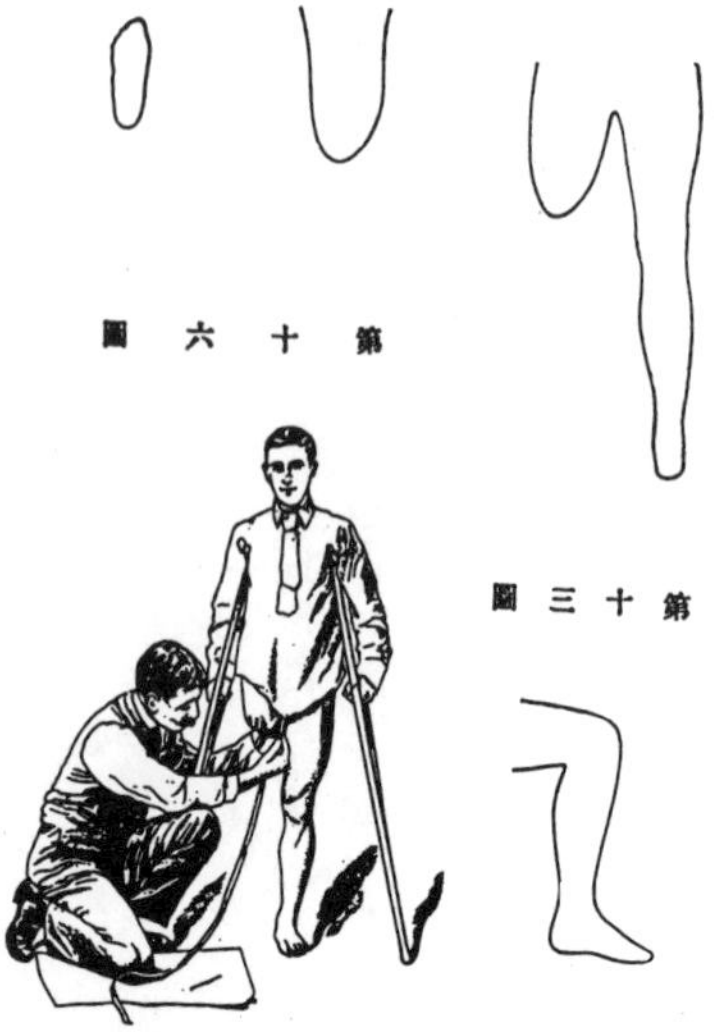

このような計測法が義足を必要とする戦傷者が続出した南北戦争を経験したアメリカ合衆国から伝わったことは明らかである．松本『義手足談』による．

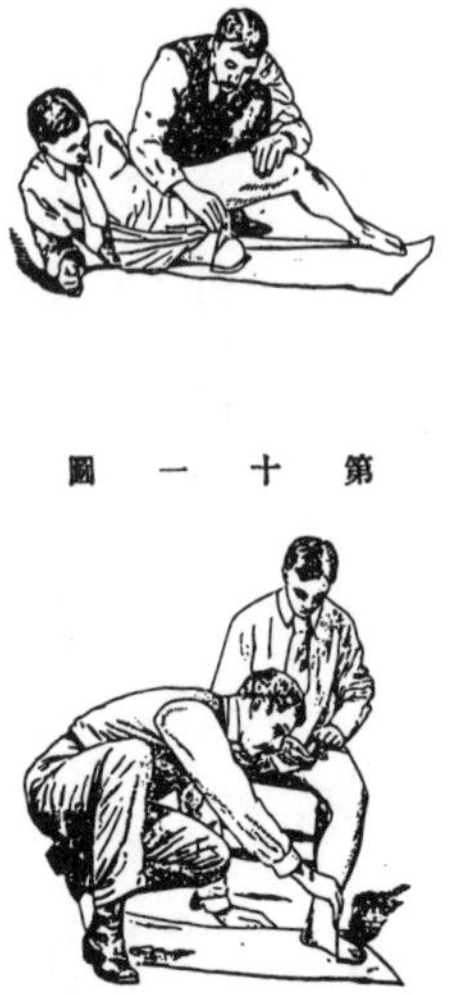

義足を必要とする患者の下肢の計測．松本『義手足談』より．

医療部隊を驚かせた。その武器での傷は信じられないほどの速さで回復した。胸や肺、ある時には頭蓋骨や脳にまで貫通銃創を受けた兵士たちが数時間後には戦場に復帰できたのである」三月三一日（年号はなし）。レデン（Wreden）博士は、国際赤十字にこのように書き送った。「戦争について語る時そのような表現を使うことは許されないかも知れないが、見る限り日本の銃は人道的な武器としての名称を得るにふさわしいものである」。彼は、「九連山の戦いの一カ月後に、三二・四パーセントのロシア人負傷兵が再び武器をとった」と聞かされた[24]。日本の銃弾についてのこの驚くべき記述は、これ以上は見つかっていない。

　戦闘の前に講じられた病気の予防策が成功したことは疑うべくもない。予防可能な病気による犠牲者がこれほどまでに

表7

	ロシア	日本
1分間あたりの砲弾の発射数	134	360
1分間あたりの発射金属重量	20,000ポンド	53,000ポンド
12インチ薬莢の火薬重量	151ポンド(パロキシリン)	105ポンド(下瀬火薬)
1分間あたりの点火重量	500ポンド	7,500ポンド

少なかった戦争がそれまでにあったであろうか。ロシア人・日本人両者ともに軍隊が使用する水の検査と管理を徹底した。食糧は清潔に保管され、戦場は清掃され、病院は検査され高い水準が求められていた。

日本人たちは、右記の事柄にことのほか熱心に取り組んだ(第二章参照)。国際赤十字についての歴史家は、一八九四年以来日本人たちは「戦場」の医療活動を改善してきていたと多くの人々と同様に信じたのである。彼の記すところによると、「軍の医療活動と赤十字のそれとが完全な調和をもってなされており、観察者すべての称賛の的となった。皆が一致して日本の病院は前線、後方双方ともこの種の病院のモデルであるとした。日本の看護婦は世界一であると思われた」のであった[25]。

戦時における日本人の効率性と準備の良さは、ロシア人たちの眼に見える無秩序さと際立った対照をなしていた。一九一七年の革命の後、イデオロギーの上からも日露戦争についてのロシア人の見解の見直しをすることが政府の方針となった。対馬沖海戦〔日本海海戦〕に従軍したある海軍軍人の一九三六年に出版された本から、両軍の火力の比較を示す小さな表を作成できる[26](表7参照)。

政治的な意味で考えるロシア人たち、とくにバルチック艦隊に属したロシア人たちは、一連の災厄は当時のロシアの状態を反映したものであると信じていた。すなわち以下のようにである。

古臭い封建制度をもちツァーの独裁政治の災禍に苦しんでいたロシアは、戦闘が突きつけた試練に打ち勝つことができなかった。ロシアは老衰していた。他

理想化された日本人の母と子．子供は帝国海軍の制服を着て日本の勝利を祝っている．赤十字旗の存在に注目されたい．

方で西洋から受け入れた改革で若返った資本主義国日本は、我々の提督や将軍たちの好戦的な誇りを押し潰したのであった。何が非難されるべきであろうか。それは個人ではなく我々の政治的な制度全体である。我々の「対馬」は朝鮮海峡のそばではなく別のところにあったのである。日本人たちは陸上でも同じほど効果的に我々を負かした。たぶんそれほど目立ちはしないが、疑う余地もなく工場、鉄道で、海軍造船所で、教育の分野で、我々は「対馬」の敗北を蒙ったのである。国中すべてのだらしなく無秩序な生活の敗北であった。しかし、日本はロシア人の労働者階級に勝利したのではない。嫌悪されるべき腐敗した政府に勝ったに過ぎないのである。[27]

日露戦争の勝利によって、日本は一八五九年の開港以来欧米によって脅かされていた自

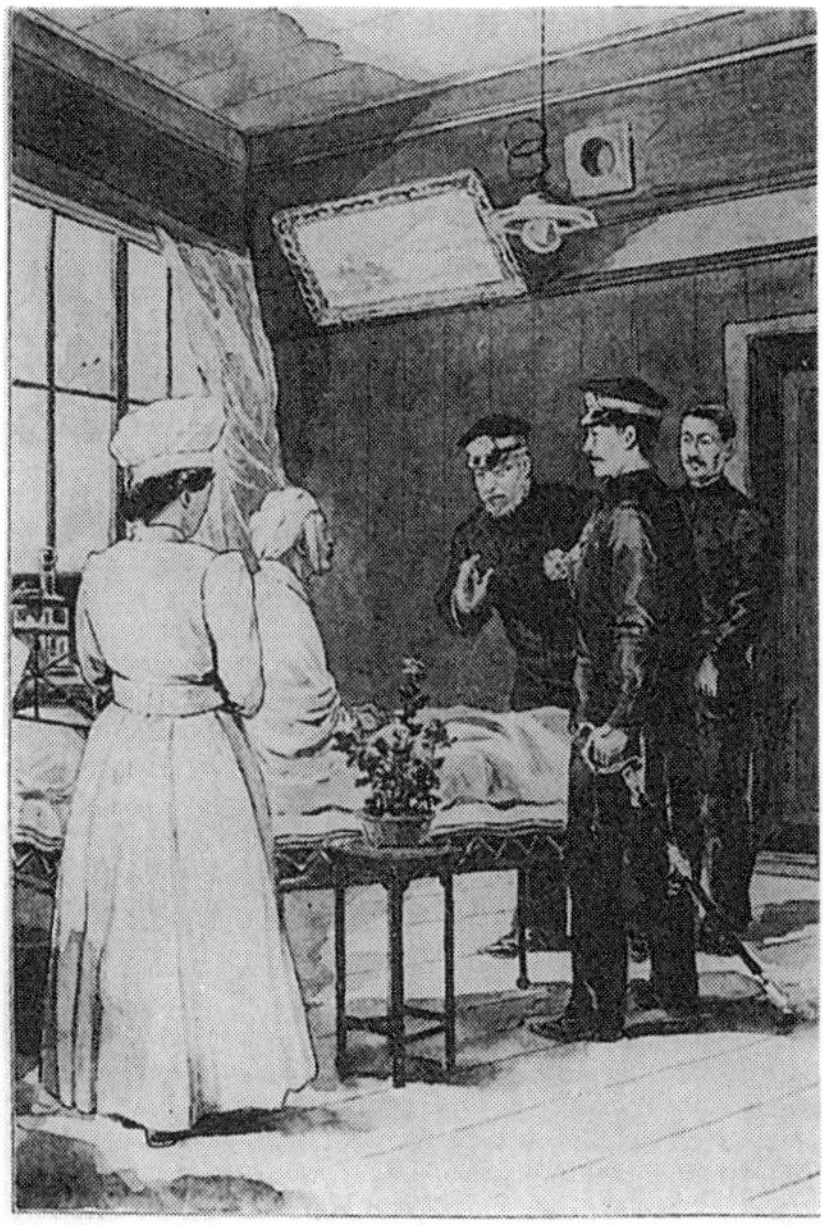
1905年に戦傷を負ったロシア人海軍将校を赤十字病院に見舞う理想化された東郷提督の姿.

尊心を取り戻すことができた。日本は陸上・海上での戦闘における強さのみならず人道的な勢力としての実績をも世界中に示したのであった。

赤十字運動のリーダーとして、日本はロシア人たちに対する、とくにその捕虜に対する完璧な行動によって同時代の人々から大きな称賛を得た。残虐行為があったのもたぶん事実であろう。しかし、ロシア・日本の両者とも国際社会から称えられた。ジュネーヴの赤十字社は、「交戦国の行動は、概して称賛すべきものであった。両者とも本当に彼らの公約を守ろうとしたし、多くの面でそれは成功した。両軍はともに、医療要員・負傷者・捕虜などの処遇方法を正確に指示されていた」と確信したのであった。[28]

しかし、この記憶は西欧諸国が新しく力をつけた日本を熟考するにつれて急速に薄れていった。対馬沖海戦の後、イギリス人たち、とくにイギリス海軍の中には、かつての生徒に対する警戒心が芽生えてきた。アメリカは、一九〇二年の日英同盟の調印によってイギリスがアジアの魔神を瓶から外に出したと感じた。ドイツは、「黄禍」の妖怪を恐れて事態を常に批判的に見ていた。ロシアにおいては、敗北は一九〇五年の蜂起に火をつけ、一九一七年の革命にまで至る政情不安が高まっていったのであった。

これらすべての強い反響のために、日本の人道主義的な努力は人々の記憶の中に長くは留まらなかった。ことに第一次世界大戦が残酷さ、犠牲者数において日露戦争のそれをはるかに凌駕するに至ってますますそうなっていったのである。

第五章　日本におけるロシア人捕虜（一九〇四―〇五年）

捕虜についてのガイドラインの確立

日露戦争の時期には、捕虜を保護するためのジュネーヴ条約がなかった。[1] 人道主義を世界に向かって熱心に示そうとしていた日本が捕虜取り扱いについての適用すべき諸規則を探し求めた際、依拠することができたのは一八九九年のハーグ平和会議で採択された諸決議のみであった。戦争勃発から七日も経たない一九〇四年二月一四日以降相次いで、日本では勅令などの形でロシア人捕虜の処遇についての諸規則が公布された（付属資料A参照）。その諸規則は、注意深い言葉遣いで書かれていたが、詳細でかつ寛大なものであった。それには「傷病者捕虜の移送、交換、あるいは再び戦争に加担しないとの宣誓に基づく赦免による捕虜の解放など」の取り決めが含まれていた。[2]

一八九九年になっても国際赤十字は捕虜の問題に係わることを避けていた。カリブ海とフィリピンでの米西戦争の後、スペインが赤十字国際委員会にフィリピン政府がスペイン人捕虜を本国に送還するように働きかけてほしい旨の要請をした時、ジュネーヴからスペインへの返答はきっぱりとしたものであった。「フィリピンでのスペイン人捕虜の状況が関心に値すること、彼らを釈放するためのあらゆる努力を人道主義が求めていることには同意します。しかし、この活動は赤十字の国際関係プログラムの枠内に入るものとは考えていません」[3]。

この落胆させるような反応は組織体の保守主義を反映していた。その組織は、人道主義に献身的な努力をしてきたにもかかわらず、それまで行なってきた負傷兵の救護という活動理念から一歩踏み出すことをためらっていたのである。

ロシアの屈辱

日露戦争[4]は、アジアの人民が全面的戦争の中で陸上・海上において自身の存在を示した近代における最初の機会であり、この意味で大きな転換点であった。戦闘は激しくまた陸上の物資補給もいたましいほど伸びきっていたが、戦意の昂揚した日本陸軍は満州、北部中国で戦況を膠着状態に持ち込む戦いをしていた。その最中、一九〇五年の五月に対馬沖海戦（もしくは日本海海戦[5]）において帝国海軍はバルチック艦隊を海上で撃破し、効果的に戦争を終結させた。

陸海軍あわせて七万人ほど[6]のロシア人が日本の捕虜となり、日本に移送された。監禁状態には苛立ったようであるが、虐待を受けた様子は見られない。戦後のロシア側の数字によれば、六万人近くのロシア人が捕らえられ、うち一八名の将校と五九五名の兵士が日本側の抑留中に戦傷がもとで死亡した。たしかに、高い水準の人道主義への忠誠という日本人に与えられた評価は、この時期の彼らの行動によるものであった。傷病者たちは日本赤十字社救護班の手で看護された。ロシア政府は、彼らの兵員に施された高い水準の治療を評価し、お礼として日本赤十字社にかなりの額の献金を行なった。戦争終結時にロシアはダニロフ大将（General Daniloff）を東京に派遣し、自国の兵士の帰国を監督させた。ダニロフは、「日本抑留中のロシア人捕虜に対して与えられた待遇と、彼らがロシアの地に帰国することを取り計らってくれた日本政府に対して深甚なる感謝の念を表わしたい」と述べている。戦後初めて訪日したロシア人将校として、彼は明治天皇に拝謁し丁重な歓迎を受けた。(7)

捕虜になった後、ロシアに移送された比較的少数の日本人捕虜についての記述が残っている。この中にはその経験を記した二人の外科医も含まれていた。(8) 停戦の後、一七二八名の兵士と五九名の将校たちがロシアからの帰国途上にあった。列車でドイツを経由した彼らはハンブルクに着くや否やドイツ赤十字社の暖かい歓迎をうけた。同社は、ドイツ皇帝からの贈り物としてオレンジとケーキを彼らに渡した。イギリスの汽船、バンクーバー号（*the Vancouver*）とケンバーマン号（*the Camberman*）が彼らを日本に連れ帰るべくそこで待機していた。(9)

日本で

ロシア人捕虜たちが普通は日本の二七の駐屯地にある歩兵用の兵舎に収容された一方で、赤十字の直接的な看護の下に入った傷病者は、松山・福岡あるいは浜寺〔大阪府〕に抑留された。(10) 赤十字の医師たちの指揮下にある看護婦・医療雑役夫・薬剤師などからなるいくつかの日本赤十字社救護班は、日本の各地にある病院でロシア人捕虜たちを介護した。

金沢では、一九〇五年の四月には四四名のロシア人がいたが、「彼らと陸軍の軍医将校およびその部下との間で調和が欠けている」との理由で赤十字の一元的な看護の下に移された。第六三救護班の軍医将校は、「彼らに我々の親切心を感じてもらえるように特別の努力をし成功した」[11]。

利用可能な正規の訓練を受けた赤十字の救護隊が捕虜の傷病者を看護するのは新しい考え方であった。ロシア人、日本人ともにそれまで医療的な看護を受けたことはほとんどなかったのであろう。ロシア人たちが、日本の病院で要求された「衛生諸規則」に抵抗したことは驚くに当たらない。

愛媛県松山

愛媛では、第八〇救護班が一九〇四年五月九日から一九〇五年一〇月二八日までに一三八二名のロシア人たちを看護した。これに加えて愛媛赤十字婦人会が救護隊を補助するために一九〇五年の九月に病院を班単位で訪れた。

第八〇救護班（愛媛） 一年五カ月半活動。一九〇四年五月九日から一九〇五年一〇月二八日。一三八二名の捕虜を救護。

抑留地の施設で協力。三〇〇名の患者が到着後、部隊の半数は中央病院（陸軍病院の一部）で勤務、他の半数は第一セクション（仏教寺院 Kwanjensha？ 公会堂か）を担当する。五月後半の第八二救護班到着後第一セクションをそれに移管し、一二月までに全員が将校専用の中央病院勤務となる。

六月二日から愛媛県婦人会の会員が交代で抑留地に来訪し救護活動を補助する。救護班は一九〇五年の九月までこれらの指導にあたる。この隊は同時に患者の義手・義足・義眼の入手にあたる。そのための計測その他に多くの時間を割く。医師の一人は一九〇四年六月から一九〇五年一〇月まで感染病病棟に配置された。

第七六救護班（徳島）　一年五カ月半活動。一九〇四年五月一四日から一九〇五年一〇月二七日。一三一五名の捕虜を救護。

第二セクション（大林寺）担当を任される。初日に一六七人の患者を受け入れる。陸軍衛生部隊軍属がほとんどいなかったため、この救護班は会計簿への記帳、患者の私有物の管理など彼らが本来なすべき任務の代行を余儀なくされた。一九〇四年一二月より一九〇五年三月まで将校用病棟を担当後いくつかの重症患者病棟を担当。

第八二救護班（高知）　一年六カ月活動。一九〇四年五月二七日から一九〇五年一二月六日。一二三八名の捕虜を救護。

最初に第一セクションを担当。兵舎の移動の後、感染病棟と普通病棟を担当。八月、四二救護班の到着の後、感染病棟に移動。遼陽と沙河の戦いの後、五つの病棟を担当。旅順開城後、将校用病棟一つと重症患者病棟二つを担当した。九七人の重症患者のうち四名は精神病患者。

第四二救護班（岐阜）　一年三カ月活動。一九〇四年八月二八日から一九〇五年一二月六日。一〇八四名の捕虜を救護。

当初、第一・第二・第三病棟を担当。一九〇五年三月からは将校用一病棟、重症者用二病棟を担当。また時々身体障害者病棟も分担。

第八一救護班（愛媛）　一年二カ月活動。一九〇四年一一月二日から一九〇五年一二月八日。九〇四名の捕虜を救護。

三つの病棟を受け持つ。ことに一九〇五年の一月から五月まで外科的重症者多数を看護。一九〇五年三月からは一時は三五〇人の患者を収容した四つの病棟を担当。同年七月神経症患者病棟に一名の軍医を配置[12]。

中国本土からの負傷した捕虜は、西日本の主要な軍事基地宇品港に上陸後、高浜〔愛媛県〕に船で運ばれ、そこから松山に列車で移送された。

朝鮮の仁川にある臨時病院にまず収容されていた重傷者の一団が松山に到着した際、愛媛県知事で地元の赤十字社支部長を兼ねていた菅井はこれらの人々に向けてつぎのような演説をした。

私は本県の知事であります。航海中何事もなく諸君が無事到着したことをまずもってお祝いしたい。今ここにいる諸君は日本政府の管轄と庇護の下に入るわけであるが、政府を代表して、また政府の名において、今後私が諸君たちを保護する。この救護施設には数名の警察官が配属されているが、この地では抑留にかかわる彼らの命令にはすべて従わねばならない。そうすれば政府の諸規則で許された範囲のあらゆる自由を私は諸君たちに与える用意がある。

しかし、私は同時に東京に本部がある赤十字社の地方支部の長でもあります。日本政府に諸君たちの治療を委ねられ、またこの救護施設を諸君たちのために開設するよう命じたのは、この赤十字社であります。諸君の看護にあたる軍医将校と看護婦はすべてこの団体から派遣された。よって諸君たちは安心して彼らの看護に身を託しても構わない。心を穏やかにして彼らの指示に従って欲しい。そうすれば彼らは善をもってこれに応じるでありましょう。

作法、習慣の違いから何か不満に思うことが生じた場合は、イギリス、アメリカ、フランスから松山に来ている宣教師たちがこの施設を訪ねた時に遠慮なく話して欲しい。私は諸君たちが満足できるよう権限内で全力を尽くす所存である。

このように殊勝な物言いの記録はあるが、日本人の監督下に置かれたロシア人捕虜たちの生活実態をより詳細に見ておくことも必要である。幸いなことに一人のロシア人将校[13]が日記をつけていた。これは（一九八八年に日本語に翻訳され出版）、県知事の美辞麗句よりはるかに現実的な記述である。

クプチンスキー中尉は、彼ら将校が「ロシア軍将校の使用のために空けられた二階建の木造の建物」に到着した時、丁重に出迎えられたと記している。この宿舎は池と緑の樹木のある庭に取り囲まれていた。新たに到着した将校たちは一人の「丁寧な通訳」の歓迎をうけた。彼は拙いロシア語で彼らにつぎのように言った。

ここは快適な場所と信じています。ロシア人はここの居住条件に満足しています。我々は皆さんのどんな希望でも許可するでしょう。政府の後援を受けたこの地の商人から物を買うこともできます。皆さんの外出には日本人兵士が同行しますが、戸外運動ができます。皆さんは道後温泉に出掛け、入浴し、ビールを飲み、休憩することができます。日本とロシアには捕虜交換協定があるので皆さんはしかるべき時に解放されるでしょう。

概してクプチンスキーの記述はこの通訳の話と齟齬をきたさない。彼は、二週間に一回他の捕虜と会い会話を交わすことができたし、まれにではあるが町に出かけることもできたと書いている。また、「日本人のきれいで優しい娘がいる道後にある温泉を訪ねることもできると聞いている」と記した[14]。

松山の捕虜収容施設は大規模なもので、クプチンスキーは一〇〇〇名の兵士と三〇名の将校が収容されていると信じていた。彼は負傷していない将校向けの「一番町」（第一街区）に住んだ。将校と兵士との区別を強調する一つの特別な点をつぎのように記している。

兵士と将校とは分けられており兵士の方がより厳しく監視されていた。それればかりでなく居住条件も悪く厳しいものであった。将校たちには個室があり、当番兵、家具もついていた。散歩や買い物に行くことも許され、お金と私服をもち、個人的な通訳もついていた。兵士たちは薄暗く湿っぽいお寺とか兵舎に大きな数の集団で一緒に暮らしていた。町にはめったに外出しなかった。お金もなく衣類もほとんどなかった。将校たちが比較的自由な生活を享受する一方で兵士たちは不便な生活を余儀なくされていた[15]。

この時期、一般のロシア人そして日本人の生活条件がきわめて厳しいものであったことを強調しておかねばならない。兵士・一般民を問わず両国の農民は過酷な生活を送っていた。ロシア人たちは日本の家屋の「不完全性」、米食、肉と野菜の欠乏、パンの質の悪さに不平を言った。また、この地域は蚊の襲来に悩まされていた。

日本側の記録によるとロシア人たちは「ユダヤ人とポーランド人たち」からは分けられていた。また、彼らは可能な最高の治療を受け、死亡した場合は正式なやりかたで厳かに葬られた。それには他の捕虜も参列した。他方、その地の小学校・中学校や土地の人々は彼らと連絡をとることを奨励された。

装甲艦オリョール（*the Oryol*）の主計官を務め、一九〇五年五月の対馬沖海戦の際に救助され捕虜となったノヴィコフ・プリボイ（A. Novikoff-Priboy）[16]の記述も注目できる。彼は九州、熊本の近くにあった収容所の状態についてはほとんど触れていない。しかし、近くの町の女性との恋愛問題に忙しかったことをみると驚くほど自由な生活を送っていたように見える。ノヴィコフの話は、捕虜収容所の通訳の妹で芳枝という日本人の娘に関するものである。彼女の家で多くの時間を過ごした彼は、そこで彼女の兄に彼女と結婚したいと申し出た。

ノヴィコフ・プリボイの書いていることによると、時として感情に我を忘れ、彼は彼女に情熱的にロシア語でこう語りかけたという。

「愛しき芳枝さん、夜が三カ月も続くはるか北方の北極圏では、太陽が地平線にちらりと顔を覗かせると、……人の胸は歓喜で溢れるばかりになるのです。……私の人生の道筋であなたと出会った時、それと同じ感情が胸に溢れてきました」

私は考えうる最も詩的な表現を用いたが、彼女はこれを明らかに理解した。輝くばかりの白い歯を覗かせて彼女は微笑みかけたのです。少しつりあがり、前に出ているモンゴル系の眼で訴えかけるように私を見つめたのです。……彼女は私のことを'Alyosha'ではなく'Aryosha'と呼んだ。彼女の口元からこの呼び名が発せられた時、なんとすてきに響いたことでしょうか。

彼がこれほどまで夢中になっていたにもかかわらずノヴィコフは芳枝を棄てた。彼の彼女についての記憶は「最後まで歌い終えなかった恋の歌」のようなものである。[17]

ソフィア・フォン・タイル（Sophia von Theil）は一九〇四年七月三一日に抑留中の夫と面会するために松山を訪れ、一九〇五年一二月に夫とともにそこを離れた。彼女は日本赤十字社の看護婦たちに大いに印象づけられ、「彼女らの能力は素晴らしく、称賛に値する」と書いている。彼女はまた日本赤十字社の活動と篤志看護婦について温かな眼差しで記述している。

彼女は、そこの給食についても好意的に評している。

魚、米、梅干し、たくあんの食事だけだとしてもハーグ条約の下では不平を言えないのです。これに加えてあなたがたは、アメリカの宣教師から贈られたアメリカの小麦粉で焼かれたパンを食しています。また加えて、肉、野菜、紅茶を与えられています。入浴ができますし、三食の温かい食事と清潔なベッド、シーツそして衣類が提供されています。[18]

この戦争中に日本は、恵まれない国として多くの支持を集め、赤十字を通じて援助の申し入れを多数受けた。これらは、「諸活動から任意性をすべて排除する」との理由で拒絶された。このような政策ではあったが、数人の外国人看護婦からの応援の申し出は認められた。

訪問した看護婦たち

ワシントンのアニタ・ニューカム・マッギー（Anita Newcomb McGee）夫人（医学博士）は、傷病者を看護するために六〇〇人の看護婦とともに日本を訪問する計画を立てた。この申し出は、看護婦九人のみを同行するとの条件で受け入れられた。彼女たち一行は一九〇四年四月二二日に来日したが、日本政府はこれを熱心に歓待し世話をした。政府は、海軍軍医総監を辞し、東京の慈恵院病院の院長であった高木男爵（医学博士）を諸般の世話係に任命した。五月の末に彼女たちは予備病院の看護救護班として広島に派遣された。そこではマッギー博士には婦長、他の人々には看護婦の地位がそれぞれ与えられた。彼女たちは、数人のロシア人将校が収容されていた松山の陸軍病院、呉の海軍病院、および病院船、博愛丸と弘済丸を訪ねた。「一九〇四年一〇月の除隊願の提出と日本政府による叙勲、および記念品の授与」の後、一九〇四年一〇月二二日に彼女たちはアメリカの輸送船トマス号で長崎から帰国の途に就いた。(19)

これらのアメリカ人たちがどれほどの期間広島で働いたのか、あるいは実際マッギー夫人が「婦長」に任じられたことをどのように思っていたのかについては明らかではない。ただ確実に、全世界に対する日本人についての宣伝効果という点では、マッギー夫人の来日はアメリカそして日本で大きな役割を果たした。

南ア戦争で陸軍大佐の夫君を失ったT・E・リチャードソン（T. E. Richardson）夫人も日本人に迎えら

れた志願者の一人であった。彼女は、経費一切を自分で支弁するとの条件を出してロンドンの日本大使館に奉仕活動を申し出た。有賀博士が記すところによれば、「(彼女は)亡くなった夫への気遣いから日本での一切の歓待と観光を断り、われわれの婦人委員会に参加し傷病者のための看護技術を学び」、「その進歩には著しいものがあった」ようである。彼女は東京渋谷の赤十字病院で勤務した後、名古屋・大阪・広島・小倉・熊本の予備病院、松山の捕虜病院、佐世保の海軍病院を訪れた。一九〇五年には病院船勤務となり、大連と旅順要塞の予備病院も訪問した。

リチャードソン夫人自身、若くはなかった。夫のみならず息子も一人南ア戦争でなくした母親でありまた祖母でもあった。フランス語とドイツ語を話し、日本人たちとも親しくなったようである。彼女はロシア人たちへの「丁重で騎士道的な」日本人による処遇をたしかに信頼していた。著作の中で松山のロシア人捕虜たちについて次のように記している。

日本人たちは彼らを捕虜としてではなくむしろ客人として遇していた。たしかに数人の将校たちは学校の児童のように日本人将校の監視下に六人一組で外出しなければならない当然とも思える制約に苛立ってはいたが、この優しさに捕虜たちは感謝しているように見えた。……年配の海軍将校の幾人かは悲しく落ち込んでいるように見えた。彼らはリューリック号(*the Ryurik*)の残骸から救出されて以来何カ月も抑留の身になっていたからである。

将校への一日分の食糧として、一ポンドの肉または魚、一・五ポンドのパン、あわせて約一・二五ポンドほどの野菜、バター、紅茶、砂糖、漬物などが配給されていた。兵卒にも、彼らが慣れ親しんだ黒パンがパンの代わりに与えられたのを除けば、ほぼ同様の配給が行なわれていた[20]。

与えられていた日常の食糧について、リチャードソン夫人は欺かれていたに違いない。なぜなら、それらは典型的なロシアの食事であり、米についての記述が一切ないからである。リチャードソン夫人には、日本赤十字社の佐藤看護監督が同行した。

同じ日の午後、夫人は病院を訪ね以下のように記述している。

その病院は、快適性と利便性を備えた他の日本の病院と同じ設計で建てられていた。そこには九二三人が収容されていた。これに加えて千人以上を収容するための建物が新たに建築中であった。前にかけられた白い布の帳が大病棟の病室を二人ずつ収容できるように仕切っていた。患者たちは、概して金髪で背が高く端麗な容姿をしていた。幾人かは頑強にすら見えた。菊池軍医総監は驚くほどの如才なさと忍耐で、戦争で心を冒されしばしば問題を引き起こすロシア人将校を扱っていた。この将校は、自分が今も病院の部隊長として戦争の指揮をとっていると思い込んでいた。……兵卒の何人かは卑屈な形相をしていた。……多くの人がドイツ語を話し、熱心にニュースを求めて群がってきた。……彼らは、十分な毛布や白いシーツと日本人たちが通常使用する小さくて硬い「枕」とは異なる柔らかい枕を備えた快適なマットレスを床に敷いていた。彼らは皆、白い綿入れの着物を着ていた。

少数の負傷者は重体であったが、全体としては技術の高い外科医の手当ての下に急速に快復しつつあった。この赤十字の看護婦たちのような患者に密着した看護の精神を超えるものはけっしてありえないと思う(21)。

リチャードソン夫人の記録は次のように締めくくられている。

これらロシア人たちの多くは、美声の持ち主で私を合唱で歓待してくれた。しかし、彼らの歌は、多くは短調の低くもの悲しい曲だったので、異郷にある虜囚の哀歌のように聞こえた。疑いもなく幾人かは、強いられたものではあるが、快適さと心遣いに囲まれた怠惰に満足していた。しかし、多くは自由と帰国を待ち望んでいた。……後に日本人たちは教師を雇い読み書きのできない者たちに友人たちと手紙で音信をとりあえるように教育するクラスを開設した。政府には、国際法に則りロシアが捕虜を交換するならば、いつでも彼らを帰還させる用意があった。[22]

模範的な勝利者

極東の勢力争いであった日露戦争は、一九〇四年二月に始まり一九〇五年八月のアメリカ合衆国ポーツマスにおける条約で終結した。[23] 陸上の戦闘での双方の犠牲者はきわめて多くを数えた。他方、一九〇五年五月の対馬沖海戦で、ロシアのバルチック艦隊は事実上全滅し、八千名の水兵が捕虜となった。これらと捕縛された陸軍兵士をあわせ約七万名にのぼるロシア人捕虜が日本人たちの支配下に入り、その多くは日本へと送られた。被害者として日本は、イギリスそして一部アメリカからの同情を引きつけた。確かにイギリスはこの戦争に一端の責任があるかもしれない。なぜなら、一九〇二年の日英同盟の調印は、日本に開戦許諾の明確なシグナルを送ったと信じられていたからである。

西洋諸国が日本よりの立場をとったことで、満州の戦争には多くの武官、新聞記者、看護婦たちが諸外国から引きつけられてやって来た。彼らのほとんどが日本人たちの寛大な行動を称える本を著した。すべての局面で財政難にあった日露戦争の最中、日本赤十字社は五〇〇万円以上の出費を行なっている。この出費の中には、救護班関係の給与や維持費、二隻の病院船の調達費用、ロシア人を補助するための出費などが含まれていた。この時、赤十字社の年間会費で約二五〇万円が集まった。[24]

したがってこの戦争は、世界から興味津々と詳しく観察された戦争であった。そして、捕虜となったロシア人たちへの手厚い処遇は、日本の成熟度を世界に対して示す一つの方法であった。上は天皇から下は担架隊員まですべての人々が、赤十字運動の重要な人道的諸目的が何であるかを知っていた。日露戦争の期間、日本が道徳的に高い地位にあることを顕示するための努力が熱心になされたのであった。

第六章　ドイツ人捕虜（一九一四―一八年）

第一次世界大戦

日本にとって一九一四年から一九一八年は、「良い」時期であった。なぜなら、イギリス・フランス・イタリア・ロシア、そして一九一七年にはアメリカ合衆国が加わった連合国の一員として、実際の戦闘にはほとんど参加しなかったにもかかわらず戦勝の成果をこれらの諸国とともに分け合ったからである。[1] さらに、他の交戦国が世界市場から一時退場したことによって、すべての日本製品に需要が殺到した。これは、生成期の日本産業界に願ってもない好景気をもたらしたのである。日露戦争で信頼を勝ち得た人道主義的活動は、この時期においても高い位置が与えられていた。

日本軍は、ヨーロッパの戦場では戦わなかった。しかし、中国山東半島の青島にあったドイツの拠点を攻略することによって、自身の領分である太平洋地域において上手に立ち回った。ヨーロッパで活動した唯一の日本人要員は、イギリス・フランス・ロシアに派遣された赤十字の部隊だけであった。[2]

ドイツ人捕虜

連合国の一員として日本は、戦争勃発以後中国その他の地域で捕縛された主にドイツ人からなる四千人を超す捕虜の管理と世話を引き受けた。その中には兵員のみならず民間人も含まれていたので、日本人たちはこれらの人々を抑留者とか俘虜などとかさまざまに呼んだ。もともとは四六〇〇人ほどであったが、死亡した者や少数の帰還を許された者を除くと、結局約四三〇〇人が収容された。

『近時の戦争（一九一四年から一九一九年）における日本赤十字社についての一般報告書』（*The General Report of the Japanese Red Cross during the Last War 1914-1919*）は、日本の赤十字社が全世界で遂行した活動すべてについて記すと同時に、日本の捕虜収容所についてもいくらか言及している。四一ページからなる全記録は、赤十字国際委員会のパラヴィツィーニ博士（Dr Fritz Paravicini）によるものである。彼は、一九一八年六月三〇日から七月一六日にかけて日本にあるすべての捕虜収容所を訪れた。[3] 上背があり気品に満ちた容姿のフリッツ・パラヴィツィーニ博士はスイス人医師で、一九〇五年から日本に居住し数カ国の大使館・公使館の医療顧問をしていた。日本についてよく知っており、日本人たちにとくに同情を感じていたように思われる。太平洋戦争最中の一九四四年二月に死去するまで彼は赤十字国際委員会の代表として日本に留まった。

ドイツ人たちは当初、東京・静岡・名古屋・大阪・姫路・徳島・丸亀・松山・大分・福岡・久留米・熊本にあった一二カ所の収容所に収容された。しかし、パラヴィツィーニ博士によれば、一九一八年の夏までには習志野・名古屋・青野原・坂東・似島・大分・静岡・久留米の八カ所が残るのみとなっていた。古い収容所の建物（その多くがかつての兵舎であった）が一般に使用されたが、時として新しい建物が必要とされた。これらの施設は軍および赤十字から提供された。当局は、「捕虜の処遇について十分な配慮がなされている。給食施設はけっして不十分なものではない。調理場のほかに、浴室・洗濯室・診療室・娯楽室などがある。花や野菜栽培のために庭が用意されている。作業室も備えられており、運動場やさらには収容所の外にも耕作用の土地が提供されている。」と信じていた。[4]

パラヴィツィーニ博士の報告は、日本赤十字社の報告書の記載と少しも矛盾していない。日本赤十字社・陸軍省・外務省による「最高の歓迎」を受けた後、一九一八年の六月に彼は諸収容所を訪ねる許可をもらった。彼は、すべての人々が「勤勉で協力的だったので気持ちよく任務を果たせ」たとし、結びにおいて「あらゆる好意と効率的な助力に」感謝した。[5]

日本赤十字社は一九一八年六月三〇日から七月一六日までの視察旅行の経費を負担し、「同行する赤十字社の職員と通訳」を世話した。これに加えて「陸軍省は一行を案内し情報を提供するために一人の将校を任命した」。パラヴィツィーニ博士は、その任にふさわしい行政当局のたゆまない配慮の賜物である収容所の良くできたつくりと捕虜たちの完全な健康状態を称賛した。[6] 残念なことに、この一九一八年の視察記録と彼が一九四二年から一九四三年までに訪れた日本の捕虜収容所の視察記録とを比較することができない。後年の方の視察記録はこれまで一つも発見されていないからである。

パラヴィツィーニ博士の視察は、収容所を詳しく検分し、捕虜に直接質問することもできた完全なものであったらしい。その地域の地理に明るくなるように地図と説明書がまず渡されたと彼は記している。次のようにも報告している。

あらかじめ出していた質問への収容所指揮官からの書面による回答を通じて、私はまず、収容所の現地で状況のより詳細な認識を得ることから始めた。

その後、二時間ほど歩いて視察した（傍点筆者）。捕虜は彼らの苦情を訴えることができた。日本人の通訳がいるにもかかわらず彼らは自由にこれを行なった。彼らはやや興奮気味で感想を述べた。これに誰も立腹しなかったことを願うのみである。

収容所指揮官は、理解ある好意的な人間に見えた。収容所関係者すべてが、陸軍省が許している最大限の自由を捕虜に与え、捕虜の状況を許容可能な水準に維持するための努力を約束してくれた。(7)

「捕虜たちは、概して健康で栄養状態も良いようであった。決まった賃金が支給され、体重も増していた」とパラヴィツィーニ博士は書いている。日本人たちが収容所に供給した食糧のリストもある。牛肉、豚肉、牛骨、ラード、魚、じゃがいも、えんどう豆、米、インゲン豆、牛乳、胡椒、塩、玉葱、大麦、大豆などが記載されている。これらが実際に各地の収容所に配給されたものなのか、あるいは西洋人捕虜の理想的食事として想定されたものなのか明らかではない。収容所は九州から本州南部にかけて西の地方に多かったが、さまざまな地域にあったそれらすべてに同じ食糧が首尾よく配給されたとは考えにくい。肉だけについて見ると、二〇〇人の捕虜に牛肉二七四キログラム、豚肉二四四キログラムとリストにはある（これらがどれだけの期間についての配給であるか定かではないが）。しかし、牛肉が高価で贅沢品であったこの国の当局がこれだけの肉を支給しようとしたこと自体が、特記すべきことであったに違いない。

パラヴィツィーニ博士は、彼が個々の収容所から集めた食糧についての他のリストを示している。しかし、彼が計算した値は一日二〇五〇カロリーから二五二〇カロリーと（これは今日のカロリー摂取水準から見てきわめて低いが）相互に異なっている。主にドイツの慈善団体からの食糧の小包も届いていた。決まった仕事をしている者は支払われた賃金を使って給食施設で追加の食糧を購入することできた。だが、これだけではドイツ人捕虜への栄養水準が適当であったかどうかを判断することは難しい。

捕虜たちは赤十字国際委員会の代表者に実際に多くの苦情を述べた。彼らの言うところをまとめると以下のようなものである。「とくに不満なことは抑留期間の長さから引き起こされたことであった。何人かは五〇歳を超す家族もちであった。彼らは捕虜の交換を望んでいた。しかし、これは可能ではない。ドイツ側にはほとんど日本人捕虜がいないからである。彼らは忘れ去られたと感じていた。たとえここ（日本）での食糧事情が良くても、彼らは飢えてもドイツにいることを望んでいた。彼らへの処遇は公正なものであったが、少しの制約でも生活を耐え難いものとしていた。どうしてもドイツ人と日本人とは根本的に違う。有能な通訳者を見つけることは難しい。このことが対立を生み出す。制約が突然課せられ、権利が説明なしに廃止される。検閲のために郵便の配達が遅かった。言語の問題のために検閲自体に時間がかかった。日本人たちは、文面に隠された秘密の通信を発見しようと努めた。久留米では人々の間にドイツ人への敵意があったが、他の所では双方の意思疎通は円滑であった(8)。もちろん日本人たちは、とくに自身に対する攻撃めいたことについてはきわめて敏感であった。このため、問題を正しく処理しなかったドイツ人将校たちの態度によっては日本人の誇りが傷つけられたことがあったのも事実である(9)」。

パラヴィツィーニ博士が記した一つの収容所についての報告をここに掲げることは有意義であろう。大分収容所は、北九州の海岸近く別府の側にあった。ここは森林と農地に周囲を囲まれていた。一九一四年一二月四日に開設された。赤十字国際委員会の代表がここを訪れたのは一九一八年七月二日であった。この収容所には二五〇人の兵士と二〇人の将校が収容されていた。抑留者は働くことができ、収容所の外から追加的な食糧などを購入することができた。彼らは、運動をしたり（護衛付きで）散歩に出かけることもでき、海にも行けた。「収容所の便所は申し分ない」ものであった。勉強のための施設もあった。幾人かはアジアの言語の辞書を編纂していたし、ある者は仏教について学んでいた。他方で多くの楽団が盛んに組織されていた。

パラヴィツィーニ博士が記録した苦情は、食事に肉が少ないこと、収容所が狭く込み合っていること、誤解によって時々収容所外の散歩時間が突然削減されること、手紙が迅速に配達されないことなどであった。

四年間も拘束されていれば、捕虜たちが満足しているわけはなく、苦情が出るのは当たり前であろう。「最大の苦情は、抑留期間の長さであった」と記されている。それにもかかわらず、それぞれの収容所についての報告が、一般的に詳細な彼自身の叙述に加えて、内容豊かで正確なこと、またそれぞれの収容所で二時間ほど実際に歩いて視察し捕虜と会話をしていることなどの事実が、日本側の軍当局者の姿勢が対立ではなく協調であったことを示している。「戦争において捕虜はありえないとする旧式の考えが現在ではもはや通用しないということを日本人将校たちがよく心得ていたこと」にパラヴィツィーニ博士が気づいていたことに注目しておきたい。この後二〇年もしないうちにこの旧式の考え方が日本で再浮上することになったのである。

ドイツ人の手中にあった日本人は、約一〇〇人からなる日本郵船所属の郵便船「常陸丸」の乗組員たちだけであった。彼らは一九一七年五月から抑留されていた。日本赤十字は彼らの消息を日本に伝え、彼らがドイツにある間、連絡をとった。

アメリカ人シドモア（Sidmore）嬢は、ロシアにおける多くのオーストリー・ハンガリー人捕虜の問題に関わったアメリカ人看護婦たち（彼女らは習志野収容所を訪問した）と同様に、日本の収容所を称賛している。これらアメリカ人看護婦たちは、日本の収容所がロシアのそれより数段に良い状態にあることを確信していた。ロシアの収容所の状態が、一九一七年のボルシェヴィキ革命以降の混乱で深刻化したのか、あるいはもともと良くはなかったのか、それは不明である。

日本赤十字社が間接的に関わることになったのはこのオーストリー・ハンガリー人捕虜の問題であった。ジョージス・モンタンドン博士（Dr Georges Montandon）に率いられた赤十字国際委員会の代表団が、来日の途上シベリアの諸収容所を視察し、一九一九年六月に東京に到着した。モンタンドンは、大量の包帯と薬を要望した。これらは日本赤十字社によって調達されシベリアに運ばれた。モンタンドン博士は、シベリアから帰還すると、さらに書籍・ブーツ・衣服などの要求をしたが、これもすべてかなえられた。

より特筆すべきものは、ニコルスク（Nikolsk）収容所に抑留されていた捕虜から、モンタンドン（Montandon）が集めた口頭や書面でのメッセージであった。彼らは、シベリアのいくつかの収容所の管理を日本に引き継いでもらうよう懇願していた。[10] 捕虜たちはこう記している。「日本人たちは、捕虜を物的な面で明らかに優遇しているのみならず、ロシア人のように奴隷とか犬として見なすのではなく人間として扱ってくれる[11]」。モンタンドン自身、この要望を実現できないかと考えるようになっていたらしい。そ彼は次のように書いている。「ニコルスクには将校三五〇〇名を含む五〇〇〇名にのぼる捕虜がいる。その数は貴国の管理下にあり、貴国の良好な処遇に慣れている捕虜を上回るものですが、もし、彼らを貴国の管理の下に移すならば、彼らの感謝の気持を勝ち取ることは間違いありません」。モンタンドンの要請に引き続いて赤十字、軍など日本の当局が行動を起こしたが、当時ロシア各地で生じていた内戦の混乱に鑑み、捕虜の送還の方に優先順位が与えられるようになった。

これらの捕虜への関わりとは別に、日本赤十字は他の付随的な業務を行なった。病院船、博愛丸と弘済丸は、一九一四年の九月から一二月にかけて三一名の捕虜を含む傷病者の搬送を日本と中国大陸との間で行なった。医師と看護婦それに雑役夫からなる赤十字の二つの「衛生」救護班が一九一四年の一〇月二八日から一九一五年の一月二〇日まで徴用派遣された。さらに二つの看護救護班が、ドイツ守備隊が捕縛された時に中国の青島に送られた。その他で一九一四年一一月二六日から一九一五年一月二二日までこれら救護班は三〇〇人を超すドイツ人捕虜を救護した。

ヨーロッパにおける日本赤十字

第一次世界大戦の間、日本赤十字への用益提供の要請は多くなかった。このため一九一四年の末に同社は、救護班をロシア・フランス・イギリスに派遣することを決めた[12]。これら医師と看護婦の部隊は、ロシアでは一九一五年から一九一六年四月八日までペテルブルクのネヴスキー（Nevsky）にある「貴族クラブ（Nobles Club）」で、フランスにおいては一九一五年二月から一九一六年七月一日までシャンゼリゼー通りのアストリアホテルで、またイギリスでは一九一五年二月一日から一二月末まで活動した。イギリスでは、日本赤十字社の部隊は、イギリス赤十字社の管轄下サザンプトン近郊のネトリー陸軍病院（Netley Military Hospital）に配属された。

二二人の看護婦と二人の医師からなる部隊は、一九一五年二月一日から仕事を開始した。鈴木・大島両医師と幾人かの日本人看護婦は、「アイルランド病院（The Irish Hospital）の四つの仮病棟」を任された。他の看護婦たちは、イギリス人スタッフと一緒に働くべく配置された。鈴木博士によれば「どんな時にも、イギリス人軍医将校や看護婦が彼らと我々の間に一線をおいて接することはなかった。それどころかまるで家族の一員であるかのような親切な扱いをしてくれた」とのことである[13]。

イギリス，サザンプトンのネトリー病院で2名の日本人医師とともに働いた22名の日本赤十字社看護婦．

一九一五年九月までには、日本人の二名の医師は七つの仮病棟あるいは病棟を担当するようになっていた。各々の病棟は二〇床からなっていた。鈴木博士は、「かくして、一九一五年の二月一日から一二月三一日までに我々二名の医師は、主にアイルランド病院部門で六六一名の患者を診た。他方、イギリス人軍医将校指揮下の他の病棟に配属された看護婦の方は一八九二名の患者を看護した」と説明している[14]。

この日本赤十字の一行は、もともと六カ月の予定で派遣されたが、その後一九一五年の末まで期間が延長された。期間終了後イギリスで活動した部隊は帰国した。一行は、「戦争終結を見ずに帰国しなければならないこと」を「悲しく思った」。鈴木博士は当初、一行の英語力不足を心配していた。しかし、彼が言うように、「我々は任務のために突き動かされ、信頼によってそれが報われた」のであった。

日本赤十字社の一行は、文字通り「ロイヤル・ジョージ（Royal George）」待遇を受けた。国王夫妻が彼らをバッキンガム宮殿に招き謁見した。他方で、アレクサンドラ皇太后（Queen Alexandra）は、マールボロー・ハウス（Marlborough House）で送別の言葉をかけ隊員一同に記念品を手渡した。対外広報活動としてこれは貴重なものであり、このような寛大で心のこもった歓待は間違いなく多大な効果をもったことであろう。残念なことに病棟での日本人たちの活躍については、これ以上知ることができない。鈴木博士は、「患者自身、感謝の念を表わしたし、その家族も感謝の手紙を送ってきた」と述べている。しかし、どのようにして両者の医療チームが協力し合ったのか、どれだけ多くのことを双方がこの協動によって学んだのか、あるいはドイツの医療技術に基づく日本の治療法とイギリスのそれとが異なっていたのかなどについての詳細を知る情報はない。

これら日本人部隊は派遣された国々で厄介な存在にならなかったのであろうか。国際赤十字運動の枠内では、とくに日露戦争での成果によって、日本の人道的な活動が理論上は高く評価されていた。しかし、当時一般的には日本人たちは教師というよりは生徒であると見なされていた。フランスやロシアの病院がよく訓練された日本人たちに適していなかったかも知れない。あるいはこれらの病院のスタッフがこの東洋からの異邦人たちを進んで受け入れようとしなかったのかも知れない。パリやペテルブルクでの救護活動についての取り決めが、そのいずれを示唆しているのであろうか。戦争終結の二年以上前にこれらの部隊が撤収した事実は、この用益の提供が何がしかの困難を抱えていたことの反映とも受け取れる。

ある意味において、一九一四年から一八年の日本における人道主義的な活動は、日露戦争に伴って起きた繁忙を極めた日々とは正反対の事象であった。日本赤十字が全面的に仕事に従事したことは事実である。しかし、前線は数千マイルかなたにあり、ヨーロッパで進行していた戦いから見れば辺境にあった。過去に「黄色人種」の排斥を唱えていたドイツ人四千名以上を日本人の手に委ねたのは、戦争という冷酷な運命の仕業であったのか。第一次大戦中にまだ人道主義の国であった日本の管理下に置かれたドイツ人たちはことさら幸運であったのか。

第七章　放棄された人道主義

第一五回国際赤十字会議（東京、一九三四年）

日本初の最大規模の国際会議が一九三四年一〇月に東京で開催された[1]。二五二名の各国赤十字代表者が、世界に向けて人道主義のための統一した戦線を誇示するために集まったのである。第一五回国際会議が東京で開催されるように決まったことは、大変光栄なことと思われていた。一九一二年のワシントン会議を除いて、それまでこの四年ごとの会議はすべてヨーロッパで開かれていた。悲劇的にも一九三四年までには、日本赤十字の人道主義的な目標と日本帝国陸軍との目的との間には驚くほど大きな溝ができていた。後者はまさにこの時、満州と中国北部で勝手な振る舞いをしていた。これらのことが示すように、戦前の日本赤十字にとって時間はすでになくなりかけていた。

日本赤十字社は、一八八七年のカールスルーエの国際会議[2]以来、これに毎回参加してきていた。その組織運営の完璧さや効率性には定評があったし、一九〇四年と一九一四年には彼らの管理下となった捕虜に対して名誉ある取り扱いをした。また、彼らは国際赤十字運動の世界で一度も差別されたことがなかった。この高名な日本に赤十字運動が栄誉を与えることは、きわめて自然な成り行きであったのではないか。

赤十字国際委員会の立場から見ても、東京は赤十字運動が「すべての大陸に存在することを確認するため」にも絶好の地理的な位置にあった。加えて以下のようなことも言える。

それは、二七〇万人の正会員と二〇〇万人の青少年会員を抱え、最もよく確立された組織の一つであり各国赤十字社の中で最も古い組織の一つである日本赤十字社にその活動力を誇示することを可能にした。二五二の代表者は、公認された赤十字社のほとんどすべて（六一社のうち五七社）を代表するものであった。アメリカ赤十字社が六七名の代表を送ったことは、太平洋を挟んで向かい合う隣国へのアメリカの関心の高さを示すものであった。[3]

一九三四年一〇月二〇日の開会式で徳川家達公は、代表団に対して以下のような言葉で挨拶した。

本日東京国際会議の開会を迎えることは、赤十字社はもとより日本国民すべてにとって深い慶びとするところであります。人類の苦難を救う理想と他の人々のために尽くす理想に深く関わってきた私たち日本国民にとって、日本の地で赤十字会議が開催されることを見るのは長い間の念願でありました。この国でかつて例を見ない初めての世界会議が、赤十字の中立と良心の旗印の下に結集したほぼ全世界の加盟国政府代表団の参加を得て、ここに開催される運びとなったことは、我々すべてが真に満足するものであります。[4]

アメリカ代表団の団長、ジョン・バートン・ペイン判事（Judge John Burton Payne）は、この会議には「ジュネーヴ条約に政府が調印した有資格国六一のうち五七カ国が参加している」と説明した。[5] しかし、東京までの旅費が問題であった。アルバニア、ブルガリア、ハンガリー、リトアニアは、ペイン判事に代行を頼んだ。ほとんどの国の政府は、東京在住の大使館員の一人を会議に派遣した。また、多くの赤十字社も、東京を基地に活動しているその国の政府の役人を代表者とした。

イギリス代表団の構成は、以下の通りであった。ハロルド・フォウカス卿（Sir Harold Fowcus 陸軍中将。イギリス赤十字社社長）、レイチェル・クラウディ夫人（Dame Rachel Crowdy）、ミュリエル・ペイジット夫人（Lady Muriel Paget）、グレンコナー夫人（Lady Glenconner）、ローム夫人（Mrs. Rome）、アイダ・M・M・シモンズ嬢（Miss Ida M. M. Simmons）。これに東京のイギリス大使館から派遣された二名の政府代表者が加わった。

公式の代表者となっている女性の数の多さに日本人たちは驚いたに違いない。彼らの代表者三八名すべてが男性であった。萩原タケ嬢が参加していたが、彼女は帝国看護婦会会長・日本赤十字社看護監督として出席していたのである。アメリカ代表団のうち四六名が女性であった。明らかに文化的、宗教的な背景の違いがこのような態度の相違の基礎にはあった。

日本赤十字社は、多くの国々から日本への旅費について詳細な案内を準備した。彼らはさまざまな海運会社、とくに日本の船会社から割り引きを得ようと交渉した。(6) アメリカ合衆国代表団にはいくらかのわだかまりがあった。なぜなら、アメリカ赤十字社自体は、代表団員個々に対して一銭も補助をしなかったからである。それゆえ、代表の選定は個人の資力の大きさに依存せざるをえず、すべて自薦であった。(7) 代表団はどの国でも赤十字社社員の真の代表とは言いきれなかった。この団体のエリート的な性格をむしろ強調したものであった。

熱心なホスト日本は、桁外れの規模と範囲で正餐会、レセプション、各地への訪問などを準備した。東京観光、東京市長主催正餐会、鎌倉・横浜の観光、首相主催正餐会、日光あるいは箱根への小旅行などすべてがよく組織され、参加者たちに喜ばれた。客人たちは歌舞伎と能に招待され、また、訪れる先々で素晴らしい記念品を贈られた。岩崎（三菱）・三井両家は、それぞれみずからの壮大な屋敷と広大な庭園を使ってレセプションを開いた。きっと目も眩むばかりの祝宴であったに違いない。

国際会議の期間中に日本赤十字社は年次大会を開催し、二〇〇名を超す外国代表団の前にその会員規模を誇示した。年次大会は、一〇月一六日木曜日に日本各地から一万三〇〇〇名の日本赤十字社会員を集めて美しい権田原〔東京都港区〕の憲法記念館で開かれた。大会には、陸軍大臣林銑十郎大将、海軍大臣大角岑生大将や後藤文夫内務大臣も出席した。多くの皇族たちに付き添われて出席した皇后は、「柔和で明瞭な声で」短い挨拶を行なった。

本日、日本赤十字社の第四二回年次大会に出席し、本機関が活動面での多大な進歩と組織面での大きな改善を成し遂げられてきたことを知り嬉しく思います。また、この国において第一五回国際赤十字会議が開催され、皆さんが国際的な協調によって事業をさらに活発化しようと努めていることを喜びとするものです。私たちは、赤十字社の社長、役員の諸氏が、赤十字社が時代の要請に応え、人類の福祉に貢献できるように、一丸となって努力するよう願って止みません。(8)

本来の仕事——一九三四年の赤十字

歓待や自賛の中にあっては、表面的な事象の背後で実際にどのような実質的な仕事がなされたのかを見いだすことは難しい。ジョン・バートン・ペイン判事は、ルーズベルト大統領から公式に代表団長となることを承認されていた。彼は、出発前にコーデル・ハル（Cordell Hull）国務長官と連絡をとり、合衆国政府の赤十字に対する態度を聞き出そうとした。コーデル・ハルの返事は、長いものではあったが、漠然とした当たり障りのないもので、「国際法のさらなる発展」の必要性を説くだけであった。当然のことであるが、彼は、自身が東京の赤十字会議で何が議論されるのか詳しく知らないので、いかなる意見も述べることはできないとコメントした。

しかし、国務長官は次のような一般的なことを書いている。「私たちの政府はすべての化学兵器、生物兵器、焼夷弾の熱心な廃止論者ですが、その主張がうまく認められていないことはよく知られています。これらの種類の兵器から、そして空襲から市民を守るための実践的で効果的な手段はどれでもわが国政府の支持を受けるものであることを保証します」[9]。ジョン・ペイン判事と国務長官コーデル・ハルとの通信は、国益を規定することがいかに困難かをよく示している。

実際に外交的な小波乱をひきおこしたできごとが一つあった。以下の国々がこの会議で加盟を認められた。それらはソヴィエト連邦、イラク、ニカラグアであった。ペイン判事は、ソ連の加盟問題をそれまでに二回の国際会議、ハーグ会議(一九二八年)、パリ会議(一九三二年)で提案した。だが、これには反対があった。一九三四年の東京会議では、さまざまな国の代表団の人的な構成も変わっていたので、ソ連の加盟を認めるペイン判事の指示を受けた徳川公爵の提案が可決された[10]。ペイン判事は、ソ連の赤十字仲間への加入を薦めたのではあるが、ソ連の六人からなる代表団の指導者クリスチャン・ラコウスキー(Christian Rakowsky)が、熱情をもって会議の議論に介入したことに驚いた。ラコウスキーは左記のように発言した。

赤十字は平和を維持しようとする人民の意志を示している。我々は外交官ではない。しかし、我々は平和を希求する意志を宣言する義務がある。我々は諸国間の利害の相違を解決する手段として戦争が用いられるべきではないと公言する義務を負っている。これまでの赤十字の会議においても戦争に反対する決議を採択してきた。苦難を緩和することは称賛されるべきことであるが、苦難を防ぐことはそれ以上に称えられるべきことでありまた必要なことである。
戦争の技術と赤十字の活動の技術との間には、驚くべき不均衡が存在しそれが拡大しつつある。新しく限りない恐怖が戦争行為に付け加わってきている。それは、非戦闘員にまで影響するものである。非戦闘員と戦闘員の区別など絵空事以外の何者でもない。(11)

当日の議事予定になく予想されてもいなかったロシア代表団の決議案はつぎのように続いている。
先行する赤十字諸会議、とくに一一回（ジュネーヴ）および第一四回（ブリュッセル）会議が、赤十字が通常の戦時および平時における活動のほかに、戦争を防止すべくあらゆる努力をすると宣言したことに鑑み、
また、兵器の進歩が戦時における赤十字の活動にとってほとんど克服し難い障害をもたらしていることを考慮し、
ソヴィエト連邦代表団は、以下に述べる希望を表明するものである。すべての人民はその国の政府に、幾千万の人命を保護し、幾千万の人々を苦難と窮乏から救い、国際的な紛争解決の手段として戦争を排除し平和的な解決を保証するような法的な規範と国際関係を築くことによってこれまで築いてきた物質的・知的な富を破壊することのないようにすることの必要性に注意を払うよう訴える。(12)

予期しなかった決議案をもってのロシア代表団の介入は、いくらかの動揺をもたらした。ペイン判事はコーデル・ハルにつぎのように報告した。
しかしながらソヴィエト代表団は、世界中の赤十字社が平和のための活動をすることを求める決議案を提出しました。この決議は、各国赤十字社が戦争反対、平和の希求へのはっきりした計画に関わっていくことを意味していました。これはイギリス、フランスはもとよりポルトガルなどの小国からも

大変激しい反対を受けました。議論は第二委員会（私は第一委員会の委員でしたが）で交わされました。このため、私は議論に参加しませんでしたが、何人かの代表に、もしそれが重大な局面を迎えたら合衆国は反対に回るであろうと話しました。決議案は、三つの委員会のうちポルトガルが議長を務める一つの特別委員会に付託されました。決議案から反論を招く条項が削られ、決議案はイギリスはじめ反対活動をしていた国々も満足できるものとなり全会一致で可決されました[13]。

残念なことに採択された決議の文面は発見されていない。だが、このできごとは、赤十字の無力さと、希望的な意志を述べる真面目な言明にさえ反応した各国政府の神経質なさまを明らかにしている。三年も経たないうちに、日本は数千の中国の市民を爆撃した。後にドイツはイギリスを空襲し、それが反撃を呼び、他方で一九四五年にはアメリカが焼夷弾で「日本を完全に破壊」したのであった。近代空軍による軍事作戦が、一般市民とて例外ではなく安全な場所などないことを繰り返し示した。太平洋戦争を終結に導いたのは二つの原子爆弾であった。

国際委員会は、スイス政府によって五〇万スイスフランが寄付されたにもかかわらず、財政状態の不安定さに起因する赤十字の脆弱さを強調した。赤十字の活動への需要が高まっていたが、国際委員会は、痛ましいほど活動を妨げられ、厳しい節約の実行と職員を最低限に押さえることを強要されていた。基金を三〇〇万スイスフランに引き上げることが国際委員会の目標であった。

青少年赤十字（JRC）の活動についての議論もあった。日本のこの組織の幾人かの会員は、外国からの訪問者を鎌倉に迎えた。ペイン判事によれば、青少年赤十字は人道主義的であった。なぜなら、彼らは、「学校生活、日常の活動、歴史、文化、その他青少年が興味を抱くようなことを表わした手紙、作文、絵などの入ったフォルダーを国際間で交換」していたからである[14]。諸政府が青少年赤十字を規律ある準軍事的な組織として利用する可能性については何の言及もなかった。

第一五回赤十字国際委員会会議は、日本人にとって並外れた宣伝効果をもった。プロパガンダとして、それはまことに卓越したものであった。それは、日本国民に、日本がたしかに世界の中心にあり、彼らが世界で最良の人々と交わっていることを確信させるものとして使われた。代表団に対しても、彼らに日本文化について啓蒙したり考えさせたり、日本人の効率性を誇示したり、日本の人道主義への傾倒を納得させたりするための絶好の機会であった。

六一のうち五七カ国から参加した二五二名の代表が、五〇の議案を採択した。それらは、「赤十字青年、看護婦訓練、赤十字停戦、国際的救護、医療航空便、化学兵器および空襲からの一般市民の保護、ジュネーヴ条約の履行、敵国籍市民の保護に関する国際条約案の作成」などであった(15)。

一九三一年九月の満州に対する日本軍の侵略行動、中国北部の占領、一九三二年三月一日の「独立」満州国建国宣言などについては誰も触れなかった。誰も日本の中国での行動を検討するために組織され、満州における中国と日本両国の権利を認めたリットン調査団（the Lytton commission）について言及しなかった。誰も一九三三年三月二七日の日本による国際連盟脱退がこのリットン調査団報告への反発の結果として生じたことなどについて発言しなかった。

実際、一九三四年の日本が自身を国際赤十字の一員であると考える権利は全くなかった。なぜなら、日本政府は一九二九年七月二七日のジュネーヴ条約に調印しなかったからである。『ジャパン・アドヴァタイザー（*Japan Advertiser*）』紙の記念号が指摘しているように、赤十字社が活動できるのはジュネーヴ条約を履行している国々においてのみであった。一九三四年一二月一八日になって（たぶん困惑した日本赤十字社の役員の圧力によってであろうか）、「軍隊の傷病者に対する環境の改善」の部分についてのみ条約に加わった。一九二九年ジュネーヴ条約の捕虜の処遇に関する部分について日本はけっして同意することはなかった。

日本の戦争に関するジュネーヴ条約遵守をめぐる混乱は、この国自身が抱えるより深い病根の象徴であった。赤十字の組織が東京に集まったのは、ある意味では人道主義についてのそれまでの日本の態度への敬意の表現でもあった。しかしその時、一九三四年の一〇月には、軍事的侵略の選択肢がすでに採用されていたのである。長い年月にわたって日本人のある部分は、日本を恐ろしい軍事力として確立するために活動してきていたのであった。

「新型」日本軍の創造

一八六八年の王政復古は、日本の近代化を心に決した長州・薩摩を含む西南雄藩の一群の侍たちによって達成されたものであった。これらの人々の多くは、社会の再組織化で得るところが多い下層の身分の家柄に属した侍たちであった。彼らは世界における日本の位置に大いに関心をもち、見解は概して保守的で非自由主義的であった。近代日本軍の創設に全力を尽くしたのは、師である大村益次郎(一八二四―六九年)に従い、日本の新旧の価値観を混在させた諸目標を抱いていた長州出身の山県有朋(一八三八―一九二二年)[16]であった。彼は、古い身分的な侍の部隊とは区別された徴兵に基づく強力な軍隊を作り上げることを決心した。同時に彼は、海外における日本の弱い立場を逆転させることにも腐心した。彼は一九二二年に死去した。しかし、その後も引き続き軍事的な拡張を続け、東アジアから一九四〇年代の初めには西洋の勢力を一時的にも追い出すことができたのは、山県のこの意志から一部は発したものであった。

若き日の山県は、天皇を崇め夷狄を撃つという尊皇攘夷運動で活躍したが、一八六三年の連合国による長州砲台への砲撃以降、徳川体制を除去しようとする運動の闘士となった。彼は、指揮官としての武功によって一八七〇年に兵部少輔に任じられた。彼は、初期には自由主義的な見解を示したにもかかわらず、西洋で奨励されている心の広さが日本には適さないと考えるようになった。その保守的な考えは、在欧中に普仏戦争(17)（一八七〇—七一年）で新生統一ドイツのよく組織されたプロシア軍がフランス軍を壊滅させパリに入城するに及んでますます強められた。また彼は、社会主義的あるいは他の急進的な見解を助長させるように思えるヨーロッパの多くの騒々しい体制批判者たちに反感を示している。一八七〇年代に山県は三つの段階（そのうちの二つは長期的にみると一九四一年から四五年の戦争に直接に関係しているのであるが）を経て軍事力を確立し強固なものとした。

一八七三年に彼は、すべての青年男子が三年間陸軍もしくは海軍の兵役に服することを求めた徴兵令を発布することに成功した。引き続いて一八七八年にはプロシアに範をとって日本軍を再組織し、独立した参謀本部の確立をはかった。この間、山県は、一八七七年に西郷隆盛の薩摩の反乱〔西南戦争〕と旧いサムライのエリートたちがこの戦場に投入した最後の軍勢を鎮圧した。三年の徴兵制度に支えられた政府軍が反乱軍に対して勝利を収めたことは、新しい時代を告げる重要な象徴であった。誇り高き戦士としてのサムライの神話はこのようにして効果的に破壊された。しかし、後述するように名誉に関する旧い武士道の精神は、ある意味において新しい軍隊に引き継がれた。

たぶんもっと重要で一九四一年から四五年の戦争の決定に直接の関係をもったのは、陸海軍における組織としての参謀本部制度の確立であった。ここから陸軍・海軍大臣が選ばれ、彼らは天皇に直接上奏でき、文民の内閣からは独立していた。現役の将官が閣僚となる（軍部大臣現役武官制）は、一八七一年に当時の兵部省が、彼らの長は陸海軍の少将以上の人物でなければならないと主張した時に始まる。一九〇〇年にこの原則は、両軍隊の長（一八七二年に陸軍省と海軍省が分離していた）はそれぞれの軍の現役大将とするように修正された。現役の将官がこのような重要な職位につくことは、挑む余地のない権力基盤を軍部に与えた。山本権兵衛内閣は、一九〇〇年条項を廃止した。しかし、現役の将官が軍関係の省の長であり続けた。一九三六年には戦争努力の遂行の過程でもとの原則が公式に復活した。不可避的に、天皇への直接上奏権をもって軍部はいかなる文民統制にも反対した。知らず知らずのうちに彼らは究極の権力者となっていた。これらの取り決めは一九三〇年代にもなると文民の政府に多大な困難をもたらすようになった。彼らは、軍大臣の指名を拒んだり、反対したりすることによって、彼らにとって好ましくない内閣の組閣を実際に阻止することができたのである。

山県は、日本に、よく訓練され、またサムライの精神である武士道も踏襲した「陸軍は農村あっての陸軍」を創出した[18]。山県の強大な地位と彼が八四歳まで長生きしたことのお陰で、長州の軍閥は権力構造をしっかりと掌握し維持することができた。

彼の後継者（すべて長州出身者）桂太郎、児玉源太郎、寺内正毅、田中義一の四人が、一八九八年から一九二四年の間、軍大臣を務めた。このうち三名（桂、寺内、田中）は一九〇一年から一九二八年の間に首相にもなった。軍部の問題に長州の影響力を一九三〇年代から四〇年代まで保ち続けることに特別の関心をもち、それを確実なものとしたのは田中義一であった。これら軍部の人間は日本赤十字をよく支えたが、彼らの関心は、赤十字の人道的な組織としての役割にではなく、赤十字が日本の軍隊に与えてくれるであろう便益にあった。

戦争の方向に人々の隊列を整える

日露戦争終了後の一九〇六年から軍部の長州閥は、軍隊を支えるためにすべての村の男女を組織化することを決めた。明治天皇の五八歳の誕生日にあたる一九一〇年一一月三日に帝国在郷軍人会が発足した。これに際して山県（すでに引退していたが、祝辞を述べることを強く望んでいた）は、つぎのように演説した。

我々兵士は、……我々の軍規を謙虚に習得し、たゆみなく戦闘のための業を磨き、わが国軍隊の支柱とならなければいけない。

故郷に帰還した時には、若い世代に我々の美徳を伝え、模範的な国民となり、天皇陛下の強力な右腕となって働くことを躊躇してはならない。

今、会長閣下から荘重なる祝辞を頂戴した我々在郷軍人は、本会の至高の目的を遂行し、全国民を兵士とする理想の実現に邁進しなければならない。天皇陛下の恩寵に報いるのみならず我が国の繁栄に力を尽くさねばならない(19)。

この在郷軍人の組織は、日本を強靱で力あるものにするために、日本国民のあらゆる部分を束ねていく全面的で持続的な作戦の幕開けとなるものであった。日本全土に在郷軍人会の地方支部が設立された。一九一四年からは工場にも支部ができ、そこでは肉体的条件を備えている者、とくにすでに軍役を経験した者に対して軍事教育がなされた。

これは重要な活動であったが、まだ多数が網の外にいた。一九一四年から一五年にかけて、田中義一は内務・文部両省高官の協力を得て、大日本連合青年団を創設する注意深くそしてよく練られた計画を発表した。これは全国に散らばる多数の青年団組織を一つのより大きな団体に統合しようとするものであった。この地方支部は、「その地に受容され、地方社会の他の組織や指導者たちと協調することによって、愛国思想を普及し国家目的に奉仕する」ことを企図していた[20]。多くの新しい団体が設立された。それらは、既存の組織とともに、愛国教育・修身教育、体育、そして在郷軍人の指導の下に実施される軍事訓練をその諸行事の中に取り入れなければならなかった[21]。これらすべての努力が、小農民の質素さと勤勉さを補強し促進した。在郷軍人はしばしば早朝に体操会や軍事訓練を実施した。これはとくに田中を喜ばせるものであった。彼は、「早起き」クラブが、「夕刻に実施した場合に予想される疲れ果て家路を急ぐあまり生ずる青年たちのおざなりな態度を防ぐことができる」との見解を示した。

一九〇一年九月二四日にはすでに愛国婦人会が岩倉具視未亡人を会長に戴いて結成されていた。これと赤十字婦人連合とが軍部から日露戦争の期間中、おおいに称賛された。一九〇五年には、愛国婦人会の会員数は四五万人を超した。これらの婦人団体は、裕福で上流の婦人たちをひきつけたエリートの組織であり、軍の将校たちが心に描いていた目的にはあまりそぐわないものであった。以前には田中・宇垣はじめ他の将校たちも女性を特別に組織化する必要性を感じてはいなかった。なぜなら、日本は、家族を中心とした男性優位の社会なので、自動的に女性の従属的な役割が内に組み込まれていたからである。会員ではないが女性は常に村の在郷軍人の催事を手伝っていた。たとえば仕事が野良仕事である場合、そこには女性がいた。とくに田植えなどは、伝統的に女性の仕事であった。

しかし、一九三〇年代の初頭ともなると、日本はますます敵対的になっていくと多くが信じるような世界に暮らしており、日本国民すべてを動員する時期の到来を願う将校たちが出現してくるようになった。この目的のために国防婦人会が一九三二年三月に結成された[22]。常に軍の将校たちの厳格な監督下にあって、この組織が五〇万人の会員を数えていること、創始者の多くが軍の将校や憲兵隊員の夫人であることから真に草の根的なものであること、などが主張された。この組織は、会員数が一九三八年には八〇〇万人、一九四一年には一千万人と燎原の火のごとく急速に拡大した。[23] 一九四二年二月二日には、これら婦人諸団体が合同し大日本婦人会が誕生した。未婚既婚を問わず二〇歳を超す女性と「二〇歳以下であっても既婚の女性」すべてがこの会の会員となることを求められた。隣人づきあいを保証する隣組も活発であった。

愛国婦人会は、会員三〇〇万人となっていたが、提供する便益の大きさと範囲で国防婦人会に圧倒されていた。国防婦人会の支部は、以下のような活動をした。

兵役中の留守家族への労役の提供、戦死者の葬儀の準備・挙行の手伝い、軍の考えを宣伝するための映画や講演会の開催、貯蓄や倹約の奨励、反贅沢キャンペーンの実行、毎年の青年の徴兵検査、在郷軍人検査の補助、入営や退役する兵士の歓送迎、そして戦時救護などであった。[24]

たしかに小さな村落の諸国防婦人会が海外で軍務についているその村出身の男性たちと強い関係をもっていたことは、前線の兵士が可能な限り個人的なつながりを維持していたことを意味した。

国防婦人会を監督した陸軍省人事局課長中村明人大佐は、この会の会員が、「『銃後の戦士』として働き国民の軍への義務」を果たし、「国民への精神的な使命を遂行している」と信じていた。[25]

国民をさらに動員する準備として、日本赤十字社はますます軍の統制の下に置かれるようになっていた。軍隊を補助する活動が圧倒的に多くなったのである。同社の公式史は、「戦時救護のウェートが重くなり、平時事業の方は、好むと好まざるにかかわらず縮小または中止されていった」と記述している。[26] このように、戦争努力の形成の一部として六〇年以上にわたる国際的な努力の末苦労して確立してきた人道主義の伝統が見捨てられることになった。軍部が日本赤十字を簡単に破壊できたことは、軍隊と明示的に関わりをもった人道主義の危険性を反映している。当時の日本の赤十字はけっしてヴォランティアではなかった。会員たちは、この運動に徴用されたと自身を考えており、望んで役割の変化に応じた。たしかに日本人の眼から見ると、赤十字が、その国際的な評価にもかかわらず、軍を支持する組織であると信じたとしても不思議はない。

実際、多くの会員を抱えた日本赤十字は、本章でとりあげた超愛国的な諸組織となんら変わらなかった。すべての会員が愛国主義的な活動に繰り入れられていた。かつて日本赤十字が名声を博した国際主義が入り込む余地はもはや存在しなかった。

思想統制

種々の愛国主義的団体が日本の農村地帯では成功を収めたが、大都会の男女の大半は、一九三七年の中国への侵略（これを当時そして現在でも日本では「支那事変」として知られている）まで影響を受けないでいた。一九三七年八月に政府は、「国民精神総動員運動」を開始した。この運動は学童までも含むすべての人々を対象とするものであった。女性たちは、中国で戦っている兵士のために「慰問袋」を作り、学童たちは毎朝愛国的な行進を行ない、教師から「アジアの聖戦」、「日本が指導する新秩序形成のための戦争」についての話を聞いた。

ある日本人評論家はつぎのように記している。

国民学校の教育は小学校から高等教育にまでいたる教育制度の一環とは異なるものであった。……それは強いイデオロギー的国家主義的流れに基づいた別のカリキュラムであった。修身・国語・歴史・

地理は、日本の帝国主義的・国家主義的見解からの授業以外の何者でもなかった。集団活動・行動、儀式、学校行事、そしてとりわけ体育に重点が置かれた。登下校は、リーダーの指揮の下に集団となって行進しなければならなかった。校庭での朝礼において、天皇と皇后の写真の入った神社のミニチュアに礼拝することが学校でのきわめて大事な行事となった。子供たちの生活は、管理され、統制され、制限されていた(27)。

一九三八年の国家総動員法は、すべての国民と繊維・金属などのあらゆる資源を政府の厳格な管理の下に置いた。一九三九年にはその進行速度と圧力がさらに高められた。毎月一日が「興亜奉仕日」に指定された。女性のパーマを含むすべての贅沢が禁止され、女性は隣人をスパイすることが奨励された。この密な監視網から、ほとんど誰も逃げ出すことができなかった。これは一種の個人生活を侵害した監視であり(28)、西洋人にはとても理解しがたいものである。

戦争が始まる以前の一九四〇年に米が配給制となった。これに先立って一九三九年には米の精米が禁止されていた。「豊葦原瑞穂国(29)」でのこれらの措置は、驚きとともに不吉の前兆としてとらえられた。日本人は配給米で生きて行くことができたが、何人かは一九四〇年の米の供給制限をこの国の危機の始まりと規定している。

三島由紀夫の『豊饒の海』の読者ならば、彼のこの壮大な四部作の二巻目に『奔馬』の物語があることを知っていると思う。この小説は、ようやく接したばかりの国際社会への日本人の苛立ちを生き生きと表現するものである。三島の卓越した文章運びが、秘密結社「神風連」(狂信的な書生の一団)の話を詳述しながら、日本を西洋に売り渡したと彼らが信じた日本人「資本家たち」を暗殺する企て(神兵隊事件など)を題材として、日本人が感じた苦い思いを強く訴えている。

三島の創作は、戦時下にあっては多くの兵士たちにとって現実であった。彼はこのような詩を引用する。

洋分《ようふん》を除卻《じょきゃく》して國恩に答えん
決然として豈《あ》に人言を省るべけんや
唯だ大義をして千載に傳はらしめば
一死元来論ずるに足らず(30)

『奔馬』に描かれた狂信性が日本軍の感情をなんらかの意味で反映するものであるとしたならば、そして大勢の連合軍捕虜を監督する時に人道主義の痕跡すら失われていたとしたならば、待ちうける前途は暗いものであったと言わざるをえない。

第三部　新天皇への旧い衣服

第八章　戦争捕虜と恥辱

大和魂と「臥薪嘗胆」

日露戦争の終結後、軍閥によって始められた国民を戦争に向けて訓練する事業は、究極において日本軍の規律に基礎を置いていた。部下を確実に実戦に即応するよう整えること、部下にけっして降伏してはならないと教え込むことなどは将校の義務であった。日本人たちは、自分たちが選ばれた民であること、彼らの天皇が神の子孫であること、隔絶した島国に住んでいるがゆえに人種的に純潔であることなどを常に信じていた。多くの人々にとって、西洋諸列強の圧迫から東アジアを解放することが使命であった。

一九二〇年代後半から一九三〇年代の日本の学童たちは、一八五〇年代に西洋列強によって日本に押し付けられた「不平等」条約、鹿児島湾攻撃を招いたリチャードソン事件〔生麦事件〕、および長州砲台の砲撃について教わっていた。ある人は以下のように書いている。

歴史の授業が、人々の心に、ある憤りの感情を深く植え付けた。我々は、一八九四年から九五年の日清戦争における勝利の結果得た満州への領土的な拡張の成果が、フランス・ドイツ・ロシアの威嚇によって奪い去られたことを学んだ。……この三国干渉を思う時、我々は先生が引用した「臥薪嘗胆」

という言葉と、フランス・ドイツ・ロシアという国名にまとわりついていた一種の憤りをも同時に思い起こすのである。(1)

日本人の眼にはさらに屈辱と映ることが続いた。一九一九年の国際連盟の創設に際して、勝利した連合国の一員としての日本が提唱した「人種の平等」をうたう簡単な宣言が拒否されたのであった。当時、理想主義的な平和愛好者として、アメリカ大統領ウッドロー・ウィルソン（Woodrow Wilson）(2)が民主主義的な価値を信奉しそれを主張していた。しかし、日本人にとってはこれすらも偽善的な香りのするものに見えた。さらに追い討ちをかける事態が生じた。オーストラリアとアメリカ合衆国がとくに日本人を排除することをねらった厳格な移民法を成立させたのである。

このアメリカの移民法を「凡そ我が国民的生活の最近五〇年間に於て、此程不愉快なる事は未だ曾て出会したる例がない。有の侭に云えば、日本国民は、未曾有の侮辱を被った」と表現したのは、徳富蘇峰であった。徳富は「此上は如何にすべき」とのみずからの修辞的な問いに、「第一は穏忍だ。第二は養力だ。吾人は恥を忍ばねばならぬ。恥を忍ぶと同時に、如何にして恥を雪ぐかを、熟図せねばならぬ」と答えた。(3)

けっして降伏してはならないと心に深く思い込まされた日本帝国軍の兵士にとって、戦争で捕虜になることは耐え難いものであった。ある日本人はこう述べている。

捕虜になることなどまったく耐えられないことであった。我々の慣習と歴史は異なっている。アメリカ人・オーストラリア人捕虜が、彼らの無事が故郷の家族にわかるように、彼らの名前を故国に知らせてほしいと実際に要求するのを知って驚いた。我々ならばけっしてそれを家族の負い目にしないであろう。手紙を一通も受け取らなかったし、期待もしていなかった。我々はすでに死んだ人間であった。我々は不名誉な人間であり、日本人としての命は終わったと実感していた。率直に言って家族と再会することはあるまいと思っていた。[4]

恥辱と捕虜

敗北者をまちうける運命は死であった。これ以外日本人にはなかった。燃えるような絶頂が、先立つ者すべてにとってふさわしい終幕として訪れなければならなかった。アイヴァン・モリス（Ivan Morris）はつぎのように説明している。「敗北に直面しての気高さとは人生の崇高な悲劇を示すものであった。英雄的な誠実さの究極の基準とは、人がその人生の終わりと向かい合う態度の中にあった」[5]。勝利した軍は、敗者の兵士がみずから死を選ぶことを保証した。なぜなら捕虜にとられることはかつてほとんどなかったからである。野蛮な仕打ちが不可避であった。生き長らえて捕虜となることは大きな不幸であった。

「戦陣訓」としても知られる日本軍の戦場規律が一九四一年一月八日に発せられた。そこには、「夫れ戦陣は大命に基き皇軍の神髄を発揮し攻むれば必ず取り戦えば必ず勝ち遍く皇道を宣布し敵をして仰いで御稜威の尊厳を感銘せしむる処なり。されば戦陣に臨む者は深く皇国の使命を体し堅く皇軍の道義を持し皇国の威徳を四海に宣揚せんことを期せざるべからず」とされていた。本訓其の二の八は、「生きて虜囚の辱を受けず」と規定していた。[6]

太平洋戦争において、日本人たちは極限まで「降伏せぬこと」をみずからの心に決めていた。[7] 刀折れ、矢尽きた時、兵士は最後の手榴弾を自決のために残しておいた。敗北が確実になった時、たとえ適当な装備がなくとも兵士たちは一団となって敵に最後の自殺的な総攻撃を仕掛けたのであった。一九四五年の戦争終結間近の北ビルマ撤収作戦において、一万七一六六名の戦死者を記録した一方で、「降伏したのは」

敵を威嚇する甲冑に身を包んだサムライの戦士．サムライの諸特徴は，近代的な装いのもとに1941年から45年の戦争において日本人兵士の中に受け継がれた．

一四二名であった。捕虜となった人の多くは、その時戦傷を負っていたか意識不明の状態であった。

西洋の戦士も同様に勇敢であったが、戦闘敗北後の唯一の選択肢は降伏であり、それは不名誉なことではなかった。日本人にとって捕虜の地位は大きな不幸であり、それは自身のみならず先祖や子孫にも不名誉となることであった。彼らにとって「虜囚」あるいは「俘虜」というレッテルを貼られること以上の屈辱はなかった。

一九三〇年代、「満州事変」の際に合衆国大使として東京にいたジョセフ・C・グルー(Joseph. C. Grew)が、日本政府に日本兵の何名かが捕虜となったことを伝えた時、次のような答えが返ってきた。「日本国政府はそのような情報に興味はありません。日本政府に関する限り彼らは公式的には戦死しております。もし捕虜として認められるならば、恥辱が彼自身の家族はもとより日本国政府、日本国民に及ぶことになります」[8]。

日本人たちは、捕虜となることを考えていなかった。ある捕虜は、オーストラリア人の尋問に対して次のような態度をとったと言う。

その捕虜は捕えられた時に殺されると思っていた。捕虜となるよりはそうされることを望んでいた。人間として彼は故国の人々と再会したい気持ちをもちろんもっていたが、同様の状況にあるすべての日本軍兵士と同じように、二度と国に帰ることはないだろうとその時点で思っていた。どんな場合でも、帰還すれば処刑されるのが常であったし、このことについて彼が若年であるとの配慮がなされるとは思えなかった。息子の顔を見るのは両親にとって喜ばしいことかもしれないが、彼らは子供が屈辱を受け虜囚となってまで生き長らえることを期待してはいなかった[9]。

西洋人の捕虜の場合、家族たちが彼らの生存を確認できるように赤十字が中心となって捕虜の情報を収集することが大いに歓迎された。日本人にとってそれは相違以上のものであった。彼が家族を辱めたことなどもっとも聞きたくないことであった。日本人の捕虜は、家族に手紙を送る赤十字の諸手段を利用しなかった。彼が捕虜である限り、「彼は日本に顔を向けることはできなかった」し、それまでの人生に関する限り彼は「死んだ」のであった[10]。

捕らえられた日本人が彼らの名前と階級をしばしば告げようとしなかったのは事実である。彼らはよく「有名な戦士や歴史上の英雄」[11]の名を代わりに使い、彼らの捕縛者を欺いた。捕虜になったらどのようにすべきか、あるいはまた赤十字の戦時における仲介者としての役割について彼らは何も知らなかった。戦後に国際赤十字が報告したところによると、「東京の事務局には日本人捕虜名簿と捕虜からの手紙類が手つかずのまま放置されていた。もし安堵どころか悲しみを与える知らせを親族に伝えることになれば、情報局はもっと残酷な振る舞いをすることになってしまうと思った[12]」のであった。この熟慮は奇妙であった。赤十字が、日本人兵士の国際的な基準による物事の処し方を妨害したのである。本来、この団体は政治的な国境を越えて国際的に活動するように組織されていたはずである。

死が戦場での勝利であるとするならば、無能力となった責任がたとえ自分になくとも、傷病者の居場所はなかった。彼らは「損傷した」のであり、軍事的な意味では利用価値のないものであった。ニューギニア、ボルネオ、セレベスなど日本から遠く離れた戦場で日本軍が最終的に撤退する際に、傷病者を救うための移送計画が練られることはなかった。彼らは見捨てられたのであった。彼らは自決したか（手榴弾がよく使われた）、あるいは、撤退する軍医が出発の前に彼らを射殺したのであった[13]。この方針が、一九四四年から四五年の太平洋戦闘地域からの撤退時にも続いた。

ニュージーランドとオーストラリアにおける日本人捕虜

日本人捕虜の行動様式を見ると、日本人の心のうちにどこまでこれらの考え方が浸透していたかがわかる。多くの死者を出した未曾有の大規模な脱走がニュージーランド[14]・オーストラリア両国の捕虜収容所で起きた。暴動に火をつけたと見られる「不平」があったことは事実である。しかし、不名誉な捕虜という立場から解き放たれねばならないとの気持ちにとりつかれていたことも明らかであった。ある日本人はこう書いている。「政府がすべての授業科目と教科書を用意しました。……これは結果として『規格化された心性を備え、政府が選択した共通の情報をもち、画一的な考え方をする大量の少年たちを作り出した』のです[15]」。捕虜収容所においても、兵士や水兵たちは依然として狂信的な将校とか下士官の影響下にあった。

ニュージーランドの場合、陸上で捕らえられたり海上で救助された八〇〇人ほどの日本人捕虜が、一九四二年九月からしばらくの間フェザーストン（Featherston）に収容されていた。一九四三年三月までにはこれらの人々は六〇エーカーの広さの木造収容施設に入れられた。その施設には、食堂・シャワー室棟・屋根付きの便所が含まれていた。それらは、中立の赤十字視察者によって「風通しが良く、明るい」と記述されている。衣服も毛布も十分にあり、食糧も豊富であった。一日の配給は、「六オンスの肉または魚、四オンス（後には一〇オンス）の米、一二オンスのパン、それに牛乳、バター、新鮮な果実」[16]であった。ここにやって来た多くの日本人が熱帯病や栄養不足による病気に罹っていたが、ほとんどすべての人が数カ月もすると良好な健康状態になった。捕虜のうち約五〇〇人が「帝国陸軍作業部隊の所属」であった。これらの人々はさしたる問題もなくニュージーランドの規律を受け入れた。しかし、陸軍正規兵、航空兵や八名の海軍将校、何名かの海軍水兵などからなる残りの捕虜たちは危険であった。命令に背き、掃除や他の下賤な仕事を拒否し、一般的に言って野蛮で、不服従の空気をそこに醸し出していた。この行動が、ニュージーランド人たちに特別な警告を与えたわけではなかった。なぜなら彼らは、この協調の欠如をヨーロッパでドイツ軍の手中にある連合国の捕虜の行動と似たようなものであると信じていたからであった。フェザーストンの日本人捕虜は誰も故国に手紙を書く機会を利用しなかった。

フェザーストンの質の高い環境にもかかわらず、日本人たちと衛兵との間には誤解の高い壁があった。一九四三年初めの戦争のこの段階で、一九四二年にシンガポールが陥落し、英国海軍の二隻の軍艦、プリンス・オブ・ウェールズとレパルスをマレー近海で失った後だけに、ニュージーランド人たちは精神的に緊張し神経質になっていた。日本人たちは、戦争捕虜についての赤十字協定を一切知らなかったし、加えて帝国の規範にふさわしい生き方ができなかったことに対する負い目を背負っていたので、同じように神経質になり意気消沈していた。

一九二九年のジュネーヴ条約に厳密に則って運営されていたフェザーストンにおいて、日本人捕虜の日課に関して重大な誤解があった。捕虜たちは、無償で自分たちの宿営を掃除し、整頓することが求められていた。将校たちはこの仕事を免除されていたが、これをめぐって混乱と怒りが収容所に満ちていた。日本人の敵意をかったもう一つのことは、水兵たちを自分たちより低い階級と見なされていた陸軍の作業部隊と一緒に働かせようとしたことであった。かくして、収容所周辺の家内労働に属するようなことをさせる命令が、彼らを侮辱するための意図的なものに思われた。

緊張は、一九四三年二月二五日に海軍水兵と陸軍正規兵とからなる一団の作業班が行進を拒否した時、頂点を迎えた。二時間もの交渉が続いたが、ニュージーランド軍将校たちの脅しは捕虜たちに明らかに無視された。彼らは、どのみち協調する気は微塵もなかったのである。抗議を続けていた一人の日本人将校が排除された。もう一人はなおもニュージーランド人副官の方に進み続けたので、その副官はついに彼の肩をめがけて発砲した。この時までに二四〇名の捕虜に三四名の武装したニュージーランド衛兵が対峙していた。捕虜たちが前に詰め寄ると衛兵が発砲した。「一五から二〇秒」[17]続いた一斉射撃によって日本人四八名が死亡、六一名が負傷した。また、ニュージーランド兵一名が死亡、一七名が負傷した。[18]この事件の後、日本人の宿営からは、武器となるようなさまざまな家事に使う道具が発見された。

この事件の知らせは日本の当局にも通知され、政府はこれに抗議した。ニュージーランド政府は、フェザーストンの死者を出した事件が、すでに日本の手中にあってひどい仕打ちを受けようとしているニュージーランド人捕虜に対する報復に火をつけないかと心配した。ジャワ島のジャールマークト（Jaarmarkt）収容所では、ニュージーランドの収容所で一一一名が犠牲となったことを伝え、これについて納得のいく説明がない限り報復がありうるとした掲示が貼り出された。

一九四四年八月五日午前一時四〇分、オーストラリア、ニュー・サウス・ウェールズ州のカウラ（Cowra）収容所で大規模な脱走事件が発生し、日本人死者二三四名、負傷者一〇八名、オーストラリア人死者四名、負傷者四名を出した。当時から長い間にわたって、オーストラリア当局はこの事件が公にならないように神経を使った。しかし、発生の事実関係についての新しい解釈はもちろんのこと、日本人・オーストラリア人双方の目撃者の記録が戦後になって公刊された。当時カウラ収容所の衛兵の一人であったケネス・シーフォース・マッケンジー（Kenneth Seaforth Mackenzie）は、戦後になって『死者の蜂起（*Dead Men Rising*）』という小説を書いた。この小説は収容所を警備した兵士たちの生活を綴ったものであるが、当時のオーストラリア人の日本への態度を明らかにしている。一人の兵士はこう語る。「またジャップか。奴らは人間ではなく醜い小さな動物だ」。また、他の兵士は、「日本人捕虜。敵にも不要な代物」とのラベルをすべての捕虜の額に貼りつけて日本にパラシュートで投下してしまえとまで言っている。[20]

一九四四年ともなるとフェザーストン暴動があった一九四三年二月に比べて捕虜たちの士気は大きく異なっていた。日本人たちは、自分たちが負けることは信じたくなかったが、戦況が思わしくないことだけは知っていた。逆にオーストラリア人たちは、ドイツも日本も屈服せざるをえなくなるだろうとますます楽観的になっていた。

カウラ暴動の直接の原因は、日本兵捕虜が収容所にとめどもなく送られて来るので、オーストラリア当局が、下士官や一般兵の捕虜を将校から分離する決定をしたことにあった。一九四四年三月には四三九名の日本人が「B」収容所にいた。逃亡の企てがあった時までにはその数が一一〇四人になっていた。オーストラリア人たちは、このカウラ収容所が込みすぎていることを知っていた。また、一九四四年六月三日にカウラに着いた朝鮮系の日本人捕虜の一人から騒動が起きそうだと警告されていた。衛兵に最新の自動火器を持たせたり、監視を強化したり、一部の捕虜をヘイ（Hay）の収容所に移送するなどの措置がとられた。

八月四日に収容所指揮官が日本人捕虜のリーダーに、八月七日月曜日を期して上等兵以下の捕虜を移送すると通知した。日本人たちは抗議した。しかしこの決定には議論の余地がないことを告げられた。宿舎に戻ると各宿営のリーダーたちが満場一致で「たとえ犠牲者が出ようともこの下士官と兵との分離に反対すること」を決めた(21)。オーストラリア衛兵と日本人捕虜、両者ともに緊張が高まっていた。突然一人の日本人が飛び出した。吹き鳴らされた警告のラッパが、「万歳」の叫び声の中では気も狂わんばかりの反抗行動の合図となった。捕虜たちが宿営から囲いのフェンスの方に向かって勢いよく走り出した。

捕虜たちは二〇〇から三〇〇名の大きな一団となってフェンスに体当たりをした。彼らは即席の武器を手にしていた。また、逃亡を阻止するために囲いとして設けられた有刺鉄線の丸められた束を覆うために毛布を持ち出してきた。宿舎が火に包まれた。陽動作戦で誰かが火を点けたのであった。オーストラリア人たちの最初の発砲が不運にも電線を切断してしまっていたので、この火事が偶然にも唯一の灯《あかり》となった。三〇〇名を超す捕虜が囲いのフェンスを抜けて逃亡した。他の場所を破って逃走しようとした者は、殺されるか負傷した。五〇人ほどが日本人将校用の「D」棟に侵入し夜明けまでそこにいた。一人が死亡し一人が負傷したが将校たちはこの暴動には加わらなかった。

一九四四年八月のオーストラリア、ニュー・サウス・ウェールズ州のカウラ収容所の場合、捕虜たちの行動を刺激したのは、捕虜の過密な収容と冷酷な上級曹長が何かの脅迫感にとりつかれていたことであっ

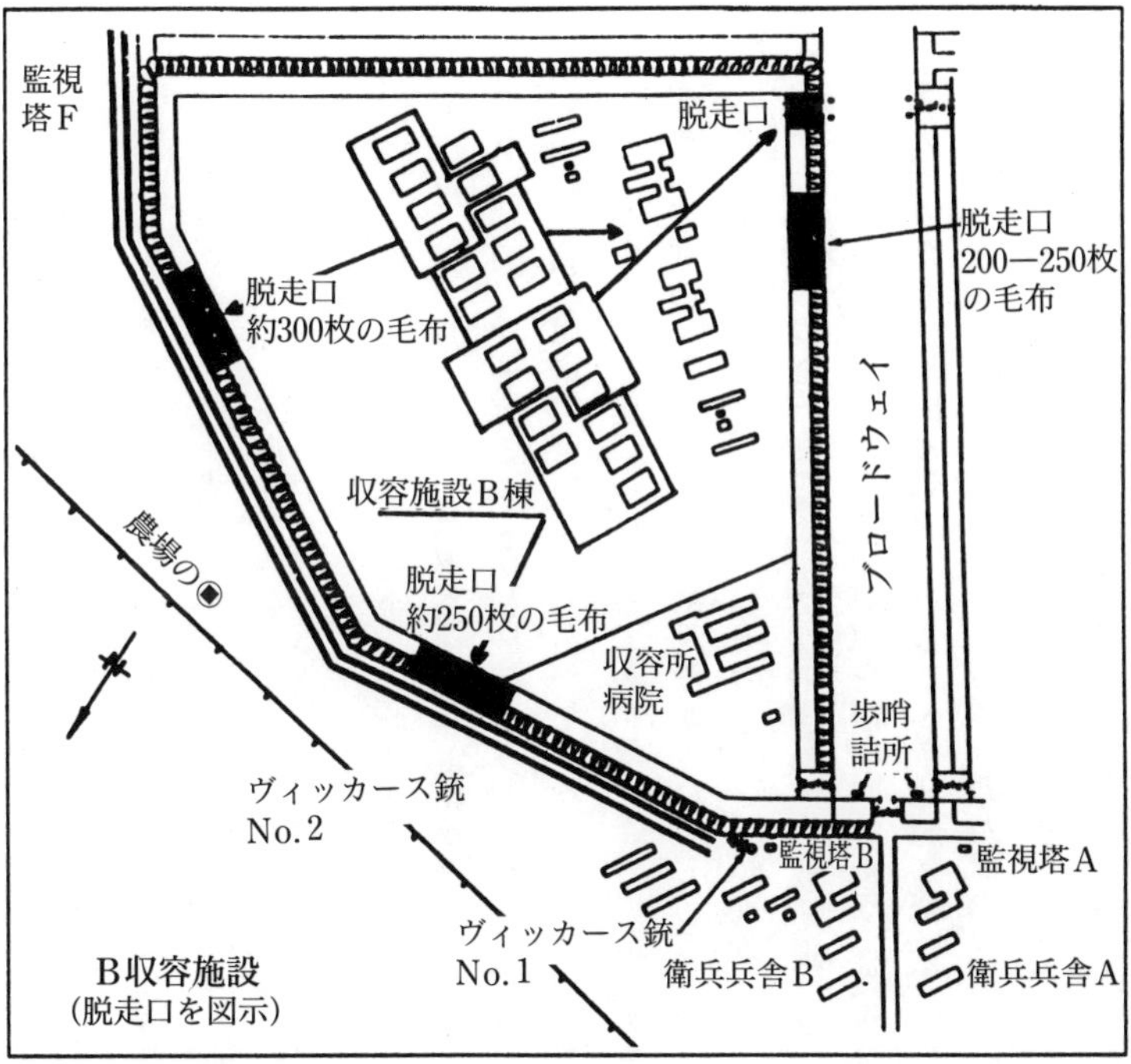

1944年8月に300名以上の日本人捕虜が脱走したオーストラリア,
ニューサウスウェールズ州カウラ収容所の日本人収容施設平面図

た。この脱走事件は、日本人二三四名オーストラリア人四名の命を奪い、一〇八名の日本人負傷者を出して終わった。[22]

三三四人の脱走者を捕らえるのにオーストラリア側は九日を費やした。そのうち二五名はさまざまな方法で自殺をはかった。脱走者を捜索していた非武装のオーストラリア人将校一人が襲撃され殺された。幾人かの日本人が女性と子供しかいない人里離れた農場に現われる事件があったが、オーストラリアの民間人に被害はなかった。

ニュージーランドのフェザーストンの脱走事件とオーストラリアのカウラのそれとはやや異なったところがあった。フェザーストンの場合は、陸軍作業隊（彼らと同じような階級は日本海軍にはなかった）と一緒にあるいは同じ仕事をさせようとしたニュージーランド当局の決定に対して抵抗した海軍将校に指揮された約二四〇名の海軍兵士の反乱であった。カウラでは、あらゆる部隊や商船隊から集められた捕虜が下士官たちに率いられて起こしたものであった。この場合、おそらくカウラの将校捕虜たちは他のどの階級の人々とも特別に「親しい」関係にはなかったのであろう。

すべての暴動参加者は、捕虜としての「恥を拭い去る」ことを目指していたようである。以前の規律と言葉づかいが変わった一九四一年に採用された『戦陣訓』は、もとカウラ収容所の捕虜によると、「日本の兵士すべてが、旧いサムライの美徳を信奉するように教育される」ことを確かなものとしていた。[23]

日本人捕虜たちは故国に送還されることを心配し続けていた。なぜなら「帝国軍隊には捕虜となった者は誰でも死刑となる厳格な規則がある。多くの人が二度とけっして故国に帰ることはないと考えていた」のであった。また別の人は、「我々は不名誉な捕虜となったのだから、日本には帰りたくなかった。もしニュージーランドに残ることが可能であったなら、多くの人がそうしようとしたでしょう。だが、彼らは強制的に我々を送還したのです」と述べている。[24]

しかし、元捕虜が帰国した日本はかつて彼らが離れた故国とは違っていた。ある元捕虜の記すところによると、「幸か不幸か日本はその歴史に例をみない無条件降伏をしたのです。すべての国土が占領され日本人皆が捕らえられたと聞きました。そこで我々も帰国はやむをえないと決心した」のであった。またある元捕虜は、「日本の無条件降伏と旧帝国の崩壊が、はじめて捕虜についての伝統的な原則を破棄することになった」と書いている。[25]

カウラの捕虜たちは帰国し、知る限りにおいて家族と再会を果たした。しかし、けっしてそこで彼らが経験したことを話すことはなかった。他方、フェザーストンの捕虜たちは、帝国海軍が培った戦友意識に基づいて、フェザーストン協会を設立した。そこにはニュージーランド人も招待された。

ニュージーランドのフェザーストン、オーストラリアのカウラ、両事件からすでに相当の年月が流れた。今日、日本は経済大国として世界の中にしっかりとした地位を得ている。「虜囚」、恥辱、戦争捕虜という観念はすでに遠いものになってしまったかもしれない。しかし、一七〇三年にみずからの名誉のために切腹した四七人の浪人の墓前に蠟燭を灯し参詣する日本人たちの絶え間ない流れを品川近くの泉岳寺に見る時、人々は「あるいはまた」とも思うのである。

第九章　苦難の捕虜

日本の侵攻

一九四一年九月、日本は、ヨーロッパでのフランスの敗北、占領の機会を活かして六万の兵力をもってフランス領インドシナに上陸した。[1] 一九四一年一二月七日〔現地時間〕には真珠湾でアメリカを、香港ではイギリスを攻撃した。香港は、一九四一年一二月二五日に陥落した。日本軍は驚くべき速さでマレー半島を南下し、一月の末にはシンガポールを包囲した。[2] 香港とシンガポールには、イギリス人のほかにオーストラリア人、カナダ人、ニュージーランド人などが生活していた。一九四二年二月一五日にシンガポール総督パーシヴァル将軍（General Percival）[3] が無条件降伏を強制され、このことによって彼の部下七万人弱が日本の捕虜となった。[4] 一九四二年二月二〇日には、オランダ領東インドのチモールに日本軍が上陸し、続く二週間余りのうちにスマトラ島そしてジャワ島でのオランダの抵抗を屈服させた。三月九日にはスタルケンボルグ将軍（General Starkenborgh）と九万名近いオランダ人がやはり日本の手に落ちた。五月六日には五カ月の攻防の後、フィリピンのコレヒドール要塞が陥落し、ウェインライト将軍（General Wainwright）が五万名の兵とともに降伏した。このようにして日本は効果的に東洋における列強植民地帝国の終焉を導き、黄色人種の優越性を誇示した。また同時に、二〇万人にものぼると思われる連合国市民の運命を預かることにもなった。[5]

前例を見ない速さでの侵攻のために、一九四二年の前半にはあまりにも多数の敵兵が東南アジアでみずからの手に落ちたことを知り、日本人たちが驚き慌てたことは疑いがない。このように大勢の人々を収容する方法をさしあたっては見つけなければならなかった。一般的に言って、熱帯地方では衣類や履き物はめったに支給されなかった。したがって、捕虜たちは次第に乏しくなる自分たち自身の持ち物からそれらをまかなわざるをえなかった。基本的な食糧は米で、これにときどき野菜が加わった。ある地域（とくにジャワ）では、食糧が豊富で、捕虜たちが飢えることはなかったはずである。しかし、大東亜共栄圏の他の地域では、正真正銘の食糧不足が起きた。捕虜収容所・鉱山・採石場などでは、東南アジアで典型的に見られた粗末な住居が使用された。あらゆる種類の大きな建物が使用された。捕虜の取り扱いについての基本的な諸原則を定めた一九二九年のジュネーヴ条約を日本は批准していなかった。事実、北部の諸地域、とくに日本本土については、厳しい制限付きではあったが赤十字の視察が何度か許された一方で、東南アジアについては赤十字国際委員会の活動は事実上否定された。

戦時において人々を救援する、国際的な組織としての赤十字の考え方（この世紀初めには日本でよく理解されていた）が、一九四〇年代には放棄されていた。赤十字国際委員会によって多くの救援物資が日本に渡された。[6]これらの一部分は捕虜に支給された。だが多くは、戦争が進むにつれて自身が深刻な物不足に悩むようになった日本人たちによって用いられた。規律を強制するためにとられた野蛮な行為が、食糧・衣服・住居についてすでに受けている捕虜たちがあらゆる苦難をさらに厳しいものにした。

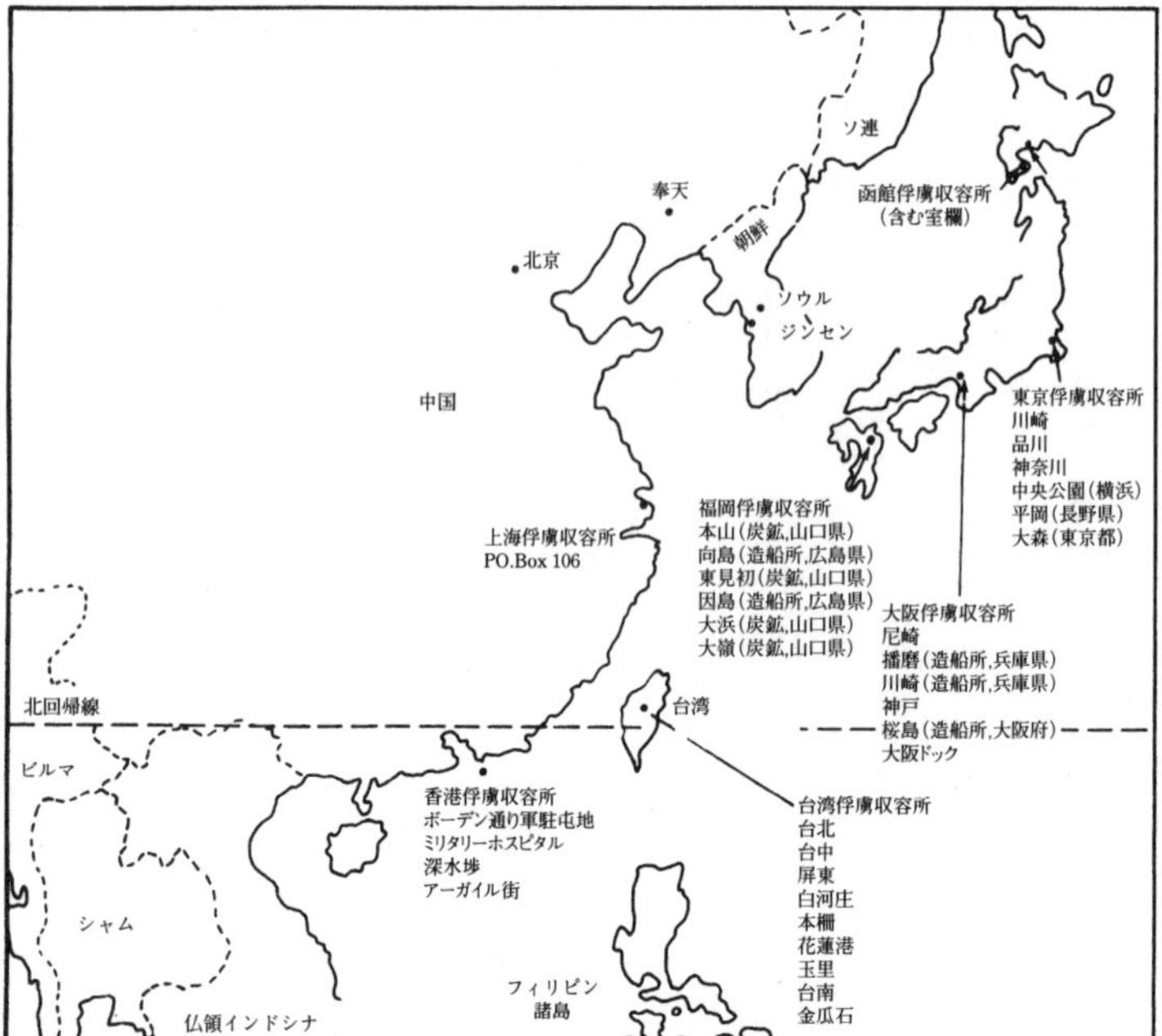
ソ連
奉天
函館俘虜収容所
（含む室欄）
朝鮮
北京
ソウル
ジンセン
中国
東京俘虜収容所
川崎
品川
神奈川
中央公園（横浜）
平岡（長野県）
大森（東京都）
福岡俘虜収容所
本山（炭鉱,山口県）
向島（造船所,広島県）
東見初（炭鉱,山口県）
因島（造船所,広島県）
大浜（炭鉱,山口県）
大嶺（炭鉱,山口県）
上海俘虜収容所
PO.Box 106
大阪俘虜収容所
尼崎
播磨（造船所,兵庫県）
川崎（造船所,兵庫県）
神戸
桜島（造船所,大阪府）
大阪ドック
北回帰線
台湾
ビルマ
香港俘虜収容所
ボーデン通り軍駐屯地
ミリタリーホスピタル
深水埗
アーガイル街
台湾俘虜収容所
台北
台中
屏東
白河庄
本柵
花蓮港
玉里
台南
金瓜石
シャム
フィリピン
諸島
仏領インドシナ
所在地不明の
諸俘虜収容所
マラヤ
ジャワ島
ボルネオ島（除クチン）
マラヤ
クチン
サラワク
チャンギ
赤道
ボルネオ
スマトラ
ジャワ

捕虜収容所所在地（1941-45年）

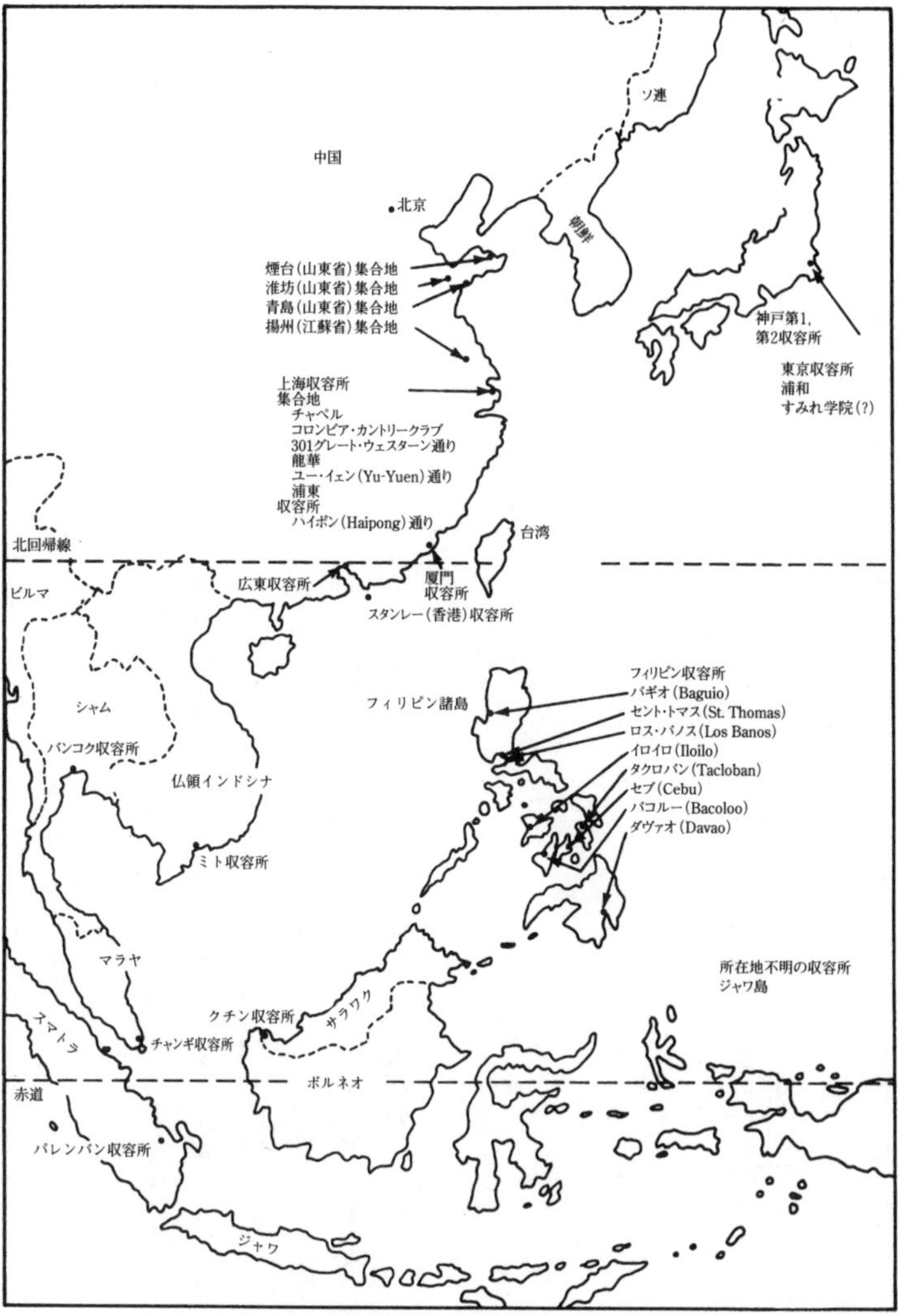

民間人抑留施設及び集合地点所在地（1941-45年）

長い間の帝国式のやり方

野蛮な肉体的制裁をもって、厳密な上下関係をあらゆる場で強制する。このような手段によって、日本軍は自身の兵士を掌握する方法を確立し維持してきた。新兵は、給仕・掃除・洗濯などを行ない古参の兵に奉仕した。朝夕の点呼は同じ様式に従って行なわれ、天皇への礼拝の日課も確立した。

それぞれの隊の点呼が終わった後、兵士たちに「東に向かい宮城を遙拝」、「最敬礼」との号令が掛けられた。彼らが、身体を腰から深々と折り曲げ、数秒間そのままの姿勢を維持する間、絶対的な沈黙が続いた。「気をつけ、回れ右」の後、「うやうやしく軍人勅諭五項を暗誦」の命令が発せられた。大きな、軍人らしい怒声がこれに続いた。兵たちは大声でつぎのように唱えた。

一つ、軍人は忠節を尽すを本分とすべし、
一つ、軍人は礼儀を正すべし、
一つ、軍人は武勇を尚ぶべし、
一つ、軍人は信義を重んずべし、
一つ、軍人は質素を旨とすべし。

これらは、すべての兵士が暗記し、復唱するのに一五分を要した軍人勅諭の一部であった。

軍人勅諭、もしくはその要点の唱和の後、号令が再び発せられた。「東を向き、宮城を遙拝。最敬礼。気をつけ。回れ右」。実践的な理由から、天皇は常に東に居ることになっていた。いずれにせよ、東は、太陽の昇る方角である。太陽の女神、天照大神の子孫である天皇を遙拝するのに、東は正しい方角であった。[7]

この点呼の間に服装検査が行なわれるが、その検査ではきわめて些細なことまでも咎められた。釦のかけ忘れは、暴力的な釦のひきちぎりを招くこともあった。検査する将校が、その兵士の服のありとあらゆる釦をちぎり取り、自分のポケットに入れてしまうのである。もし、罰則を受けた兵士が幸運であるならば、彼は替えの釦を見つけだし翌朝までに縫い付けることができた。しかし、幸運に恵まれない時には、彼は激しい平手打ちを受けることになったかもしれない。この罰則は、顔の側面に激しい一撃を加え、人に屈辱感、衝撃そして傷みを与えるように意図されたものであった。

日本陸軍にはつぎのような冗談があった。

中尉が少尉をビンタした。少尉は軍曹をビンタした。軍曹は伍長をビンタした。伍長は上等兵をビンタした。上等兵は一等兵をビンタした。一等兵は二等兵をビンタした。二等兵はビンタする相手がいないので、厩に行き馬を蹴飛ばした。[8]

一九四二年から四五年の間の年月、まさにこの馬の役目をしたのは連合国捕虜であった。

これから述べることは、戦後になってからオーストラリア・イギリス・カナダ・ニュージーランド・アメリカなどの人々が刊行した多くの出版物から集めた話を材料としている。この種の出版物が数多く刊行されたこと自体が、これら三年半もの間、例を見ない暴力的な処遇にさらされた人々の怒りをある意味で示すものである。

タイ－ビルマ鉄道（泰緬鉄道）

その地方の人と物資の移動を円滑にするために、シンガポール・バンコク間鉄道をラングーン・イェー間鉄道と連結する工事が日本陸軍の南方軍鉄道部隊の手によって行なわれた。日本人たちは、この連結工事の完成を切望していたので、捕虜たちを無慈悲にも酷使した。この結果、連合軍捕虜やこの建設作業で強制的に働かされた他の「クーリー」たちを収容した最も悪名高い死の収容所が生まれた。

工事は、南と北双方から同時に一九四二年一〇月二日に始められた。[9] 埋めるべき間隙は二六三マイル（四二一キロ）であった。三三万人（クーリーやその地方の人々）が工事にかかわったが、そのうちの六万一〇〇〇人が戦争捕虜であったと信じられている。大がかりな土砂や岩の取り除き作業が、鶴嘴・斧・シャベル・ハンマーなどの最も原始的な道具を携えた手作業によって行なわれた。これらの作業を担ったのは、半ば飢餓状態で、病気に冒され、みじめな雨季の気候に身体を破壊された人々であった。

犠牲者は恐ろしい数にのぼった。一九四六年に連合国戦争墓地登録所は、この鉄道のために一万二五〇〇人の捕虜が死亡し、七万人を超すビルマ人・タミル人・ジャワ人・マレー人・中国人がやはり命を落としたと計算した。この数値は過小な推計である可能性が高い。

この部分の記述は、多くの人々の経験に基づくものであるが、とくに一人のオーストラリア人の記録によるものである。[10] 彼は、日本に移送される前に、ジャワとタイでの捕虜としての日々を綴った日記を、ビルマ鉄道のオーストラリア人の軍医将校であった「疲れ果てた（Weary）」ダンロップ（Dunlop）大佐に託したのであった（『イギリス医学雑誌』（*British Medical Journal*）に掲載されたエドワード・ダンロップ卿自身

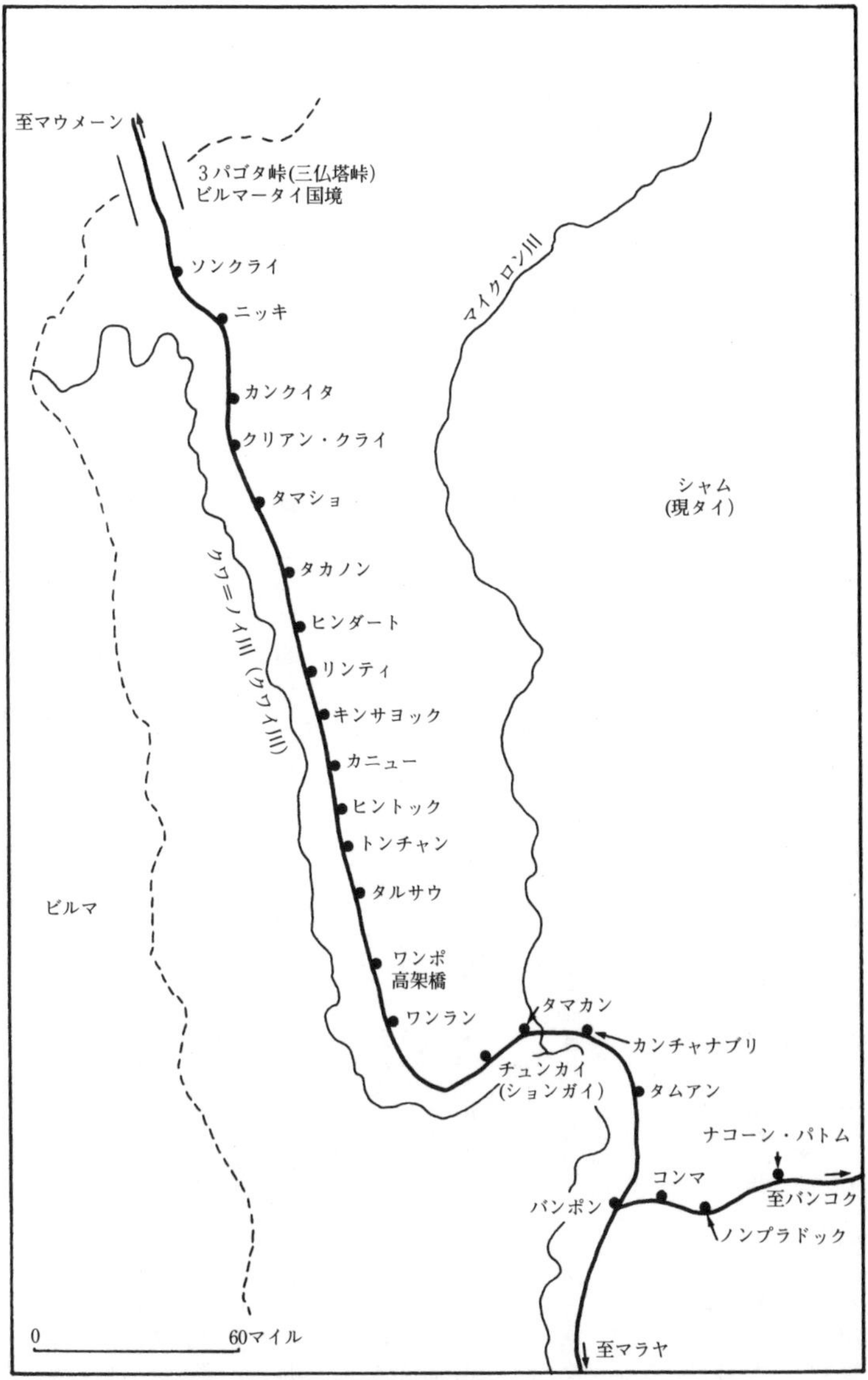

ビルマ－タイ鉄道上の主な捕虜収容所（1942年10月以降）

による彼が担当した人々の健康管理についての論文を付属資料Bに転載した)。

鉄道の仕事は基本的に肉体労働で人海戦術によるものであった。人々はまず密林と竹林の伐採の仕事に取りかかった。木を切り倒し、それらを線路敷設予定地から引きずり出す作業であった。

(ある日)四〇名の日本人と我々五〇人はマチューテ鉈、斧、それに経緯機を肩に担いで線路敷設地を切り開くために急斜面に向かった。むき出しの樹木と枯れた竹の葉の焼けつくような乾いた日陰のない単調な道をたどった。五マイル(八キロ)ほど行ったところで北に進路を取り岩が割れてひっくり返ってできた大きな岩棚の山側の部分に着いた。我々はそこを測量したり、視界を妨げる竹や樹木を切り倒すことに暑い午後の時間を費やした[11]。

ジャングルでの木の伐採は、ツタや蔓が大き目な樹木すべてに巻き付いていたので、危険で辛い労働であった。その後で人々は地面そのものと格闘しなければならなかった。ある人は次のように述べている。

「受け持ちの場所の発破作業が終わってから、岩を取り除く作業を行なっていた。開鑿した場所の両側にそそり立つ新しい粗削りな石灰岩の壁の間で我々は、鶴嘴・スコップ・チャンケル・バケツをもって破壊された岩のかけらと格闘した。石灰岩の白い壁は熱を反射し、ギラギラと輝き我々をほとんど焼き尽くし、失明させてしまうのではないかと思わせるほどであった」。

次の週も、また次の週も、身体を消耗させる辛い労働が続いた。

当面の生活の中心は、土手作りであった。それは、小山から橋に至る地点の湾曲した土手であった。二三フィートばかりの高さの土手で、七メートル土手と呼ばれていた。籠また籠、「もっこ」また「もっこ」、我々はジャングルの岩の間から削り取った土を運び、それを踏み固めてゆっくりと土手を作り上げていった。これはまさにクーリーの仕事であり、単調この上なかった。一人で物事を観察し思いをめぐらせることが唯一の慰めであった。[12]

捕虜たちは、石灰岩の発破作業の準備にも携わった。金属製の穿孔錐をハンマーで打ち込む作業をしなければならなかったが、それは本当に身体を消耗させる作業であった。時々、穿孔錘を抜き上げ、石灰岩の粉を針金のついた柄杓で開いた穴から削り取り、そこに僅かばかりの水を入れてまた穿孔錘を元に戻した。チャリン、チャリンと錘を打ち込むごとに、水はミルク状になりさらに白いペーストのようになった。こうして二五センチ、五〇センチさらには一メートルとその岩を爆破するのに必要な深さまで、穴がゆっくりと掘り下げられていった。夕食時ごろ爆薬が装塡され、人々が待避し、発破作業が行なわれた。[13]

爆破作業によって周辺に飛び散った岩のかけらがよく作業員に当たった。このような環境ではこの種の事故は避けられなかったが、すでに意気を阻喪していた捕虜たちにとっては突然襲ってくるもう一つの災いであった。

ほとんど「ヤスメ」、休息日もない仕事のペース、すなわち「スピード」によってさらに厳しさを増した幾多の苦難の後に、その鉄道は一九四三年一〇月に完成した。

航海

多くの連合軍捕虜たちは、短命に終わった日本帝国の一つの地域から他の地域へと、捕獲者たちが労働力を最も必要と考えた場所に海上輸送された。戦争終結まで（たとえば泰緬鉄道敷設後）捕虜たちは北方の日本やその他の地域に移送された。この一九四四年の動きは、ちょうど日本が保持していた南方の遠隔占領地から日本を駆逐する連合軍の攻撃が激しさを増していた時期と重なっていた。ある場合には、捕虜たちは熱帯の地から北海道や満州の寒冷地に移送されることによって大いに苦しんだ。

航海そのものも悲惨であった。船は船齢が高く使い古されており、人々は甲板の間のスペースや貨物のための船倉に詰め込まれた。ハッチはしばしば当て木で密閉されていた。このため下痢や赤痢に罹っていた人々にとって、便所に行くことが苦痛であった。それは通常、船の舷側にせり出して設置されていたからである。甲板の上で運動することがある時には許された。しかしこれも天候不順時、入港時、あるいは陸地に近い時には許されず、捕虜たちは甲板の下に閉じ込められたままであった。

この悪名高い航海のいくつかの記録がある。[14] ここで見るのは、一九四四年七月一日から九月八日までにかけてシンガポールから門司に移送された一二五〇名の捕虜たちについてである。三、四千トンの部分的に焼け焦げた船は恐ろしいほどの状態にあり、鉄製砲丸を先込めするきわめて旧式の真鍮製のカノン砲を船尾に装備していた。一二五〇名(オーストラリア人一〇〇〇名、オランダ人二五〇名)ほどの捕虜たちは、船倉に詰め込まれそこで九週間を過ごすことになっていた。「船はまるで残骸であった。ギアは錆びてぼろぼろで、鋳物は欠けていた。メッキや金属屑の破片が散乱し、そのシリンダーは錆にほとんど侵され、錆の病魔が、船があたかもハンセン氏病に冒されているかのように船体を蝕んでいた。ボイラー管の被覆も腐食し潰瘍ができた手足のようだった」と記述されている。[15]

船首部分のデッキ下にやや開けた空間があった。多くの議論の末に捕虜自身の医者による診療所を開設することが許されたのはこの部分であった。この船はハッチの蓋を備えていなかったので、魚雷が命中したらたちまち沈没してしまうと思われても不思議はなかった。オーストラリア人将校が日本人と掛け合って、緊急時の諸手順についての演習を甲板上で行なうことを認めさせた。これらの演習は、本当に船が襲われたら役に立たないものであったが、捕虜たちの意気を昂揚させるためにはうってつけであった。

日本人警備兵を怒らせる出来事が生じるたびに、残酷なシーンが見られた。護送船団に対して連合軍の潜水艦が魚雷で攻撃を仕掛け、一隻に命中した。この時二名のオーストラリア人捕虜が「お見事」と叫んだ。すでに苛立ち、直撃を恐れて神経質になっていた日本人警備兵は、これに激怒し「捕虜たちに向かって突進し、むき出しの銃剣で危険にも竿叩きにしたのであった。捕虜たちがあわてて混乱し甲板の昇降口に殺到しその下に続く通路や梯子に群がったのでおびただしい数の切り傷、打ち身のけが人が出た(16)」。

船が、嵐の中で生存をかけて苦闘している時、多くの人々は激しい船酔いに苦しんだ。

背中を丸めて情けなく四つ足で這っていた。肩はすぼまり、肘の上に崩れかかり嘔吐する時わずかに顔を甲板の上でもちあげて汚れるのを防ぐありさまであった。胸は締めつけられ最後の一息までも絞り出していた。止めどもなく嘔吐し、内臓が喉を通して全部吐き出されているのではないかとの妄想にとりつかれおののいた。頭は、目に見えない巨人が指先を伸ばしちょうど蠅の頭をちぎりとるように引き抜いているのではないかと思われるほど激しく痛んだ。そしてこれらすべての苦痛の結果は、……一筋の粘液のみであった。

その船は嵐の中を生き残り、台湾の南のいくつかの島影に待避した。飲まず食わずの三〇時間の後、船の調理場の火が再びともされるようになって米が調理された。何カ月間かで初めてのことであり、食べることができる状態にあった捕虜には十分な量であった。しかし、彼らは長い間半飢餓状態にあったので、欲張って食すると収縮した胃が反抗して、結果としてさらなる苦痛を生じさせかねなかった。

人々は身体を清潔に保つことに大変苦労した。嵐の後、船倉がよく水漏れをしたお陰で、人々は新鮮な海水で身体を洗うことができた。身体を洗う海水を確保するために、彼らは船体の穴を大きくすることさえした。「村の泉」と呼ばれていたその穴は、すぐに日本人に見つかった。船の大工が大きな栓を作りそれを船体の穴にすばやく詰め込んでしまったのである。

八月三〇日、彼らは沖縄の主要港である那覇に一時上陸した。人々は、日本にほとんど到着したことを感じ、救われた気持ちになった。再び動き出した船が琉球列島を抜け日本本土に近づくにつれて、捕虜たちには、敵国についての好奇心が湧いてきた。この国の小さくて不格好な兵士が彼らをここに連れてきたのである。船は一旦鹿児島沖に停泊した後、海岸沿いに北上を始め、門司航路監視所から関門海峡を通過して九州に上陸するために長崎を目指した。

しかし、戦時に同じような状態の船舶で東南アジアの海を日本人兵士たちが動き回ったのも事実である。ある日本人兵士の記述によると、彼らは馬と人の空間とを上下に仕切った船倉に入れられた。[17]厩肥と腐った敷きわらの臭いが強烈であったと言う。

鉱山

本州南西部、九州、北海道、そして満州と連合軍捕虜たちは、日本帝国の広範な地域の鉱山で厳しく極度まで疲労させる仕事に従事した。地下坑道が小柄な日本人向けに掘られていたので、白人たちは耐え難い困難を抱えることになった。

粗野で厳しい鉱山の労働にもかかわらず、概して捕虜たちは鉱山関係者からひどい取り扱いを受けることはなかった。実際、戦時としては、鉱山会社は捕虜労働者に対して最善を尽くした。彼らが故意に残虐になることはめったになかった。大浜鉱山会社[18]〔山口県〕に配属された一グループにとっては、この雇用者の交代がとくに歓迎すべきことであった。なぜなら彼らが到着すると、それぞれの捕虜たちにイギリス人捕虜が焼いた小さなロールパンが配られたからである。この収容所の通訳が田中という日系アメリカ人であったので、彼のバイリンガル技能が捕虜たち皆の生活をさらに楽なものにした。

その鉱山で、捕虜たちは鉱山警備員とともに鉱山職員に迎えられた。鉱山職員たちは驚いたことにやさしさをもった年長の人々であった[19]。そこには近隣の村からの婦人や子供が出席していた。このような人々の存在は、捕虜たちに故郷や家族のことを思い起こさせるのみならず、敵国人も人類の一員なのだと感じさせるものであった。鉱山職員たちは、捕虜たちの助力を歓迎すると述べ、これから宿舎に案内するので仕事を始める前にそこで休息し船の長旅の疲れを癒すようにと告げた。

捕虜たちは、一室一二畳の部屋に割り当てられた。それぞれの畳の上には、すべて新品の薄い綿入りの敷布団と綿の上掛けがあった。それぞれが寝場所を確認した後、石鹸を使い入浴することができた。この幸運を彼らは信じられなかった。二年間も野外で生活したこの一団の捕虜たちにとって屋内で暮らすことはこの上ない贅沢に思われたからである。

南方から到着したばかりの捕虜とすでに鉱夫として配属されていた捕虜（一五〇名ほどのイギリス空軍軍人）とは著しく対照的であった。イギリス人「鉱夫」たちは外見上真っ白で、筋肉が透けて見えるようであった。他方新着のオーストラリア人たちは、茶褐色で日焼けし健康的に見えた。何人かは太ってさえ見えた。しかし、それは飢餓の症状を示す浮腫による肥満であった。

この鉱山で粗暴なものは、日本人軍曹であった。彼は、日本人将校がいるにもかかわらず絶対的な指揮権をもっていた。校長をしていたという日本人将校は、この軍曹を恐れているようにさえ見えた。オーストラリア人たちが学ばねばならなかった煩わしい義務の一つに夕刻に行なわれる行進の諸儀式があった。

捕虜たちの指揮官（副官で曹長）を随伴してこの日本人軍曹は、本格的な軍隊式の正確さをもって捕虜たちを検査し、日本語での報告を受けた。

鉱山での労働が始まるまでの二週間、彼らは監視付きの長い徒歩行を行なったが、この過程で彼らの貧弱な肉体的状態が明らかになった。彼らは古い坑木を調理場用の薪にする地上の作業に従事した。彼らは、敬礼、お辞儀、そして多くの他の細かい規定を、ますます面倒くさく思うようになった。そしていよいよ入坑の時が来た。三交替制をとれるように彼らは、一小隊・二小隊・三小隊の三つの隊に分けられた。朝六時から午後二時までの一番方、午後二時から午後一〇時までの二番方、午後一〇時から午前六時までの三番方に対応していた。彼らは鉱山の中に降りていった。坑口は煉瓦積みのアーチ型になっていた。ここを抜けて丸太でできたよく濡れた階段を降りた。ここから別の坑道に出た。そこには炭車を運ぶ坑内鉄道の軌道があった。

一人のオーストラリア人は坑内の状況を以下のように伝えている。

黄色い小さな電球が長い間隔をおいて設置されており、暗闇の中で弱い黄色っぽい薄明かりを灯していた。湿っぽい材木が真っ黒な影を空中に映していた。水がそこかしこから滲出し、至る所で流れ落ちていた。電灯線の一片は二〇フィートを超えることはなく、つぎはぎだらけで繋ぎ合わされていた。連結部はむき出しであったり、黄色い絶縁テープで覆われていた。そのテープの端がさまざまな長さで垂れ下がり水がそこから滴り落ちていた。しばしば彼らは踵まで泥に、膝まで水に浸かった。水が排水溝を流れ……鉱山を操業可能にするために絶え間なく運転されている電気ポンプが設置された集水坑へと流れ込んでいた。彼らは、このような滑りやすい条件下では爪先が割れた長靴（地下足袋）が有効であることを学んだ。(20)

この鉱山に配属された日本人たちも戦争捕虜たちとともによく働いた。彼らは運命論者のようであったが、ある程度友好的であった。オーストラリア人の幾人かは、これこそが日本人たちの真の強さともなっている境遇への高い受容性であると感じたほどである。たぶん、鉱山労働者たちも当時の日本を支配していた軍部を好ましく思っていなかったのであろう。

捕虜たちは、彼らの上の坑内支柱が坑道と海との間の岩盤が自己調整をするたびにパチパチと鋭い音を発することにもお構いなしに、日本人たちが石炭の豊富な採鉱区ばかりを掘るよう言い張ることに恐れをなした。ついにそこの採鉱区すべてが崩落した。そのとき、幸運にも現場には誰もいなかった。どこにも待避坑道がないように見えたので、外国人鉱夫たちは皆不安になった。

クチン大学（ボルネオ島サラワク）

収容所には将校のみが収容されている所があった。このような収容所のいくつかで異なるグループによって、日本側の干渉にもかかわらず、ある教育的試みが行なわれた。一人のイギリス人将校の経験によると、[21]彼と彼の仲間たちが、学ぶために要求される規律と、外見上はとても見込みがなさそうな雑多な素材から講義を補強するための「教科書」を作成する作業などを通じて、高い希望の精神をもち続けていたことは明らかである。この将校は、ジャワ島二カ所、シンガポール一カ所、ボルネオ島二カ所計五カ所の収容所を経験したが、「大学」が開設されたのはボルネオ島サラワクにおいてであった。

「労働を通して学ぶ（artes in arduis）」をモットーとしたこの「地下大学」は、クチン収容所の将校棟（ここには民間人の抑留者、オランダ人将校、イギリス軍の他の階級者、女性、子供なども収容されていた）に開かれた。日本人たちはこれを即座には禁止しなかったが、数多くの種類の講座が提供されるようになったのを知って、次第に警戒の眼で見るようになった。彼らは、このような集団的な努力について規制を強化することを決めた。規則第二一条は、捕虜がいかなる科目についても他の捕虜に対して教えたり講義したりすることを禁じていた。捕虜たちは講座の続行を決意していたので、それらをごく秘密裏に行なおうとする熱意がさらに湧き上がった。

クチン大学は、すべてのイギリス人将校に、「何を学びたいか」、「何を教える用意があるか」との質問を発することから始まった。この準備的な調査から、収容所のほとんどすべての人が何がしかのことに興味をもっていることがわかった。[22]

この事業のほとんどは、捕虜たちの栄養状態がまだ良く、日常生活の流れも勉学に適していた第一年目に遂行された。[23] 二年目はきわめて多くの問題を抱えるようになった。これは厳しい食糧事情に起因する健康の悪化、部分的には教材の枯渇、さらに一部は日本が敗戦を重ねることによって醸成された一般的な不確実性によるものであった。

一般的な講座の内容は、すべて講師担当者がもっている専門的な知識に依存していた。ビジネス手法についての講座は多くの学生をひきつけ、未来のことを考えうるほどに楽観的な捕虜たちを勇気づけた。養豚・家禽飼育の講座は、空腹な人々の興味を大いにそそった。ある者は鶏やある時には豚を収容所で飼育することまでした。

語学の授業内容は、講師の知識ばかりでなく教科書の入手可能性によっても左右された。クチン大学には幾人かの将校がもっていた全部で一二冊ほどの教科書があった。しかし、他の方法として、学生や教師は、前に収容されていた収容所で借り出した本から語学教材を筆写していた。注意深く秘匿された紙の切れ端に書かれた豆本で多くの勉学が行なわれた。[24] いくつかの収容所では、多くの気遣いと困難の上に得られたこれらの豆本こそが、大学のもっとも目覚しい成果であったといえる。

オランダ語は人気があった。これには教科書と、ヒューゴーの文法辞書があったので学生の進歩は著しかった。フランス語も少人数のグループでうまく教えられた。この学生たちは、いくつかの単語や語句を教えてくれるサークルの中で毎夜フランス語で物語を話すことを楽しんだ。オットーのドイツ語辞書が一時的にある捕虜収容所で利用可能であった。その所有者が他所に移送される前にクチンの人はこれを筆写した。ドイツ語の講座は戦争の終結まで続けられた。幸運にもヒューゴーのドイツ語辞典が、小さな辞書との交換で日本人要員から手に入った。交換に出した辞書のページは、タバコの巻き紙としてすぐれたインド紙でできていたのである。イタリア語・ロシア語を教えるために、彼らは民間人の収容所から文法書を借り、それらを熱心に筆写して自分たちの用にあてた。スペイン語の文法書も筆写され、これに基づいてコースが開設された。ウルドゥ語は以前インドでジュート栽培をしていた者が教えた。

収容所生活を実りあるものとし、この困難で危険な時期にでも教育を向上させようとしたこれらの人々による努力の成果として、二二のクチン大学卒業証書[25]が授与された。

欠乏する食糧

捕虜たちはもちろん食糧、正確にはその不足、に悩まされた。ある人々によってつけられた日記[26]は、支給された食糧とそれぞれの人の体重を示すリストとなっている。このような日記の一つから表8の情報が明らかになる。

表8　台湾における捕虜への想定上の食事（1943年）
台湾屏東第3収容所（1943年9月19日）の食糧

	米および大麦（支給計）	玄米	精大麦
労働部隊	570 g	430 g	140 g
収容所作業者	420	315	105
精鋭労働者	680-708	453-472	227-236

その他の食糧

小麦粉	90	1人あたり1日
魚類	13	
肉類	12	(大半が豚肉)
脂肉	20	
酒	500	
香辛料		胡椒，カレー粉
塩	40	
砂糖	20	
茶　緑茶，紅茶		
野菜		ジャガイモ,長葱,人参,大根,他の根菜類,サツマイモ
果物		バナナ,オレンジ,トマト,パパイヤ,西瓜,パイナップル(1日100 g)

出典：*'Spud' Spurgeon's Diary*（手書き）.

この日記をつけたオーストラリア人は以下のように述べている。

これは台湾の捕虜収容所当局が主張する支給品の表である。将校たちは働くと働かざるとにかかわらずいつも収容所作業者（Camp Workers）と見なされた。最初の二カ月が経って、私はこの間に大麦の支給があったことをどうしても思い出せない。また、それに代わる米の補償支給もなかった。[27]

肉と魚は、日本人たちにとって何か特別の意味がある日のお祝いの支給品のみに限られていた。

酒、香辛料、調味料などはまったくの作り事だ。

野菜は主に大根や、サツマイモの葉などの粗末な青菜や、まれに人参がある程度で、あとの野菜は沼地の大蒜のようなものだった。

果物はいつも日本人たちに盗まれてしまった。彼らはそれを自分や家族で食するか、あるいは現地の人々に売ったのだった。

一時期我々は五エーカーのサツマイモ畑を作ったのだが、めったに葉っぱ以外のものを見ることはなかった。芋本体は神隠しにあったのだ。[28]

食糧へのひたむきな関心は、それが不足している惨めな状況では当然のことであった。[29]時々赤十字小包が届いた。しかし、多くは五〇〇人に一〇〇個というような状態であった。ある日記の筆者は、食品の缶詰が（日本人によって）いつも事前に開けられていたため、貯えておくことができず、ただちに食べなければならなかったと記している。

そうではあったがここに一つのやや幸せそうな記述もある。（一九四三年五月一八日）「南アフリカからの素晴らしい赤十字支給品。チョコレート半ポンド、ビスケット一缶、米のクリームあえ一缶、砂糖一缶、魚のペースト一缶、トマト一缶、マーガリン半缶、ジャム半缶、プディング一個、黄色シロップ半缶、それに長靴一足[30]」。

この日記や他の日記で生き残ってきた穏やかでないメッセージは、すべてを現実よりバラ色に描く日本人たちの狡猾な技能についてである。たとえば一九四四年六月四日に赤十字の代表者、ハリー・アンスト（Harry Angst）が台湾の屏東第三収容所を訪れた時のことである。この時、捕虜たちにプレム一缶とコーヒー一缶が支給された。しかし、アンスト氏が、それを調理しているところを見たかあるいは少なくともその香りを嗅いだはずのロースト・ポークは彼が立ち去るとキャンセルされた。増量された米の支給も消えてしまった。時々収容所の食堂に売店が立ち、捕虜たちは西瓜・バナナなどの果物を買うことができたが、使用可能な通貨の問題がいつもつきまとった。当然のごとくひどい下痢が蔓延し、多くがそれで死亡した。時折、日本製の赤痢やチフスのワクチンが注射された。苦難に耐え生き残った人々の体重は、五五キロ程度になっていた。普段の体重から三ストン（約一九キロ）は減ったことになる。

過酷な境遇と野蛮行為

四〇年以上も前に日本の捕虜となった人々の今もなおおさまらない怒りは多く語られてきている。このような捕虜と捕虜捕獲者との関係において敵意の感情は不可避であるし、勝者が敗残者を扱う場合いつでもこの敵意は生じた。しかし、西欧人捕虜たちの日本人に対する憎しみはけっして和らぎそうもない。ここにマラヤで捕虜となったあるイギリス人の記述がある。彼は、日本で生まれ育ったので日本語を話した。戦争捕虜としての彼の経験談はとくに興味深いものである。彼は、日本軍が成功裏に東アジアを南進するにつれて、いかにして日本人の尊大さが増長していったかを書きとめている。しかし同時に、日本人の感情を和らげたり同僚の捕虜たちへの過度の暴力を減らすのに、彼自身が日本語を話せるスコットランド人であったことがどれだけ重要であったかを記している。彼は次のように書いている。

私がいた収容所では意思の疎通ができるという点で、私は役に立った。他所では不満が鬱積し爆発したかもしれない危機を未然に回避できたということで、これらの収容所での死亡率は低かった。狂暴な衛兵もいたが、それが上官の命令であれそうでない場合であれ、ビンタの現場をけっして私に目撃されることがないようにしていた。

私は二年間北海道にいた。私がいたためにそこでは医者との独自の取り決めがあった。そこには梅毒の第三期症状を示し、まったくの精神異常をきたしている衛兵がいた。彼の楽しみといえば捕虜たちを叩きのめすことぐらいであった。彼の仲間を収容棟の反対側に配して、捕虜の誰もそこから抜け出して私にそれを告げに来られないようにするのが常であった。私がそこに行くと即座にビンタは止んだ。

時を経るにしたがって状況はだんだんひどくなっていった。……しかし、私が彼らの国の事情に通じており彼らの言葉を話すという事実を彼らが避けて通ることはできなかった。

私の江戸弁も役に立った。我々には農家出身のような若い衛兵がつくことが多かった。そこで「BC」風の日本語を使うとなかなかの効果を発揮した。事実、彼らはそれにやや脅されたようであった。生き残るために我々はあらゆる心理的な策略をめぐらした[31]。

ここで述べられてきたような連合軍捕虜に対する日本人の組織的な野蛮行為は、多くの要因によってひきおこされたものである。この行為と平行して、大和魂を軍隊の中で示すことができなかった日本人に加えられた懲罰制裁も、等しく述べておく必要がある。大和魂を養うことで、日本人の兵士は一種の精神的なよりどころを得ることができた。「それによって彼らが人類で最も偉大で強いものになる道を辿っているという気高く、自信に充ち、鉄の棒のように決然とし確固とした意識を感じることができたのである[32]」。

満州において、大学教育を受けた、詩・戯曲・演劇などに興味をもつ芸術的なセンスを備えたある若い兵士が、ありきたりの日本人士官たちの憤りをかった。その若者は東京出身であったが、彼らと彼の同僚たちは地方から招集されてきていた。彼らは彼の学歴と教養に畏怖の念を感じており、その裏返しとして彼が良い兵士になれないことを軽蔑していた。この男が絶え間ない肉体的な虐待とほとんど毎日行なわれた制裁の対象となった。

記録は次のように記している。

この種の人間たちは彼の顔とか側頭部を平手や拳骨で殴った。平手打ち、殴打どちらにせよ目的は彼を床に打ち倒すことにあった。このことを彼はすぐ理解して、ほんの弱い一撃でも二メートルも殴り飛ばされるようになった。そしてそこからただちに立ち上がり次の悪意に満ちた制裁を受けるために気をつけの姿勢をとるのであった。ある時には制裁は二度、三度と繰り返された[33]。

他の者たちは、彼にベルトを引き抜かせそれを鞭代わりに使って彼を打つのであった。これによって彼には鞭打ちの跡や、場合によっては裂けた傷口ができた。山口県出身の伍長が最悪であった。彼は、肉体的な傷を負わせることなしに、不運な新兵たちを怒鳴り侮辱しながらもっとも厳しい懲罰を加えるのであった。言葉による虐待の区切り区切りに「彼は、上着やポケットの上蓋からボタンというボタンを、二等兵の袖章を、とにかく軍服から引き剝がすことができるものすべてをちぎり取ってしまうのであった。彼はこれらを自分のポケットに入れてしまい返すことはなかった。次の日の閲兵までに、引き剝がされたボタンや徽章全部が元通り縫い付けられていなければならなかった[34]」。この隊の人々は、前述の若い兵士が懲罰の制裁を誘うのは彼が軍隊に不向きであるためであると思っていた。しかし、彼への制裁が制裁の矛先をかわし他の人々を守ってくれることにもなるので、いつも彼に援助の手を差し伸べた。

彼が自身を表わす代名詞に正しく男らしい「自分」ではなく「私」を不用意に使った時、最も重大な事件が起きた。そばにいたかの伍長がこれを聞くや激しい怒りをあらわにした。

数えているかのようにまず彼を三回床に叩きのめした。……彼が立てなくなると床で動けなくなった身体を蹴りつけ、軍服を引っ張って引きずり起こした。ついで彼のベルトを引き抜こうとしたが意識を失った身体をまっすぐに立てておくことが難しかった。そこで今度は一方の腕で彼を抱え他方の手で眼・鼻・口・頭部、とにかく拳の向かうところすべてを見境いなく殴りつけた。やっとその伍長は行くべきところ以上まで行ってしまったことに気づくと、その肉体の塊を床に落とし、しばらくそれを眺めた後一番近い兵舎に入っていった。

この兵士はその後四カ月も入院したが、当該伍長への懲罰については何も記されていない[35]。

このような例は、懲罰制裁が日本軍の中で日常茶飯事であったことを物語っている。捕虜収容所で同じような行為が行なわれたとしても衝撃的ではあるが驚くことではなかったのである。

第一〇章　究極の武器――麻薬と病原菌

恥ずべき秘密

一九三〇年代の満州で、敵国民を大規模に死に追いやるかもしれない薬物あるいは病気についての医学的研究を行なう許可が出された。[1] 多くの人間と資源とが投入されたが、その結果は微々たるものであった。敵国民あるいは捕虜を致死性の病気に感染させる研究が実験段階に留まったとはいえ、三千名の捕虜に実験が施されたり、病原菌をもった蚤を詰めた爆弾を中国の各地に投下したようである。「細菌兵器」に加えて、一九三七年以降日本が蹂躪した中国各地の社会を衰弱させ不安定なものにするために阿片が使用された。[2]

一九三〇年代に日本が生物兵器戦争を遂行できるようにするために陸軍衛生部隊のいくつかが実験を行なった。満州のハルビンにいた七三一部隊の長でこの計画の発案者でもあったのは石井四郎中将[3]である。彼の研究は軍の上層部の人々からも支持されていた。若き科学者としての石井は、後に彼の名前を冠することになる「セラミック濾水機」の先駆的な研究を行なった。それゆえに彼の生物兵器研究は、「防疫給水部」と婉曲に表現され知られていた。

すべてが重要機密であった。中心的な仕事は満州のハルビン郊外の収容所で行なわれたが、一部は占領中の長春の第一〇〇部隊と南京の多摩部隊の下で、またいくらかは日本でも行なわれた。ごく限られた日本人だけがこの研究を知っていた。

この機密事項は、一九四五年東京での極東軍事裁判で明らかになったが、すぐにまた闇の中に消えてしまった。[4] アメリカ合衆国政府への批判者たちは、これらは意図的にアメリカによって隠されたものであると主張している。なぜなら、この首謀者石井四郎が、アメリカのメリーランド州フォート・デトリック (Fort Detrick, Maryland) に彼の科学的データを渡すことを条件に戦犯として訴追されることを逃れたからであるという。終戦時において、日本人たちが行なった必要ではあるがとうてい容認できない実験の結果を、実験に手を染めることなしに入手できるという誘惑は、アメリカ人も抗し難かったのではないかと言われている。

この問題は、日本・アメリカ両国で一般の関心を引くようになってきた。日本では、一九七六年に東京放送の番組で、リポーターが七三一部隊の五名の生存者を発見した。彼らが研究論文の合衆国への引き渡しのおかげで戦犯を免れたことを証言するに及んで多摩部隊での実験が確認された。これらが暴露されたことによる大騒動が日本で一〇〇万部以上も売れた森村誠一の著作『悪魔の飽食』として著された。さらに、神田の古書店街の一軒を覗いていた慶應義塾大学の大学院生が書類の入ったほこりまみれの箱を偶然発見した。好奇心から中身を探ってみると、患者の数と病気を詳細に記した表がでてきた。その箱を家に持ち帰った時、それらの書類の意味が明らかになってきた。症状の記録・一覧表は、致死性の病気である炭疽熱の進行状態を記録したものであった。これらの患者は全員が明らかに一定の期日に意図的に桿菌を注射されていたのである。この書類は、かつて池田苗夫中佐のものであった。たぶんこれらは彼の年老いた夫人が廃棄処分したものであろうが、七三一部隊と生物兵器開発に向けられた実験に関する報告書であった。それを慶應の学生が偶然にも発見したのである。これらは、これまでのところこのような偶然的な形で発見された唯一の書類である。[5]

アメリカ側の情報は、ジョン・W・パウエル（John. W. Powell）[6]によってもともとは明らかにされたものである。彼の父、ジョン・B・パウエル（John. B. Powell）は、一九三〇年代の中国でよく知られたアメリカ人ジャーナリストであった。ジョン・B・パウエルは、戦争中に中国の民間人収容所で両脚の自由を失っていたのであるが、東京裁判の過程で軍事法廷に立ち一九三七年の南京虐殺についての証言を行なった。

息子のジョン・W・パウエルは、戦争後も明らかに中国の共産主義体制の友人として中国に留まった。アメリカ人には彼が朝鮮戦争の時に反逆罪を犯したと信じられていた。このため後に裁判にかけられることになるが、大陪審では「起訴に足る審決」には至らなかった。[7]合衆国情報公開法成立の後、彼はそれまで未公開であったファイルを調べてみた。パウエルの議論（それは政治的左翼の議論でもあるが）によると、アメリカは、まず日本に原子爆弾を投下し、ついでヴェトナムの広い地域を荒廃させるために化学的毒物を使い、アジア諸国を廃虚にすることを望み続けてきたのであり、このアメリカの無責任さこそ暴露されなければならないというのである。

ロシア人たちもまたもっと日本の生物兵器戦争計画を知りたがっていた。ロシアは、一九四五年八月八日に日本占領下の満州に突如侵攻し数千数百の日本人兵士を捕らえたのであるが、かつての七三一部隊の廃虚も発見した。一九四九年にハバロフスクでの裁判でロシア人たちがハルビンで兵役にあった日本人何人かを告発した時、「感染症に対するアングロサクソン系の人々の免疫性を研究するため」にアメリカ人・オーストラリア人・イギリス人などの捕虜が使われたことが明らかになった。[8] 他に大勢の中国人たちが明らかにこの生物兵器実験の犠牲になった。

イギリスでは、南部地方の民間放送テレビ局に働いていた二人のリポーターが、「七三一部隊、天皇はそれを知っていたのか」と題する番組を制作するに至った。彼らは後にそれを『七三一部隊』という一冊の本にまとめた。本章は、ジョン・W・パウエルの論文、ウイリアムとウォレスの著作『七三一部隊』、そして松村教授によって『三田学会雑誌』に発表された資料に基づくものである。

イギリスは、化学兵器については一九五〇年代に一方的に放棄したのであるが、国民をそれらから守る研究は続行されなければならないとの立場をとっている。ポートン・ダウン（Porton Down）にある国防省の化学兵器防衛施設は、イギリスでもっとも秘密にされている場所の一つとして残っている。

石井四郎、生物兵器戦争の発案者

日本が満州と中国北東部の地方を占領した一九三〇年代初期にこの話は始まった。石井四郎は、生物兵器戦争の可能性について上官たちに説いてまわった。彼はこれに成功したらしく「精巧な細菌や昆虫繁殖設備、実験台となる人間の収容所、細菌爆弾製造のための装置、飛行場、専用飛行機、それに犠牲者を最終的に処分するための火葬場などをすべて一カ所に備えた大きな施設」を設立した。[9]

石井四郎は、一八九二年六月二五日に裕福な地主の四男として生まれた。学校の成績は良く、京都帝国大学に入学し医学を修めた後、軍医として近衛歩兵連隊に加わった。一九二二年から一九二四年の間、東京の陸軍第一衛戍病院に勤務してから「細菌学、血清学、予防医学、病理学」などを大学院で研究するた

めに京都に戻った。(10)

香川県で悪性の脳炎が蔓延したために四国に一時派遣されたので、彼は研究を中断せざるをえなかった。この伝染病は、「B型日本脳炎」の初めての発症であったが、三五〇〇名を超す病死者を出すことになった。石井の仕事は病原菌を割り出すことにあった。彼がこれに成功したかどうか明らかではないが、この四国での仕事が彼に伝染病予防と水の濾過法の研究を生涯の関心事として呼び起こすことになった。京都に戻ると彼は京都大学学長、荒木寅三郎の娘と結婚した。生涯を通じて彼は、彼を引き立ててくれる影響力のある人々と知り合いになるのがことのほか上手であった。

この一九二五年頃、人々は化学兵器戦争に強い敵意をもっていた。第一次世界大戦中にドイツは西部戦線で破壊的な影響をもつ毒ガスを使用した。一般の世論のみならず軍人の間にもこのような武器を使用する人々への強い軽蔑感が満ち溢れていた。一九二五年六月一七日にジュネーヴで「戦争において窒息性のガスやその他の毒ガス、および細菌の使用を禁止する」決議が採択された。(11)日本・アメリカ合衆国両国ともにこれを批准しなかった。

石井はすでに戦争遂行における生物的手段を提唱していたが、初めは誰もそれに耳を貸さなかった。一九二八年に石井は日本を離れ、多くの諸国とそれらの研究施設を歴訪した。彼は在外公館付武官への紹介状を多く携えていた。彼は、二年間の研究旅行において三〇近くの国での実験を視察することができたようである。その中でとくにロシア・フランス・ドイツ、それにアメリカ合衆国が重要であった。

帰国するとすぐに彼は、上司に欧米列強ではジュネーヴ宣言があるにもかかわらず「禁止された」諸事項についての研究が行なわれていると(たぶん間違って)報告した。彼はこれを、一八九九年と一九〇七年のハーグ宣言があったにもかかわらず、ドイツが第一次大戦で、塩素ガス・フォスゲンガス・マスタードガスを連合国軍に使用したことを引き合いに出して述べた。また、数百年前のヨーロッパでのペストの猛威についても注意を喚起した。

彼は、欧州の研究者は彼らが使命と信じる人命の救助のために研究に没頭しているが、彼らが誓いを立てた「病人たちを傷つけない」とするヒポクラテスの誓い（医師の倫理綱領）[12]に背いてまで人間を実験台とした研究に進むことはできないと説明した。日本人医師たちのある部分は、日本を偉大にするためならばどのような手段も使い得るとする愛国主義者であった。彼らには、良心の咎めなどなくなったように見える。

ヒポクラテスの誓いに厳しく縛られて西洋の研究者たちが研究を進行させえないでいることを考えれば、日本は細菌戦争の研究を加速すべきである。もし人間を実験台に使えるならば、日本はこの分野で争う余地のない優位を獲得することになるであろう。このように石井は主張した。三名の有力者が彼を支持した。陸軍軍医長で後に厚生大臣を務めた小泉親彦、後の陸軍省軍務局長永田鉄山大佐、それに石井の妻の遠縁にあたる陸軍大臣荒木貞夫[13]である。この中で荒木のみが（生物兵器戦争に関する罪状ではなかったが）一九四六年の極東軍事裁判に召喚された。彼は、日本の「一般的な計画」すなわち東アジアに君臨するための侵略戦争の策謀に関する告発状第一項と第二七項によって有罪となり、終身刑を受けた。しかし、一九五五年に釈放された。

阿片と病気

中国の占領地域において、阿片・ヘロイン・モルフィネなどを軍のある特殊機関を通じて奨励するのが日本の政策であった。これが現地の日本の軍政府を維持するのに十分な利益を生むことになっていた。東京極東軍事裁判での証言から、日本人が阿片を摂取しないようにする任務を帯びた日本の麻薬専門家が、「中国では傀儡政権を支えるのに十分な収益源として阿片のほかは見当たらないだろう」との認識をもっていたことが明らかになった。(14) この点で日本は、従属民を操作し御しやすくするために阿片を使った古典的な帝国主義者のやり方を踏襲していた。

日本による阿片の独占は、関東軍が一九三二年の始めに満州を占領した頃から早くも始まった。その後、中国の日本占領地域で麻薬取引を取り締まる機関の姿を借りて存続した。日本人の阿片摂取者には軍人民間人を問わず厳しい罰則が設けられていた。しかし、あるアメリカ人観察者の計算によると一九四〇年までには「北京に六〇〇軒、漢口に四六〇軒、広東に八五二軒」の阿片販売認可店があったとされている。(15)

農民たちは低利で阿片栽培用の耕地を広げるための融資を受けたが、日本人による買い上げ価格が低く固定されていたために予想した収益をあげることができなかった。満州の一五万エーカーを超える耕地がケシの栽培のために転用された。中国人農夫たちは、日本への借金でこれらの土地に永久に縛り付けられるようになっていた。

明らかにこれらの事業の資金は、三菱・安田・川崎・住友・三井などの財閥の支援を受けた日本興業銀行債券の発行によって調達された。債券発行の際の目論見書第四項には「本債券は、阿片取り引きの独占から生ずる利益によって保証され、……独占の利益から元本ならびに利子が支払われる」ことが記されている。(16)

東京極東軍事裁判のために資料を準備している過程で、生物兵器戦争の証拠が明らかになった。「ペスト爆弾」の投下という大規模な実験が行なわれたように思われる。(17) 中国の新聞（一九四〇年一〇月二七日）

が、ペストに感染した蚤を詰めた爆弾が中国東部、上海の近くの寧波に落とされたと報じている。この地方でおびただしい蚤の発生があり、九九人がペストに感染しそのうち九八人が死んだという。中国当局は、通常この病気の前兆となる鼠のペスト感染がこの町ではなかったと主張している。一九四一年一一月四日に中国湖南省常徳の東門近くにある二つの通りに日本の飛行機から、小麦・米・紙の切れ端・入れ綿が投下された。この町でも鼠のペスト感染がないと信じられているのに六人が死亡した。多くの混乱がある戦時の出来事だけに、これらの事件は、日本が伝染病を蔓延させようとしていたことを推測させるものではあるが決定的な証拠とはなり難い。

日本が真珠湾攻撃を行ないアメリカを太平洋戦争に引き込む一九四一年の数年前に、石井四郎によって設立された実験部隊がハルビン近くの収容所の運営に当たっていた。中国人の犯罪者や浮浪者をその仕事の被験者として使うことに何のためらいもなかったのであろう。ここでアングロ・サクソン系の捕虜が利用可能になるに及んで、さまざまな病気への反応をこれらの人々で試してみる誘惑が大きくなっていた。奉天の収容所にいたアメリカ人・オーストラリア人・イギリス人捕虜たち(18)が明らかにこの実験の対象者となった。収容所の建物は、東南アジアに散在した収容所と同様に背の低い粗末な木造の小屋であったが、満州の冬の厳しい寒さゆえに屋根は土で葺かれていた。

この収容所には普通とは異なるところがあった。ほとんど満足な医療を受けられないのが他の収容所どこでもの不満の種であったのに、奉天の収容所は医療的な介護の中心地であった。日本人の慰問部隊が定期的に来訪した。捕虜たちはゲームをしたり、クイズとかスペリングコンテストに参加したり、収容所のオーケストラに加わったり、日本人の撮影・映画製作班のために合唱したりすることを期待されていた。

より重要なことは、彼らが常時医療看視のもとにおかれ、白衣を着た日本人がしばしば訪れたことである。コレラ・赤痢・下痢・破傷風、その他の病気の予防と称して注射が頻繁に施された。重病人のベッドの下に隠すという高度な技を使ったことによって唯一残っているイギリス人将校の日記は、捕虜に対する尋常ではない注射数と検査の数を明らかにしている。奉天の捕虜たちは、それによって生存するか死亡するかの判定をするために注射を繰り返されたようである。死んだのがアメリカ人だけでイギリス人とイギリス連邦国籍の捕虜の方はその実験の対照グループとして使われたというのは本当なのであろうか。

近年、日本の研究者が平房（ハルビン近郊・七三一部隊所在地）の七三一部隊の生き残りと接触した。その会話から彼が死んだ捕虜の解剖を任務としていたことは明白である。平房のある日本人要員は、アメリカ人には飲み物として「汚染されたもの」が与えられ、厳しい冬に、彼らが死亡した後にも、その解剖用遺体を素材としてさらに研究がなされたと信じている。

個人に対する人体実験としては、「凍傷プロジェクト」もあげられる。これは、厳しい寒風の中で腕や脚を「凍らせ」る実験である。これは手や腕が腐る恐ろしい負傷へとつながった。臀部の一部だけを露出させて（他の部分はすべて保護して）爆弾の爆発地点の側に立たせてガス壊疽を誘発しようとする実験もあった。[19] この実験の被験者一〇人すべてが死亡した。日本人兵士の慰安婦として働かされた中国人は梅毒をうつされた。[20] 戦争終了後上述の事実がロシア・中国によって明らかにされた。しかし、これら共産主義勢力からの主張は、とくにアメリカによって直ちにプロパガンダとして葬り去られた。ロシア人は何人かの日本人をこの罪状で裁判にかけたが、彼らは同時に満州で捕らえた多くの日本人を強制労働に駆り立てていた。

一九六九年一一月二五日にニクソン大統領が、アメリカ合衆国を代表して「生物兵器はまったく予測のつかない制御不可能になる結果をもたらす可能性がある。それらは、地球的な規模での伝染病をひきおこすかもしれないし、未来の世代の健康を損なうかもしれない。それゆえに合衆国は致死的な生物学的薬品と兵器、そしてその他あらゆる種類の生物兵器戦争を非難するものである」と宣言して「細菌戦争」を否定した。[21]

ニクソン大統領の声明は、合衆国の人道主義的国家としての立場を再び確立するのに役立った。戦争直後に石井四郎が戦争中の彼の秘密をかつての敵に譲り渡す見返りに戦犯の追求から明らかに逃れることができたという事実は、合衆国のもつ良心に初めは疑念をもたせるものであった。ニクソンの声明はこの疑いを打ち消すのになんらかの役割を果たしたといえる。

第一二章　人道主義の灯火を絶やさずに

人を一つの鋳型にはめ込むことはできない

「人間に潜在する残虐性が、戦争の緊迫した状況下、日本人によって恐ろしい規模で示されたことを誰も否定できない」と書いたのは、日本占領下の香港で彼自身も苦しんだ香港保健衛生局医師のセルウィン・セルウィン－クラーク博士（Dr Selwyn Selwyn-Clarke、後にサーの称号を得る）であった。[1] それにもかかわらず彼の本には次のように書かれている。

（この本を）一九四一年から一九四五年までの日本占領下の香港において、自己の生命を賭して抑留された多くのイギリス人捕虜、イギリスおよび連合国の民間人、婦女子の命を救った前日本帝国陸軍通訳のワタナベキヨシ牧師に捧げる。彼は妻子を一九四五年八月六日の広島への連合軍の爆撃で失った。

本章にその行動が紹介されている人々のほとんどは、赤十字国際委員会のスイス人代表者たちである。中立国の市民として彼らは彼らの仕事に好意的ではない環境の下で精一杯、効率的に活動した。ユダヤ人を含む外国人たちもまた日本の現地当局者と協力して、ヨーロッパにいた数千のユダヤ人の救助を行なった。またその他の日本人たちも、社会の多様な相異なる場面や状況の下で親切な行為をした。

日本人の寛大さ

一九四六年の八月二六日にマニラのマラカニアン宮殿からマニュエル・ロハス（Manuel Roxas）大統領が南京にいた蔣介石将軍に対して、当時中国で戦犯として捕らえられていた日本人の神保信彦中佐のために何かできることはないかとの書簡を送った。ロハス大統領は次のように書き送った。

私が今日生きているのも神保大佐のお陰であることをお伝えしたいと思います。彼は、フィリピンでは私たちの立場を真に理解し同情してくれた数少ない日本人将校の一人として、また私たちを彼の上官や部下たちの残虐な野蛮行為から守るためにその立場の許す限りすべてのことを行なった人の一人として知られています。ある時には彼は命を懸けて私を処刑せよとの命令に従いませんでした。後には上訴して私の処刑命令を撤回させました。彼は、これを私への個人的な敬意（それはありましたが）からではなく、上官や仲間たちの意味のない残虐行為や狂った殺人行為への嫌悪から行なったのです。彼は日本人侵略者の中で最も人間性のある人でした。[2]

神保中佐は後に中国で釈放されて山形の故郷に帰った。マニュエル・ロハス大統領は一九四八年四月一五日に突然亡くなった。

もう一人の戦時の英雄は、当時オランダ領東インドであったアンボン島に日本陸軍の軍属として派遣されていた加藤亮一牧師である。加藤牧師が、スパイ容疑でアンボン島民が検挙されたことに対して、日本の当局に命懸けの抗議をしたことは疑いの余地がないようである。また、彼は日本人たちが地元の女性たちを「従軍慰安婦（すなわち日本兵のための売春婦）」として徴用しようとした時に介入し、これを止めさせることに成功した。[3] 戦後帰国した加藤牧師は、インドネシアの学生を日本に招きさらに教育を続けさせるための東南アジア文化友好協会を設立した。おそらく六〇〇人以上の学生がこの奨学金を受けて勉強したようである。

これらは、当時の社会的な風潮を受け容れることを拒否した人々のほんの二例にすぎない。世界で迫害されたもう一つの民族、ユダヤ人に関わった日本人もいた。

ユダヤ人難民

一九三九年の秋にリトアニアで足止めされていたが、公的な規制の抜け穴、すなわちドイツ人から逃れる方法を初めて見いだすことになったのは、若いオランダ人学生ネイサン・ガットワース（Nathan Gutwirth）[4] であった。当時、反ユダヤの感情はナチス・ドイツの国内ではすでに熱狂的な域にまで達していた。組織的な虐殺もかなり進んでいた。このためドイツによるヨーロッパ各地への侵攻は、いかなるユダヤ人の生命をも脅かす可能性を秘めていた。ガットワースは、最も近くのオランダ政府役人でラトヴィアのリガにいたL・P・J・デ・デッカー（L. P. J. de Dekker）に南アメリカにあるオランダ領キュラソー（Curaçao）への入国査証を取得できるかどうか尋ねた。実際には現地への到着時に総督が入国許可を与えるのであったが、デ・デッカーは、何人であってもキュラソーに行くのに査証は要らないと答えた。実際にこれが現実のものとなった。コヴノ（カウナス）のオランダ名誉領事ツヴァルテンダイク（Zwartendyke）がガットワースのパスポートに「キュラソーには査証を要せず」とのスタンプを押したのであ

リトアニア，コヴノ（カウナス）駐在日本領事代理杉原千畝．彼は1940年，ソ連経由でドイツを逃れようとするユダヤ人たちに，6000通にも及ぶ日本への通過査証を訓令に反して発給した．

る。コヴノでこれが一旦知れ渡ると、ユダヤ人（その多くはポーランドからであったが）たちが「キュラソーへの入国査証」を求めてオランダ領事館に殺到した。

一九三九年九月から一九四〇年九月までのコヴノ駐在日本領事代理は、杉原千畝という若い外交官であった[5]。一旦「キュラソーへの入国査証」のスタンプを押してもらうと、ユダヤ人たちが静かに、しかし大挙して日本領事代理の自宅や事務所に詰めかけた。杉原はコヴノのユダヤ人難民に対して、日本に最長二一日間の滞在を認める通過査証を多く見積もっても約六〇〇〇通ほど発給した。杉原は人間天皇の名において行動したのであろうか。ロシア当局がロシアを通過して日本に行く査証をユダヤ人たちに発行するかどうか、あるいは日本政府が難民の日本入国を認めるかどうかを彼は知る立場になかった。それにもかかわらず、バルト海諸国にいた他の国の領事館職員と同じように、彼は人道主義者としての信念をもって人道主義への逆風が強まる世界の中で行動したのであった。近年、日本でこの杉原の行動が称賛されるようになり、彼の名誉は回復された。

第二次大戦中の日本人とユダヤ人との奇妙な関係を溯ると日露戦争の時点にまで至る。この時、日本銀行の高橋是清[6]とユダヤ系アメリカ人の金融業者ヤコブ・H・シッフ（Jacob H. Schiff）[7]とが親交を結んだのである。一九〇四年に高橋はロンドンにいた。彼は、日本の対ロシア戦続行を確かにするための資金を、あまり乗り気とは思われないロンドン市場で大規模に起債して調達することを望んでいた。シッフがこの起債に与したことが、他の業者の説得にとって決定的であったと日本では信じられるようになり、彼は日本で国家的な英雄となった。

一九三〇年代に日本が満州を手に入れるに至って、日本人の幾人かはこの地を世界の他地域から追放されたユダヤ人の避難地とすることを思い描いた。河豚《フグ》計画としてこの計画は知られているが[8]、中国北部のこの領土にユダヤ人たちを住まわせ、事業を起こさせることを狙っていた。彼らは資金をここに持ち込み開発に寄与するに違いない。またより重要なことは、満州国にヨーロッパから追い出されたユダヤ人の天国を作り出すことによって、アメリカ合衆国の日本への敵意を和らげることができるのではないかと信じられていた。

「日本政府の最高審議機関」[9]で検討されたこの計画の中心的な要素は、「二〇世紀日本の帝国、すなわち大東亜共栄圏[10]の構築物の中にヨーロッパユダヤ人の知力と能力、それに資本・影響力、さらにはアメリカユダヤ人の共感」を組み込むことにあった。この計画の推進者には、海軍大佐犬塚惟重、事業家田村光三、陸軍大佐安江仙弘などが含まれていた。これらの人々はユダヤ人びいきでは必ずしもなかった。しかし、これが日本人とユダヤ人の相互の利益にかなうと信じていた。

日本の一時査証を獲得したお陰で、数千のユダヤ人たちは、ウラジオストックに向けてソヴィエト連邦を横切るための通過査証を申請し、許可された。ウラジオストックから彼らは日本の本州にある敦賀まで船に乗った。敦賀で難民たちは、神戸にあった小規模なユダヤ人社会からの代表者に迎えられた。神戸には五〇人ほどのユダヤ人が主に貿易業務を営んでいたのである。通貨査証の有効期限は二一日間であったが、しばしば日本政府は最長八カ月まで延長することを認めた。一九四〇年七月から一九四一年一一月までの間に「リトアニアに足止めされていた一万人のユダヤ人のうち四六〇八人がこの経路で脱出した[11]」。

第二次大戦の初期、神戸は日本第二の外国貿易港であり、一九三七年の日中戦争勃発以降は大規模な軍の兵站部となっていた。一〇〇万人の人口のうち、三千人が外国人であった。その一部分が合衆国合同配給委員会(the United States Joint Distribution Committee)とユダヤ人移民援助協会(the Hebrew Immigrant Aid Society)から送られた資金によってまかなわれたとはいえ、神戸のユダヤ人居住者がリトアニアからのユダヤ人難民の世話役をみずからかってでた。アメリカからの援助は、日本・アメリカ両国の関係が悪化し、禁輸措置がとられるようになった一九四一年七月に途絶えた。日本の当局は、戦争開始以前ではあるが、すでに食糧不足と配給制限に悩まされ始めていた地元住民の反発を恐れながらも、これら難民にパンと小麦粉をひそかに割り当てた。日本人医師たちは、無料で八〇〇人近くの難民の患者を診療した。また多くの人に予防接種もした。神戸の日本人たちはこのような外国人たちに「おかわいそうに」という態度で接したと言われている[12]。

一九四一年六月二二日にドイツがロシアに侵攻した。しかし、この頃にはシベリア鉄道経由の難民の流れはすでに終わりを迎えていた。どんな外国人の動静をも注視し続け、共産主義者の潜入をことのほか恐れていた神戸の秘密警察は、この難民たちをますます心配顔で眺めるようになった。この日本人たちの募る心配の結果、多くの難民はそのまま上海にまで旅を続けた。日本が支配していた虹口地区にユダヤ人は居住地区を設立し、最終的には一万八千人の難民を収容した。そこでの生活は困難を極めた。とくにドイツの圧力によってユダヤ人社会に「緩やかな居住区」が設定された一九四三年二月以降はひどかった。

杉原千畝のほかに、ユダヤ人の主張を理解したもう一人の日本人をあげることができる。たぶん日本人唯一のユダヤ研究者であった小辻節三(誠祐)[13]はこれら難民のために行動した。当時の外務大臣松岡洋右[14]の知人でありまたかつての同僚として、彼は松岡と東京で会見する機会をもつことができた。神戸のユダヤ人たちに二人の話が及んだ時、外務大臣松岡は、ユダヤ人たちの通過査証を神戸の当局が一時的に延長しても中央政府はそれを黙認するかもしれないことを示唆した。それゆえ小辻は彼の影響力を行使して、個々のユダヤ人が世界のどこかに亡命先を探している間、通過査証の期間を短期間(場合によっては数カ月ということもあったが)延長することを神戸の警察当局が認めるよう説得に努めた。

スイス人派遣団、日本における国際的代表団

赤十字国際委員会の最初の仕事は、日本人が戦争捕虜や民間人被抑留者たちに対してどのような取り扱いをしようとしているのかを確かめることであった。以下に示すようなベルンの日本公使館の報告はそれを勇気づけるものであった。

日本国政府は、一九二九年七月二七日に調印された捕虜に関するジュネーヴ条約を批准しておらず、この条約に束縛されるものではない。しかしながら可能な限りにおいて、その手中に落ちた捕虜たちには必要な変更を加えながらもこの条約を準用する所存である。同時に捕虜たちの衣食に関してはそ

れぞれの国、民族の習慣が十分に考慮されるであろう。民間人被抑留者についてはベルンの日本公使館は、一九四二年二月一四日に「今戦争の全期間を通じて、必要な変更を加えながら、また相互主義の立場に立つが、交戦国が個々の意志に反して肉体労働を（日本人に）課すことがなければ敵国の非戦闘要員に対しても捕虜の扱いを定めたジュネーヴ条約を準用するであろう」と明言した[15]。

日本政府によるこれらの声明は、赤十字国際委員会の活動が日本政府との協調と互助の精神の下で遂行されるのではないかとの期待を膨らませた。この考え方があまりにも楽観的であったことが明らかとなった。日本の俘虜情報局は政府の一機関であり、完全に陸軍省に従属していた。その職員は外国人に不信感をもつ退役将校たちで、協力には乗り気でなかった。

実際に日本の敵対心によって国際赤十字の活動は著しく制限された。拡張した日本帝国の領域は三つの地域に分けられていた。日本本土・朝鮮・満州・台湾の諸地域では制限の下にではあるがその活動が許された。上海・香港、およびその他の中国本土における日本支配地域では、ときおり、人道的な活動が可能であった。日本が戦闘地域と見なした東南アジアでは、国際赤十字の活動は禁止されていた[16]。この結果、東南アジアについては捕虜収容所の位置さえ不明のままであった。したがって、いかなる中立国要員もここを訪れることはなかった[17]。

フリッツ・パラヴィツィーニ博士（一八七四—一九四四年[18]）が日本での公認されたスイス人派遣団を率いていた。彼は、第一次大戦中に赤十字国際委員会を代表して活動したことがあった。マックス・ペスタロッチ（Max Pestalozzi）[19]、そして後にはハリー・アンスト[20]（一九四三年七月二二日任用）が彼を補佐した。個人的な文書は残されていないようであるが、日本赤十字・国際赤十字双方の戦時報告書から日本で行なわれた活動の一端を窺い知ることができる。
一九四三年三月に国際赤十字は、マックス・ペスタロッチに補佐されたパラヴィツィーニ博士の訪問という形で、大阪・兵庫・広島・福岡などの府県の捕虜収容所を訪ねることに成功した。同年五月にはパラヴィツィーニ博士は台湾の収容所を訪問した。これが彼にとって最後の遠出になったようである。六月には長野県平岡〔下伊那郡平岡村〕にあった東京俘虜収容所第三分所、八月には北部軍の本部と捕虜収容所があった北海道函館と仙台の近くの石巻に出かけた。一一月には朝鮮と満州の奉天に、また一二月には、善通寺〔香川県善通寺市〕に赴いた。[21]
一九四二年と四三年における赤十字国際委員会の活動上の欲求不満は容易に想像できる。一九四四年前半にジュネーヴの赤十字当局は、「赤十字運動の理想のために働き功績のあった」パラヴィツィーニ博士の死を悼んでいる。[22] 日本の外務大臣であった重光葵は、「彼が成し遂げた大東亜における高い人道主義的な使命」について書き記している。[23] 彼の葬儀には、日本赤十字の二名の副社長、俘虜情報局局長、日本外務省代表などが、多くの外交官や日本在住スイス人社会の人々とともに参列した。日本語を話し、外国人嫌いの日本人にもよく知られており信頼されていた彼の死は、赤十字国際委員会にとって大きな痛手であった。戦時中の心労が彼の寿命を縮めたのであろうか。
赤十字国際委員会の代表団について、収容所にいたかつての捕虜たちの間には、その訪問が彼らのためになされたはずなのに悪評がある。[24] 連合国の陸海空軍兵士が困難に直面していた時に、赤十字国際委員会が何がしかの援助の手を差し延べたとの見解に極東地域の捕虜たちは同意しない。日本で活動していたスイス人派遣員たちは、日本人とのつながりを維持することに最大限の配慮をするあまり日本に対していかなる圧力もかけようともしなかったと言う。このことについて論ずるのは難しい。赤十字のスイス人派遣団は日本軍当局に脅されるがままになっていたのであろうか。これはたしかに事実であった。検閲があるためにスイス人たちは多分、いや疑いなく、日本人をも含む誰にでも満足のいくような穏やかな語調の収容所訪問報告書を作成したに違いない。ジュネーヴに送られていたこれらの報告書は、戦後になってそれを探し出して読んだかつての捕虜たちの激しい怒りをかった。衝撃的ではあるが、一九四四年前半のパラヴィツィーニ博士の訃報に接して、「東京大森収容所にいた約四〇〇人の捕虜が歓呼また歓呼の声をあげた」事実を述べなければならない。(25)

赤十字小包

世界中の慈善団体から集められた赤十字小包を日本占領下の東アジアに散在する収容所の捕虜に分配することは、日本軍当局にとって可能なはずであった。これらの小包が定期的に分配されなかったことは、これを抑圧のための手段として使おうとした収容所の指揮官たちの力を反映していた。捕虜たちの記録によれば赤十字小包の配布は恣意的なもので、収容所当局の気まぐれな行動に左右されていた。また大多数の捕虜たちは、あらゆる物資に事欠いていた日本人自身によって赤十字小包の中身が消費されたに違いないと信じている。

時として捕虜に届いたアメリカ赤十字社報には、日本によって配給された品を補足するための「週間食糧小包」についての記述があった。ある上級将校によると、捕虜になってから一年間アメリカの捕虜たちはただの一度も小包を受け取らなかったという。その後一九四三年四月から一九四五年八月の戦争終結までで彼らは「三年三カ月で一五の小包」を与えられた。それらは、「折りたたみができるスーツケースで、

表9　極東地域で費消された国際赤十字の金品（1941-45年）　（単位：スイスフラン）

	各国政府・赤十字社からの資金	現地調達資金	計
医薬品,外科用品,歯科治療用品	953,032.46	38,568.25	991,600.71
石鹸(洗濯・化粧),消毒薬	289,894.03	6,859.10	296,753.13
食料品	8,784,470.04	547,737.33	9,332,207.37
衣服,履物,糸,ボタン	601,196.26	89,197.07	690,393.33
洗面用具(歯ブラシ,歯磨き粉,剃刀,櫛,ブラシ等)	134,809.15	2,440.35	137,249.50
書籍,ゲーム,運動用品,楽器	44,060.30	28,354.40	72,414.70
ベッド,マットレス,毛布,シーツ,タオル	126,899.67	37,359.60	164,259.27
家事用具,ほうき,トイレットペーパー	104,476.50	5,024.42	109,500.92
事務備品,文具,鉛筆等	37,213.47	74.40	37,287.87
手当(文民)	831,644.73		831,644.73
小遣い(捕虜および文民)	1,518,161.47	50,080.14	1,568,241.61
救援小包	371,161.70		371,161.70
刻み煙草,紙巻タバコ,喫煙具	486,265.89	177,307.13	663,573.02
将校用食事(上海)	18,281.15		18,281.15
家賃,電話代,光熱費,建物・家具・台所備品修繕費,賃金(うち80万フランは,香港のローザリー・ヒル赤十字ホーム)	899,099.86	44,891.95	943,991.81
雑費(物品運送費,運賃,電信料)	913,338.40	155,512.74	1,068,851.14
合計	16,114,005.08	1,183,406.88	17,297,411.96

出典：*Report of the ICRC, Second World War,* Vol. 1, p. 463.

中には新規に捕虜となった者がすぐに必要とする五〇の品々が入っていた[26]」。

後に一九四五年の春に満州で捕虜になったある者は、「我々は飢えてボロをまとい満州に来てから一度も手紙を受け取っていなかった（最後の手紙は九ヵ月前に受け取った）のに、ウラジオストックの赤十字物資搬送所には食糧・郵便、そして衣服が溢れていた」。食糧ばかりか郵便までが捕虜には配られないでいたのである。日本人たちは、検閲があるから郵便が遅れると言い逃れするのが常であった。しかしこれは残酷な欺瞞である。捕虜への手紙は、通常は最高で二年もの、いつになるかわからないくらいの遅れでオーストラリア・イギリスあるいは世界各地から到着したのである。

たぶん、戦争の終わりに向けて物資不足が深刻化した時に、日本人たちはより頻繁に捕虜向けの赤十字供給品を自分たちのために使ったようである。この転用については多くの記述が残されている。あるオーストラリア人将校は、「赤十字のタバコ缶から出したタバコを衛兵が吸っているのをしばしば目撃した」と言っている。また、アペロン(Aperon)近くにあったジャングルの中の収容所では、一九四四年の半ばに日本の衛兵が捕虜に支給されるべき赤十字の缶詰と食糧で五カ月間も食いつないだと言う。

幾人かのオーストラリア人捕虜は、「アメリカ赤十字の長靴を積んだ三輌の貨車」が、日本軍のいる北方に向かう列車に連結されているのをたしかに目撃した。敵に掠め取られ利用されるだけなので、今後赤十字は一切物資を送らないようにとさえ訴えている。どれだけの規模の赤十字小包が配られなかったかは、捕虜たちが解放されて初めて明らかになった(表9参照)。

マルセル・ジュノー博士

一九四四年前半のパラヴィツィーニ博士の死後、ヨーロッパで彼の交代要員が探され、マルセル・ジュノー博士(Dr Marcel Junod)[27]が通訳のマルガリータ・ストレーラー嬢(Mlle Margherita Strachler)とともに後継者に任命された。非協力的な日本側の要求によって、彼らはジュネーヴを六月に出発し、一九四五年の七月二八日に満州に到達した。日本の当局が「敵陣営」を通過しない経路のみを認めたために、彼らはパリ・ナポリ・アテネ・カイロ・テヘラン・モスクワ・シベリア・チタ・オトポー(ザバイカリスク)

を経由して満州に至った。実際のところ彼らは、原爆が投下され日本が降伏した一九四五年八月になるまで日本に到着することはなかった。彼が苦心した上に、予定より大幅に遅れて一九四五年の夏の終わりになって日本に到着する旅程をたどったので、満州における日本の捕虜収容所のことについては彼が多くを教えてくれる。彼が収容所を訪問した際の手記が残されている。

パラヴィツィーニの死から二〇カ月後のジュノーの到着までの空白期間をマックス・ペスタロッチとハリー・アンストが捕虜収容所訪問を組織する気がかりな仕事を引き受けた。いつも軽蔑的な語調で綴られているが、この赤十字国際委員会派遣員の訪問に触れた捕虜の日記があり、そのいくつかは後に公刊された[28]。遠目にでも派遣員の姿を目撃した捕虜は幸運であった。というのも衛兵の日常的な任務は、捕虜と赤十字の代表とを隔離することによって、訪問の所期の目的を効果的に阻むことにあったからである。第二次世界大戦中を通じて捕虜と赤十字国際委員会代表団との間の実質的に意味ある会話を示す記録は一切存在しない。一九四五年八月に満州で許可された捕虜ウェインライト中将とマルセル・ジュノー博士との二分間の会話と一九一八年にパラヴィツィーニ博士が行なった二時間にわたる捕虜収容所視察とは対照的である。

ペスタロッチとアンストが代表を務めていた間、赤十字国際委員会派遣員の捕虜収容所訪問実現の努力がすべて失敗に終わったというわけでもなかった。ジュノーはこのように記している。

多くの年月のうち三回だけ朝鮮の捕虜収容所をごく短時間視察することができた。また、台湾のそれには二回許された。しかし、満州については一九四三年の一一月になって初めて許可が出た。一年に及ぶまったくの沈黙の後、彼らは奉天にあった一カ所のみを訪問することが許された。ビルマの収容所を訪ねる許可は結局出なかった[29]。

公式記録には、「諸障害にもかかわらず四二の捕虜収容所と二一の民間人収容所、軍民あわせて六三の収容所を赤十字国際委員会の派遣団が訪問した」とある。[30]

訪問報告記録は赤十字国際委員会に提出され、『赤十字国際時報（*Revenue International de la Croix Rouge*）』[31]に掲載された。しかし、厳しい検閲にさらされたこれらの無味乾燥な記事と、捕虜たち自身になる私的な雑誌から得られる憤激に満ちた記述とには何らの共通点も見いだせない。また、一九四五年八月に満州の収容所をストレーラー嬢と訪ねたジュノー博士の記録もある。これは紹介に値する。

数え切れない年月のおくれの後、彼らは満州の捕虜たちを二回にわたって訪ねることができた。それぞれの訪問が印象深いものであった。奉天近郊の収容所でジュノーは収容所病院を訪れた。彼は以下のように記している。

私たちは両側に病室が並ぶ廊下に案内された。病室のドア横の壁にはそれぞれ三、四名の病人の捕虜が立っており、私たちが近づくと深くお辞儀した。起き上がることのできない捕虜はそれぞれに合わせてしつらえられたベッドの上に胸に腕組みをして座っていた。彼らも私たちに傷や手足の不自由さが許す限度まで深くお辞儀をした。最後の日本人将校が通り過ぎると彼らはもとの直立の姿勢に戻り、目は天井を見つめていた。彼らと私たちが視線を合わすことは一度もなかった。[32]

捕虜たちが収容所の指揮官松田大佐にもっている恐怖心にジュノー博士は驚愕した。博士は「あなたたちの中に医者はいますか」と問いかけようとした。しかし、捕虜たちは微動だにしなかった。ようやく松田大佐がオーストラリア人医師の存在を告げたが、当の医師は収容所司令官に発言許可を求める視線を送るだけでこのスイス人来訪者とほとんど話せる様子にはなかった。この行動の意味するところを考えただけでジュノー博士は衝撃を受けた。

翌日、ジュノーは一五名の上級将校が収容されていた西安（Seihan）の収容所〔満州〕を訪ねることができた。ここの捕虜の中には、ウェインライト中将（アメリカ）、パーシヴァル中将（イギリス）そしてスタルケンボルグ総督（オランダ）などがいた。赤十字派遣団の面々は、到着するや否や、この収容所がいかに優れているかについての一時間半にも及ぶ講義をまず聞かされた。その後ようやく次のようなことが告げられた。

捕虜に対して「おはよう」とすら声をかけないし、彼らに同情する素振りを見せないとの約束の下にあなたたちの当収容所訪問が許されたのである。

東京にある赤十字国際委員会の今後は今日のあなたたちの態度如何にかかっている。(33)

ジュノー博士は、一四人の捕虜とは言葉を交わさないことに同意したが、一人だけには彼らが赤十字国際委員会の派遣員であることを知らしめるために声をかけることを主張した。

以前ヨーロッパ人の鉱山経営者たちが使っていた灰色の建物に上級将校たちは収容されていた。この建物の中でジュノー博士は驚くべき光景に接した。一五名の捕虜たちは「部屋の中央に直立不動の姿勢」で立っていた。日本人将校がサーベルで「床をたたく」のを合図に彼らは腕を身体の両側につけたまま深々とお辞儀をしたのである。(34)

赤十字派遣員は、あらかじめ会話を交わす話す相手に指定されていたウェインライトにいくつかのありきたりの質問をした。しかし、ジュノーが彼に何か要望をすることがないかと尋ねた時、「要望事項はすべて書面で東京に対してなされなければならない」との言葉にすかさず遮られた。あれほど待ち望んでいた会見はわずか二分も続かなかった。

ジュノーがそこを立ち去ろうとした時、憤激に満ちた声が聞こえた。

やせ細った神経質そうな人間が日本人衛兵の人垣を縫って私の方に駆け寄って来た。顔はひどく青ざめていたが決意に満ちた表情であった。息をはずませながら私たちに近づき次のように話した。「失礼だが、私はパーシヴァル将軍である。ここでの最上級将校は私であるのに、貴殿がウェインライトのみと話すことを認められたことに抗議する。貴殿に告げたいことが多数ある。ここで何が起きているか貴殿は知るべきである(35)」。

ウェインライトのみと話すことを約束していたのでジュノーは通訳に向かって以下のように話した。それは不可能なことです。どうぞ大佐にパーシヴァル将軍にその理由を説明する許可を求めて下さい。私がウェインライト中将と言葉を交わす許可を求めた時、この収容所の上級将校がパーシヴァル将軍であることを知りませんでした。このような形になってしまった今日の訪問自体が彼をほんとうに驚かせたのでしょう(36)。です。私が彼に話しかけなかったことにびっくりするのは至極当然のこと

松田大佐は、一分間だけの会話を許した。ジュノー博士はパーシヴァル将軍にその日の訪問に課せられた条件などの諸般の事情を説明した。パーシヴァル将軍は、「それでは次回はいつ来訪するのか」と尋ねた。「できるだけ早く」とジュノーが答えた。「きっと来てくれよ。きっとだぞ」とパーシヴァル将軍は日本人衛兵によって引き下がるよう促されながらも繰り返した。

一九四五年八月六日、そこから南西に一千マイル離れた広島で史上初の原子爆弾が炸裂した。その日からわずか三週間もたたないうちに、ジュノー博士は横浜のニューグランドホテルにウェインライト中将(37)とパーシヴァル将軍の来訪を受けた。今回は、彼らは眩いばかりの軍服に身を包んでいた。「今度は平和裏に話せますね」とパーシヴァル将軍が言った。

ジュノーは八月九日、長崎に第二の原子爆弾が投下されたその日に日本の軍用機で満州を離れた。無事

東京に着くとスイス人の友人が出迎えた。しかし、東京を見て廻るとアメリカ軍の激しい空襲による破壊のすさまじさを知るに至った。ジュノーは、戦争の終結を告げる八月一五日の天皇の放送を聞いた。日本人は納得してそれに従うだろうか。東京在住の外国人たちの間に動揺が広がった。というのは、(日本が)戦争に負けるような時には、外国人捕虜たちの命はないものと広く信じられていたからである。

この不確かな状況に直面して、ジュノー博士は、「日本の各地で隔絶され身動きが取れなくなっている捕虜たちのこと」を考えた。これに沿うかたちで、スイス・スウェーデンなどのヨーロッパ中立国の人々をグループ化し、日本本土にある七つの主要な収容所にオブザーヴァーとして派遣する用意をした。今や協調的になった日本の当局はこの試みに即座に許可を与えた。赤十字国際委員会のために働く中立国派遣団が各地の捕虜収容所に向けて八月二七日に出発した。それぞれの収容所に到着するとすぐに、彼らは日本の無線通信を使ってマッカーサー元帥に収容所からの捕虜たちの解放状況を監督する準備ができたことを知らせることができた。ジュノー博士が捕虜収容所への臨時赤十字国際委員会派遣団を組織した時[38]、広島に向かうグループには、この市内を訪ね原爆の影響を報告するように要請した[39]。

一九四一年から四五年の日本赤十字

国際的機関の一支部としての日本赤十字にとって、一九四一年から一九四五年の間は屈辱的な時期であった。それが国際的な絆を保つことは不可能に近いことであったからである。救済基金・医薬品・諸物資が捕虜収容所に送られた。しかし、捕虜たちが実際にこれらの恩恵を受けたのであろうか。赤十字の島津副社長[40]は広範に旅をし、赤十字国際委員会の派遣員とともに収容所を何度か訪れた。戦争捕虜や連合国籍の民間被抑留者に向けて数千の物資が取り扱われた。一九四四年には日本赤十字は、捕虜や被抑留者あての手紙一〇万通を扱った[41]。それにもかかわらず、人道主義的な理想から離れることのないようにするはずの日本赤十字社の無能力さは、その国際関係部門を先導していた人たちとっては恥ずべきことであったに違いない。

赤十字国際委員会は以下のように報告した。

(日本赤十字の)外事部は戦争に関連して急激に必要性を増してきた諸任務を遂行することができなかった。仕事の負担は、部長と秘書官、それに三名のボランティアによって担われたが、彼らは外国語にあまり堪能ではなかった。慣習として、赤十字国際委員会派遣員の捕虜収容所訪問には日本赤十字の代表が必ず同伴することになっていたが、これができた唯一の秘書官がすぐにこの厄介な仕事で消耗してしまった。この職員不足からも日本赤十字が東京にいた赤十字国際委員会代表団と有効に協調して活動することがますます困難になった。

日本赤十字の外事部にとってこの頃は落胆の時期であった。彼らのあらゆる努力が自国の軍当局の態度によって無力にされたからである。にもかかわらず、「時としてスイス人派遣員に日本赤十字社が仲介の労をとって援助した」との赤十字国際委員会の記述もある。スイス人たちは、「収容所訪問によってかかる費用を日本赤十字が負担してくれた」とも記録している[42]。

実際のところ、日本赤十字社は、そのほとんどすべての精力を日本の陸海軍のために注ぎ込む狭量な国家主義的な団体へと逆戻りしていた。救護班は陸海軍病院の仕事のためにのみ募集された。望むと望まないにかかわらず、日本赤十字は軍当局の一下部機関となった。日本赤十字救護要員は戦争中すべての前線で活動し、兵員と同様に大きな人的な損失を蒙った。とくに戦争末期に日本軍が混乱し撤退を余儀なくされた時、それは著しかった。ある日本兵がビルマで、「日本赤十字の看護婦の屍数体が髪を川面に広げながら下流に流れていた。それらがまるで引き寄せられたかのように我々の筏の方に漂ってきた光景をけっして忘れることはできない」と書いている。[43] なんとも胸が締めつけられるような記述である。戦後日本赤十字は一人の旧日本兵を雇い入れた。中国で負傷した彼は、その時の赤十字看護婦による救護活動の素晴らしさに強く印象づけられたがゆえに、一九四六年に事務職員として赤十字に加わったのであった。[44]

太平洋戦争の期間中、日本赤十字社は愛国主義的団体の役回りを演じるところまで立ち戻っていた。たぶん、同社は軍当局から強いられてそうなったのであろう。たしかに軍事行動の観点からすれば、そのような人道主義的な努力も危険で問題を孕むものであった。

戦後次のように記しているのは、香港の前医療担当官セルウィン・セルウィンクラーク博士である。「たとえそれが戦争であろうと、規範であろうと、イデオロギーであろうと、人を一つの鋳型にはめ込むことはできない」[45]。まさにそのように、人道主義の灯火を守り続けた多くの人々を見いだすことができる。その中には幾人かの日本人も含まれていたのである。

第四部　一九四五年、そしてそれ以後

第一二章 「戦争の顔は死の顔である」

敗北

一九四五年初めの八カ月間、日本人たちは、当時のアメリカ合衆国戦争担当国務長官ヘンリー・L・スティムソン（Henry L. Stimson）[1]の言葉を借りるならば「戦争とは死である」と言われる損失の大きさを思い知らされていた。アメリカ軍が日本本土に接近するにしたがって、激しい空襲が日本各地に無秩序に広がる集合都市を見舞った。焼夷弾が投下されると薄っぺらな木と紙でできた家屋に覆われた何エーカーもの土地が炎に包まれ何千もの人々が命を落とした。これらの恐ろしい空襲でも日本政府から容赦を求めるいかなる懇願も引き出すことができなかった。一九四五年八月六日午前五時にトルーマン大統領は広島への最初の原子爆弾の投下を命じた。

「それはまるで太陽神の天照大神が、自殺に向かう道から日本を引きずり出すために、彼女の太陽のかけらを日本に向けて投げつけたかのようであった」と広島への原爆投下を目の当たりにして記したのは、当時日本軍の捕虜となっていたイギリス人将校ローレンス・ヴァン・デ・ポスト（Laurens van der Post）であった。[2]しかし、日本からまだ何の反応もなかった。

表10　太平洋戦争における日本人犠牲者の概数

日中戦争（1937-41年）		185,647
陸軍（1941-45年）		1,140,429
対アメリカ軍	485,717	
対イギリス・オランダ軍	208,026	
中国	202,958	
オーストラリア戦闘地域	199,511	
フランス領インドシナ	2,803	
満州，ソ連	7,483	
その他の外地	23,388	
日本内地	10,543	
海軍		414,879
計		1,740,955
空襲による一般市民の犠牲者		
東京	97,031	
広島	140,000	
長崎	70,000	
その他63都市	86,336	

出典：J. W. Dower, *War Without Mercy...,* p. 297.

一九四五年八月九日二個目の原子爆弾が長崎に投下された。これの後に、天皇が、すぐには理解しにくい古代の宮中用の日本語で、ポツダム宣言の諸条項を受諾する旨を伝える歴史的なラジオ放送を行なった。ポツダム宣言は、米英中の三カ国によって発せられた「日本軍の無条件降伏」を求めるものであった。降伏は前例を見ないものであった。これへの軍当局者の対応は多くの人々に衝撃を与えた。彼らの多くが屈服と占領よりもみずからの死を選んだのである。東京の政府には、外地にある将官たちが素直に降伏に応じるか疑念があった。このため、皇族たちが命令の実行を確実にするために中国・東南アジア・満州の各地に派遣された。

「大東亜共栄圏」全域で、多くの日本人たちがかつての敵側の手中に委ねられた。その多くが日本を再び見ることができなかったかもしれない。連合軍が日本に到着した時、アメリカ人の最大の関心事は日本を適切に統治するための計画作りにあった。イギリス・フランス・オランダにとっての関心事はそれぞれの旧植民地を再占領することであった。ロシアは日本と当初戦争をしていなかったが、一九四五年の春にドイツが降伏し厳しい西部戦線の戦いから解放されると、満州国境に軍隊を大規模に集結させ、一九四五年八月八日、日本に宣戦布告をするや否や満州に侵攻した。

一九三七年の中国との戦争開始から一九四五年八月の戦争集結までの戦争期間に、日本は二〇〇万人をそれほど下らない人命の犠牲を払った（表10参照）。日本での四〇万人ほどになる民間人死者のほとんどは、一九四五年三月以来アメリカ空軍が開始した絨毯爆撃作戦による犠牲者である。

これら戦争による死者に加えて、三〇万人以上が政府の長期年金支給の対象となる重傷を負った。兵員がそのほとんどであったが、終戦直後に帰国した者のうち約四五〇万人の健康状態が悪かった。[3]

降伏文書の調印が、印象的な式典として東京湾に浮かぶ戦艦ミズーリの艦上で一九四五年九月二日に執り行なわれた。連合国最高司令官マッカーサー元帥[4]は、すでに一九四五年八月二八日に東京近郊の厚木飛行場に降り立っていた。日本占領は、円滑に行なわれた。日本人たちは、彼らの町や都市が惨澹たる状態にあり、食糧が不足し生活水準が日に日に低下していたにもかかわらず、頭を垂れ彼らの運命を静かに威厳をもって受け入れたのであった。

戦争犯罪の裁判

連合軍の最初の仕事は、「戦争犯罪」に加担したと信じられる人々に正義を行使することであった。これらの中には、連合軍兵士や植民地宗主国のために戦った現地住民軍兵士、そして現地の住民などの数多くの人々に野蛮な行為を働き日本の名声を汚したと思われる者たちが含まれていた。

旧日本帝国の全域において、連合軍は現地民間人あるいは捕虜のどちらかについての戦争犯罪に関わったと見られる人々の逮捕活動を始めた。多くの場合訴追することは困難であった。連合国が日本の降伏を受け入れた八月一六日からマッカーサーの占領本部が設立された九月八日までの間に日本の当局者が東南アジアに広がる現地支部にすべての犯罪の証拠となるような資料の焼却を命じたこともその一因であった。

東京市谷の陸軍省をはじめとして遠く離れた太平洋の小島に至るまで焚き火の炎が荒れ狂った。忠実な将校たちが、占領が実質的に開始される前に大量の文書を焼却したのであった。「帝国会議に関するもの、最高戦争指導会議の全記録、閣議および枢密院の議事録、捕虜に関するすべてのファイル、フィリピンや東南アジア侵攻についてのすべての作戦指令および計画案、満州・中国方面作戦に関わる全文書」のあらゆる写しが焼却の対象となったようである。(5)

さらに極秘の電信が、日本軍の野戦司令官に「敵の手に渡った場合に我々の不利になるような文書はすべて秘密文書と同様に取り扱い、焼却されるべきもの」と見なすよう促した。同じ電信が、「捕虜や民間被抑留者を不当に扱った者たちを直ちに転属させるなり、痕跡を残さぬよう逃亡させるなりして彼らを保護する対策を立てること」を指示した。(6)

このような行動が、日本人を戦争犯罪で訴追しようとした時、連合軍の法律家たちを証拠のはなはだしい不足で悩ますことになった。それにもかかわらず、担当官たちは、捕虜および民間人に対して残虐な行為を行なったと見なされる日本の軍人たちに正義を行なうことを固く心に決めていた。

遅く参戦したロシアを含めたすべての連合国は、一九四六年五月三日から一九四八年一一月一二日まで東京で開廷した極東国際軍事裁判に主に関わった。一一カ国がそれぞれ一人ずつ判事を出した連合国の法廷であったが、アメリカの法律家が裁判をリードした。インドのラドハビノッド・パル（Radhabinod Pal）、オランダのB・V・A・レーリング（B. V. A. Röling）、カナダのエドワーズ・ステュアート・マクドゥーガル（Edwards Stuart McDougal）、イギリスのパトリック卿（Lord Patrick）、アメリカ合衆国のマイロン・C・クレイマー（Myron C. Cramer）、裁判長を務めたオーストラリアのウイリアム ウェッブ卿（Sir William Webb）、中国のジャオ・メイ（Ju-ao Mei）、ソヴィエト連邦のI・M・ザラヤーノフ（I. M. Zarayanov）、フランスのアンリ・ベルナール（Henri Bernard）、ニュージーランドのハーヴェイ・ノースクロフト（Harvey Northcroft）、それにフィリピンのデルフィン・ヤラニラ（Delfinn Jaranilla）が判事であった。検事・弁護士もすべての国から出された。これに日本人の弁護をする立場を明確にした日本人・アメリカ人が一部加わった。首席検事は、アメリカ人のジョセフ・キーナン（Joseph Keenann）であった。二五人の被告のうち七人が重大な犯罪の咎で死刑を宣告された。このうち六人が陸軍の将軍であった。他の被告たちには禁固刑が言い渡された。

この裁判は始めから論争を呼んだ。幾人かの判事は、いくつかの判決に異議を唱えた。インドのパル判事(7)は、多くの裁判に欠席し、審決に反対意見を述べた。オーストラリアのウェッブ判事は原則として死刑判決に同意しなかったし、オランダのレーリング判事(8)もまた批判的な意見をもっていた。理性ではなく報復の気持ちが判決を左右したことはおそらく事実であったろう。たしかに、もし戦争中彼らに悲惨な生活を強いたその責任者たちに罰が下されなかったとしたら、かつての連合軍捕虜たちの怒りはいかばかりのものであったろうか。

日本政府の行動の全責任をとり、天皇の戦争責任についての無罪を主張し連合国から戦争犯罪者の主犯と目された東条英機大将（一八八四―一九四八年）に加えて、土肥原賢二大将、民間人で唯一人処刑され

た広田弘毅男爵、板垣征四郎大将、木村兵太郎大将、松井岩根大将、武藤章中将らに死刑が宣告された。(9)

東京裁判とは別に、数百人の人々が各地で裁判にかけられた。その中には山下奉文大将もいた。彼は「マレーの虎」として知られたが後にフィリピン方面軍の司令官となっていた。彼は一九四五年一〇月二五日にマニラで裁判にかけられ同年一二月七日有罪となり死刑を宣告された。山下に対する裁判は多くの論議を呼んだ。この裁判は、フィリピンにおいて、「戦闘経験も法曹界の経験も持たない五名のアメリカ人将官からなる軍事評決委員会」の前で行なわれた。(10) 罪状は、「彼の指揮下にある部下の行動を統率する司令官としての任務を違法にも無視しその遂行を行なわず、部下たちの残虐な野蛮行為やその他の犯罪行為を放置した」ことにあった。最終的には控訴によってアメリカ合衆国最高裁判所までこの裁判は持ち込まれた。最高裁は、五対二で一審判決を支持した。少数意見を述べたのはフランク・マーフィー(Frank Murphy)判事とウィリー・B・ルートリッジ(Wiley B. Routledge)判事であった。マーフィー判事が次のように述べている。

上訴者は、不適当な罪状で急いで裁判にかけられ、適切な弁護の準備をする十分な時間を与えられず、証拠についての最も基本的なルールのいくつかから利益を得る機会をも奪われ、略式で絞首刑判決を受けた。すべてにおいて不必要で不穏当な性急さが見受けられ、戦争を律する諸法への明白な違反行為があったことを真剣に立証する試みがなされなかった。(11)

しかし、フランク・マーフィー判事のこの完璧な理由づけを許容するようなかつての捕虜経験者を一人でも見いだすことは至難の業であろう。

他の連合諸国と同様にイギリスも、イギリスおよびイギリス連邦人の捕虜に対する残虐な行動や長期にわたる野蛮行為に関わった者たちを裁判にかける決意をしていた。この仕事は非常に困難で、忍耐と粘り強さを必要とした。本書での調査は、シリル・ワイルド（Cyril Wild、一九〇八―四六年）[12]の著作による。彼は、上級情報将校・大尉で一九四二年二月一五日のシンガポール陥落に際して白旗を掲げ、パーシヴァル将軍とともに捕虜になった[13]。戦後、ワイルド大佐として彼は、イギリスの戦争犯罪連絡担当将校（マラヤ、シンガポール）となった。彼は、マニラで裁判を前にした「マレーの虎」山下大将と面会尋問した。また、東京極東軍事裁判に証人として出廷し証言した。悲しいことに彼は一九四六年九月二五日に香港空港離陸時に墜落したイギリス空軍機ダコタの事故で亡くなった。

一九四五年一〇月二八日に行なわれた山下奉文将軍との会見でワイルド少佐は、山下に日本人の残忍行為を何回も糺した。ワイルドが直接知っていた残虐行為は、一九四二年初めのマラヤでの出来事であった。山下が空から撒いたパーシヴァル将軍に降伏を勧告する手紙を引き合いに出してワイルドの尋問が始まった。その手紙にはイギリス人の勇敢さについて触れられていた。山下は、「あなたたちの軍隊は非常に勇敢に戦った」と話しこれを認めた。それにもかかわらず、ワイルドの指摘によると、イギリス軍は無条件降伏したとの理由で、捕虜となったイギリス人の一切の権利を日本人将校が否定することになったという[14]。

日本人が犯した残虐行為として五つの事例をワイルドは挙げた。

一、ミュアー（Muar）の戦闘で負傷したオーストラリア人、インド人の虐殺二件。
二、オーストラリア帝国軍（Australian Imperial Force）のキーラー軍曹（L'Sgt Keiller）に対する憶測に基づく銃殺刑の執行。
三、アレクサンドラ病院での虐殺。
四、一九四二年二月一九日のオーストラリア人捕虜一四名の銃殺。
五、シンガポール在住中国人の虐殺。

最後のケースについて山下は、軍隊の関与を否定したが、日本の秘密警察が彼らが「泥棒や強盗」と呼んだ人々に対してしばしばこの種の行為を働いたことを認めた。ワイルドが信ずるところによれば、数百、否数千の中国人がこの恐ろしい行為の犠牲になり殺された[15]。

裁判にかけられ有罪となった日本人たちに報復がなされたとはいえ、彼らは少数で氷山の一角でしかなかった。裁判にかけられるべきであったかもしれない多くの人々は静かに身を潜め、時が来るのを待ってまた普通の生活を始めた。しかし、少数の人々の処刑ではあってもそれは、一九三七年の南京虐殺、一九四五年のマニラ虐殺、そして一九三一年から一九四五年までの間に日本が植民地の支配者として振る舞った所すべてで犯した無数の暴虐行為に対する罪の償いであった。

勝ち誇る連合国

祖国が惨憺たる状態であった上に日本人たちは疲れ切っていた。多くの人々は戦争が終わりほっとしていた。民族として日本人は服従させられたのであり、敗北による彼らの恥の意識には甚大なものがあった。彼らがやや驚いたことには、日本を占領した連合国の代表たちもアメリカ人たちもあまり抑圧的に振る舞うことがなかった。多くの一般市民たちは実際の占領が予期したものよりも驚くべきことではないことを悟った。多くの社会的な規制が廃止された。

アメリカを除く連合国（すなわち、イギリスはじめオランダ・フランス）は、戦争が終われば再び植民地帝国を構築できると信じていた。実際には、短命に終わった日本による三年半の帝国支配が、植民地従属民の間に外国の帝国主義者たちはもう戻って来ないのではないかとの期待をもたせる意識上の革命を生み出していた。一九四五年以降、列国の植民地当局者たちは、日本によるこれら植民地の一時的な統治が彼らの植民地帝国を破壊し、これらの独立のみが唯一の受容できる帰結になっていたことを認め難かった。

オランダ・フランス・イギリスが東南アジアを再占領するに及んで、今度は彼らが、戦争終結時にこれらの地域で戦っていた何千もの日本人の生命を預かることになった。「降伏した敵軍兵士」の感情について記したものはほとんど残っていないが、イギリス人に対する一つの反応をここに引用しておくべきであろう。

イギリス軍につかまった会田雄次は、一九四七年に帰国するまでビルマで卑しい労働に従事した。一九四五年一一月から一九四七年五月まで会田は、彼が言うところの「イギリス人の囚人」であった。彼の本は虐待の目録のようである(16)。彼の信じるところでは、日本人収容所は意図的に沼地やごみ捨て場近くの不潔な場所に設置され、日本人を侮蔑的に取り扱うことでイギリス人たちの傲慢な心が満たされていた。会田の友人は、便所の掃除をしている時にイギリス人と同じ場所で用を足そうとしたために、イギリス人に小便をかけられた(17)。イギリス人の遺体を正規の墓地に再埋葬する作業は、不愉快な強制された労働であった。女性宿舎の清掃に際して、女性たちがこれ見よがしに日本人を軽蔑して裸で歩き回る光景は、日本人の男性にとってこの上ない恥辱であった。会田はむしろ肉体的な虐待の方がましであったと書いている。会田は次のように結んでいる。

とにかく英軍は、なぐったり蹴ったりはあまりしないし、殺すにも滅多切りというような、いわゆる「残虐行為」はほとんどしなかったようだ。しかし、それではヒューマニズムと合理主義に貫かれた態度で私たちに臨んだであろうか。そうではない。そうではないどころか、小児病的な復讐欲でなされた行為さえ私たちに加えられた。

しかし、そういう行為でも、つねに表面ははなはだ合理的であり、非難に対してはうまく言い抜けできるようになっていた。しかも、英軍はあくまで冷静で、「逆上」することなく冷酷に落ちつき払ってそれを行なったのである。ある見方からすれば、かれらは、たしかに残虐ではない。しかし、視点を変えれば、これこそ、人間が人間に対してなしうるもっとも残虐な行為ではなかろうか(18)。

確かにイギリス人たちは日本人の戦争中の行為に報復した。彼らの誰もが戦争中の連合軍捕虜の苦難を知っていた。会田は例外的であったのか。多くの日本人兵士が降伏に安堵し、戦争の終結を心から喜んだ。会田は後に京都大学の歴史学教授になった。彼の心は、「降伏した敵軍将兵」となったことによって、かつての連合軍捕虜たちと同じほど傷ついたのであろうか。

一九四五年の春以来西部戦線の軍隊を極東に振り向けたので、満州の北の国境にはロシア軍が大規模に増強されていた。一九四五年の夏までには、一五〇万人の兵士、五〇〇〇輛の戦車、五〇〇〇機の戦闘機をもつとみられるソ連軍が満州の関東軍に対峙していた(19)。満州には、六五万人の日本人と三五万人の中国人・満州人・その他などからなる、約一〇〇万人の軍隊が日本のために戦っていたと思われる。満州の関東軍司令部をただただ狼狽と不信が支配した。敗北と捕縛の現実を直視できない多くの将校たちがみずから命を絶った。停戦までにロシア人たちはできる限り南に進撃しようとした。奉天・新京・ハルビン・吉林・旅順にパラシュート部隊を降下させ飛行場と通信施設を押さえた。日露戦争で日本人によって彼らが追い出された地域への進駐であった。年配のロシア人将校たちにとってそれは大いなる満足をもたらしたに違いない。

満州全土の日本軍部隊が降伏した。このため国によって押し付けられ関東軍によって維持されていた日本人植民者たちが満州人やロシア人兵士たちにされるがままに棄てておかれた。およそ六〇万人にものぼる日本人兵士が捕縛されソヴィエト連邦に送られ強制労働に従事した。二年後の一九四七年から彼らの帰還が始められた。一九四九年までに当初連行された五九万四〇〇〇名のうち五一万三一三九名が日本に帰還した。

満州の植民者たちはそれよりもっと悲惨な状態にあった。彼らは、満州への移住を説かれて入植し、それぞれの開拓地に住んでいた。さまざまな宗教団体からの入植者も含む大勢の人々が今や棄ておかれたのである。その一つに、満州北西部のハロン・アルシャン（Halon-Arshan）と興安（Hsingan）との鉄道沿いにあった哈拉黒《ハラヘイ》（Halahei）村があった。日本に徒歩で帰るべく南東方向に歩き始めていた哈拉黒《ハラヘイ》村の人々のロシア兵による虐殺はよく記録されている。しかし、これは混乱が支配した一九四五年晩夏の似たような出来事のほんの一コマでしかない[20]。

赤十字国際委員会の代表としてマルセル・ジュノーが日本に残った。アジア大陸で消息不明になった日本国民を取り戻すために、ソヴィエト政府当局への働きかけの援助を彼が日本政府に要請された時、彼はこう答えた。赤十字国際委員会と「ソヴィエトとの関係はとうてい協調的と言えるものではありません。彼らが私の意見に耳を傾けるとは思われません[21]」。結局、「この種の公式訪問の必要性を認めません」との返事が連合軍最高司令官マッカーサー元帥にソヴィエトから届いた[22]。このようにして一九四五年以降、自国民を救出するために各種人道主義団体の協力を熱心に望んでいた日本は、日本が強大で成功していた直前の時期に日本人がしたと同じようなやりかたで要望を撥ねつけられたのであった。

ロシア人を抑圧的な囚人看視人と見る一般的な見方とは対照的な珍しい経験が一つある。「マコト」と呼ばれた若い兵士の手記である。彼は一九四五年八月に防空部隊の一三名の将校と二五〇名の兵員と一緒に捕虜になった。一一月の半ばに彼らは列車で当初北にそれから西へと進みロシア領に送られた。列車では、「食事はロシア風であり、適当であった。ひまわりの種子から採った油で調理された穀類、黒パン、キャベツ、ジャガイモ、玉葱、何の肉かはわからなかったがそれが入ったシチューが出た」[23]。監視兵は彼らを親切に取り扱かった。虱を退治する時間をくれたし、熱いシャワーを浴びている間に衣服を燻蒸してくれた。二四日後に彼らは列車を降り、宿舎まで行進した。その宿舎は、「五つの大きな建物群からなり高い板塀に囲まれていた」。

人々が到着したのはカザフスタンのカラガンダ（Karaganda, Kazakhstan）であった。戦争が終わっていたので彼らは戦争捕虜ではなかったが、他の人たち（ドイツ人やルーマニア人など）と同様に強制労働に従事した。この地方の主要産業は石炭業であったが、マコトたち日本人は家の建築に当たった。食事は列車で出たものと同じようであった。肉とサンフラワーオイルを定期的に食したので、日本人たちは食事の寛大さに驚いた。この意味で言えば、日本人の好みに合わないところはあったが、平均的な日本人の食事よりも栄養価の高いものを与えられたのである。意思の伝達も可能であった。ドイツ人抑留者の通訳がロシア語を英語にしてくれた。マコトは英語をそれなりに解したので、今度は彼が英語を日本語にした。ロシア人たちは、「日本人の時計を異常なほど欲しがった。また、万年筆、鉛筆、紙、ポケットナイフをむやみに欲した」。このコソ泥の被害を除けば日本人たちが虐待されたということはなかった。

不満が日本人たちの間での政治的自覚とともに姿を現わした。ある日本兵が厳格な軍制に基づく天皇制を批判し始めた。彼は、「イギリスやアメリカの」市民の諸権利にも触れた。ロシア人たちは、日本人たちが「ファシスト」組と「民主主義」組とのどちらかを選んで分かれて行くことに明らかに関わっていたというわけではなかった。しかし、日本人間の敵対心が強まり収拾がつかなくなる恐れが出るに及んでロシア人たちは「ファシスト」組を排除して、「民主主義」組に管理を委ねるようになった。反ファシスト組はしだいにロシア色を強め、あからさまに「共産主義者」を目指す、特別訓練を受けるようになった。満州で綿花の摘み取り作業に従事していた日本の民間人が到着し、収容所がさらに窮屈になると敵対感情がさらに高まった。ついに、ロシア人たちは日本人を最初は少しずつ、後には大きな数で本国に送還する計画を立て始めた。結局、彼らは列車でウラジオストックに送られ、そこから日本船で帰還した。「親共産主義者」が殴られた時、すぐに暴動が起きた。送還された人々の多くは、「共産主義者」とはこれからけっして一緒には行動したくないと考えた。マコトが舞鶴に上陸した時、そこから電報を送ろうとした者はほとんどいなかった。ロシアに二六カ月も抑留されていたのである。彼らは今や祖国の同胞が彼らに対して「共産主義者」としての恐怖感を抱いていることを知ったのであった。

マコトは、東京の破壊状況に大きな衝撃を受けた。彼自身も最初は冷たい歓迎を受けたが、次第に兄弟・姉妹たちが彼を暖かく迎えるようになった。マコトは、彼の抑留生活が楽しいものであったと言うことをためらった。なぜなら、他の人々が苦難にあえいでいたのに自分だけは違うとは言えなかった。彼は、「列車から見たシベリアの雄大な景色」についてのみ語った。(24)

広島・長崎の原子爆弾

連合国のためにアメリカが使用した二発の原子爆弾が、それは戦争を終結に導いたものではあるが、日本に対して考案された最悪の報復手段であったことを疑う者はほとんどいないであろう。日本は連合軍の上陸作戦に備えて残存していた精鋭部隊五〇万人を九州に集結させていたので、もし上陸作戦が実施されていたら広島・長崎以上の犠牲者を出したに違いない。したがって原子爆弾を使わざるをえなかった。こうアメリカ人たちは主張した。[25] これに加えて、もし日本上陸作戦が行なわれていたら、日本本土はもちろんのことたぶん東南アジアの諸収容所にいた捕虜たちの命が犠牲になったであろうと広く信じられている。原子爆弾の投下を糾弾する人々はこの釈明を受け入れることはない。

無防備の一般市民へのこの爆弾の使用は何を意味するのか。

マルセル・ジュノー博士のような赤十字国際委員会の代表者などの中立国の人を含む直後に現地を訪れた人々の報告をここに記録することは価値がある。一九四五年九月二日ジュノー博士は広島に入った彼の派遣員から次のような電文を受け取った。

三〇日、広島を訪問。恐るべき状況なり。町の八〇パーセントが完全に破壊。病院はすべて破壊もしくは甚大な被害。二つの臨時病院を訪問。筆舌に尽くし難い状態。爆弾の効果は驚くべきほど甚大。明らかに快復途上にあると見えた患者の突然の死亡。白血球の異常や内臓器官の出血か。死者の数は極めて多し。一〇万人以上の負傷者が今なお近隣の臨時病院に入院中。諸物資、包帯・医薬品の著しい欠乏。市中心部への諸物資の緊急パラシュート投下を連合国軍上層部に要請されたい。大量の包帯、脱脂綿、火傷軟膏、サルファ剤、血漿プラズマ、輸血キット緊急に必要。即座の行動要請される。医療調査団の派遣も必要。続報あり。要受領通知。[26]

一九四五年九月三日にジュノー博士は連合国最高司令官にこの報告を送り、赤十字国際委員会の名の下に「広島の犠牲者への食糧と医薬品の緊急援助を要請した。また、赤十字国際委員会代表団唯一の医師なので広島に自身が赴き救援隊を組織することを申し出た[27]」。

九月八日、急いで集めたアメリカ人外科医、内科医、二名の撮影技師、それに二名の日本人医師とともにジュノー博士が広島に向け西に飛び立った。アメリカ人たちは一二トンの医薬品・医療物資を割り当てた。これらすべては赤十字国際委員会の管理下に置かれた。

彼らがどのように迎えられるかいくらかの不安があった。しかしこれが杞憂であったことがすぐに判明した。ジュノーが以下のように書いている。

我々はすぐに広島県の陸軍司令部に到着した。……我々が進むにしたがって、当番士官が「捧げ銃」と号令を発した。……そして日本人大佐と何人かの将校の前に通された。それぞれの紹介の後、すべての人が少しも躊躇なく行動し、握手をした。……敵意の感情を一時たりとも感じることはなかった。……これら将校は天皇の命令に忠実に従っていた。[28]

異常な事態の中で、広島自体に彼らが到達した時（市の壊滅のために彼らは町から遠く離れたところに宿を取らざるをえなかった）、広島の赤十字病院が「奇跡的にも大量殺戮から免れていた」ことを発見した。[29]

ジュノーはこう記している。

それは大きな石造りの建物で、しっかりと作られており、基礎の上にきちんと建てられていた。玄関とホールは完全にもとのままのように本当にしっかりとしていた。外見では建物は普通の状態であった。しかし、上の階に上がってみると、爆発の衝撃風ですべての窓枠と窓ガラスが失われていることに気づいた。すべての試験器具が使用不能になっていた。屋根の一部が落ち、病院は雨風にさらされていた。日本人医師の一人が、ここには爆弾投下の日に、一千人もの患者が運び込まれたがそのうち六〇〇人がほとんど即死状態であったこと、その遺体が病院に隣接するどこかに埋葬されたことを話してくれた。まだ二〇〇名ほどの患者が残っていた。ここでは輸血ができない。なぜなら試験を行なう設備がないし、血液提供者は死んだり行方不明になってしまったからである。[30]

熟練を身につけた人員の不足が恐ろしい破壊をさらに増幅した。広島では次のような人的な被害があった。

三〇〇名の医師のうち、二七〇名が死亡または負傷。
一七八〇名の看護婦のうち、一六五四名が死亡または負傷。
一六二名の歯科医のうち、一三二名が死亡または負傷。
一四〇名の薬剤師のうち、一一二名が死亡または負傷。

日本中の都市部の破壊を目の当たりにして、アメリカは大量の援助物資を急いで送った。迅速な援助が広島と長崎に差し向けられた。アメリカの助言者たちのチームが日本人たちと協働するために続々と到着した。後述するように、日本赤十字社もアメリカの専門家たちの助言から恩恵を受けた一機関であった。日本赤十字社が「核兵器の使用制限と核実験に由来する損害を未然に防ぐ」運動の促進者として国際的に活動したことに何の不思議もない[31]。すでに自衛隊の存在のみしか認めないようにみずからを制限した日本は、核兵器につながるもの一切の保有を拒んできた。

後の推計によると、最初の爆発で八万人が即死した。さらに一〇万人が負傷した後に、負傷そのもの、医療看護の欠如、あるいはエックス線・ガンマ線の被曝による障害で命を落とした。この地域が被爆後少なくとも五日間は放射線の照射が強かったらしい。

ジュノーの報告書は、将来の原子兵器による防衛について一つのセクションを割いている。彼は、軍隊と同じほど一般市民が攻撃の対象となることの恐怖を述べている。しかし、ある点では楽観的な観測もしている。第一次大戦のイープル（Ypres）の戦いで毒ガスが使用されて以来、第二次大戦で再び使用されることはなかった。世界列強が原子兵器のこれ以上の使用禁止を決めることを懇願しているのである。

第一三章　よみがえる不死鳥

再組織

敗北した軍国主義体制にあまりにも密着していた旧日本赤十字社は、一九四五年の軍事的敗北の後、見捨てられ退けられていた。巨大な数の社員数は、超国家主義者・帝国主義者としてもともと募集されたものであった。それが今や力を落とし、消耗しきっていた。「新憲法で陸軍も海軍も廃止されたのだから日本には赤十字など必要ないのではないか」とまで言われた[1]。

残り灰をかき集めてよみがえる不死鳥のように、新組織を築き上げる中心となったのは日本人であった。しかし、これに加えてアメリカ合衆国から民主主義的な行動規範についての直接的な強い介入があった。アメリカの影響については後述する。

一九四五年に日本赤十字社は事実上破産状態にあった。全東南アジアに展開した日本軍を支援する医療救護班の派遣費用のみならず、大量の救護・医療物資の購入費が、その資金を枯渇させてしまっていた。日本赤十字社の基金は「一億ドル相当の日本国債」で構成されていたが、日本を襲った猛烈なインフレーションの過程でそれは「無価値の紙切れになってしまった[2]」。

物理的にも、日本赤十字社のほとんどの病院や建物が甚大な損害を被っていた。あるものは廃虚となっていた。それぞれ一千床をもつ二つの大きな病院は連合軍によって接収され、日本人患者は締め出されていた。ある赤十字の報告書によれば、「八八都市が空襲を受け、二五〇万戸が焼失し、一千万人が家を失った。八〇〇万人が失業し、どの街にも浮浪者や戦争孤児があふれていた[3]」。

アメリカの介入

アメリカが援助の手を差し伸べたのはこのような状態の時であった。それは、単に赤十字組織の再建を助けるためだけではなかった。赤十字が、「病院および他の健康プログラム、諸事業を通じて、日本国民の必要に応える」重要な役割を担っていたことにもよる。

一九四六年のなかばまでに、トム・メッツカー（Tom Metsker）が、それぞれが特別の任務を帯びた六人からなる日本駐在のアメリカ赤十字顧問団の団長に任命された。その六名とは左記の通りである。

ビル・レイニー（Bill Raney）　救急および水上安全法担当
フェルディナンド・ミックランツ（Ferdinand Micklantz）　募金担当
ポール・ハイヤー（Paul Hyer）　災害救護担当
エディス・オールソン（Edith Olson）　看護事業担当
オードリー・バセット（Audrey Basset）　諸学校青少年赤十字担当
マーガレット・グーチ（ダフィー）（Margaret Gooch Duffy）　奉仕団担当[4]

アメリカ人たちが来日した時、彼らは人道的な組織の基本原理として「篤志奉仕（volunteering）」の考え方を携えてきた。それは奇妙な取り合わせであった。日本赤十字は、それまで皇后を頂点に戴く権威主義的なエリート集団として存在し続けてきた。他方で、アメリカ赤十字社は、アメリカの国民的精神に則り、地方の自発性を尊重し、その民主主義的な行動手順に誇りをもっていた。

この重点の変化を橋本祐子の経験からいくつか窺い知ることができる。彼女自身は、一九四五年以後に（既婚の若い女性として）赤十字の活動に加わった。赤十字についての会合に友人から誘われた時、彼女は、「これまで一度も病気になったことはありません。だから、私は赤十字にはふさわしくない」と答えたと言う。[5]その集会の質疑応答の中で一人の参加者が集まった女性たちに向かってこう言った。「あなたたちは、配給品の食糧で家族を食べさせたり、七輪の火を起こすのに毎日追われていますよね。こんなご時勢では、あなたたちは他人に奉仕するどころか、むしろ奉仕を受けてしかるべき立場ではないんですか」。[6]この篤志奉仕への熱意の感じられない発言に奮い立たされて、橋本祐子は次のような意見を述べて議論に参加した。

北支開発公司で働いていた夫とともに彼女は戦争中北京に住んでいた。そこから一九四六年春に帰国することになり、長い退屈な北京から天津までの列車による旅の後、船で佐世保に帰り着いた。赤十字の集まりで橋本は他の人への奉仕がいかに重要かをこの長時間に及ぶ列車の旅を引き合いに出して話した。

北京から天津までの汽車は、もともとは人間が乗る客車ではありませんでした。それは石炭を運ぶ無蓋車だったのです。四〇人が一つの貨車に一団となって乗車しました。各々が、二メートル四方のテーブルクロスをもっていました。一枚ずつのテーブルクロスでは何の役にも立たなかったでしょう。でも、私たちはそれらすべてを縫い合わせました。そうすることで雨風をしのぐ屋根にすることができたのです。便所もなく貨車の片隅に石油缶が置いてあるだけでした。縫いあわせたテーブルクロスが女子供を遮る壁の役を果たしてくれたので、皆がそれを使うことができました。奉仕とは、それがどんなに短い時間でも、どんなに少ないお金でも、どんなに小さな力でも、あるいはどんなに乏しい知恵でも、自分へと同じように他の人にも与えることだと私は思います。(7)

後に彼女は、同じ話を四六都道府県の代表者のために話すよう別の集まりに招待され参加した。これが橋本祐子の長い日本赤十字での奉仕活動、青少年赤十字活動への関与の始まりとなった。(8)

一九二三年の創立当初より戦前期の青少年赤十字は、もともと愛国主義的な青少年奉仕のどちらかと言えば狭い組織であることを奨励されてきた。戦後、これがアメリカ赤十字のオードリー・バセットの助言をもとに再建された。この青少年団の指導者となり助言者ともなったのが橋本祐子であった。この組織は現在八千を超す学校からの二〇〇万以上の会員を抱えている。

戦後の青少年赤十字はよく活動した。一九六四年の東京オリンピックやそのすぐ後に行なわれたパラリンピックでは「言葉のヴォランティア」として活躍した。一九七〇年には、「こんにちは70」と称する事業を主催した。これには一八カ国の青少年代表が招かれた。この中には、当時のソヴィエト連邦・アメリカ合衆国、そして太平洋岸諸国からの代表が含まれていた。(9)

あるアメリカ人顧問が次のように記している。

アメリカ赤十字顧問団は、日本赤十字への助言者であり援助者であることを心得ていた。我々の仕事は、日本国民とその社会の必要に最もよく応えるように赤十字を再建するための仕事をしている日本人を助けることにあった。命令や指令などと称するものは一切発せられなかった。通訳を介しての長時間にわたる討論の後に、翻訳作業とさらなる議論を必要とする文書がまた待っていた。東と西との違う哲学も関わっていたので、我々すべては、お互いの考え方を学ばねばならなかった。また翻訳した言葉が関係する時には、その微細な言いまわしや陰に隠れた意味などを学ばねばならなかった。日本人職員、アメリカ人顧問双方にとってそれは遅々とした学習と理解の過程であった。[10]

奉仕団、「ヴォランティア活動」

戦後の日本で必要とされた数多くの仕事を引き受けるヴォランティアを募集する方法を助言したのは、マーガレット・ダフィーであった。彼女が日本に来た時の名刺には、「ヴォランティアに関する相談員(Consultant on Volunteers)」という肩書きがあったが、これを日本語に翻訳し印刷すると「ヴォランティアの徴用係 (Drafter of Volunteers)」となってしまった。この翻訳で明らかになったこと、すなわち人々は望んでヴォランティアになるのではなく「徴用」されるのだという日本人の間にあった強い思い込みこそが再吟味されねばならなかった。

日本では多くの都市の景観が破壊で荒廃していたので、「都市、町そして村々から瓦礫やゴミを取り除くこと」にヴォランティアの活用が不可欠であった。[11] ダフィー夫人は、東京にあった国立盲学校の生徒数百名のことも回想している。彼らにはほんの少数の介助者が付いていただけであった。彼女は、日本赤十字社東京支部がこの盲学校の運営を援助するために時間を割けるヴォランティア（多くは母親たちであったが）を近隣の地域から募集したことを記している。

アメリカ人顧問団は、北は北海道から南は九州まで忙しく日本中を飛び回った。災害救助顧問団の主な任務は、飲料水と衛生施設が効率良く機能するように日本人たちを援助することであった。看護婦の訓練のために新しい指導要領も作成された。他方で、青少年赤十字顧問として、いかに地域社会に大切な仕事を若者がヴォランティアとして貢献できるかを熱心に示した。

日本人たちは熱情をもっていた。社長の島津忠承から、意欲的な若い青少年赤十字団員に至るまで、すべての人々がアメリカ顧問団の仕事の背後に貫いている原則を学ぼうと懸命に努力した。彼らの生活は貧しかった。ダフィーは、「青白いぼんやりとした光を発する小さな電気コンロや火鉢で暖をとり、熱いお茶を何ガロンも飲みながら、通訳を介して意見交換をした」と書いている。[12] 自身もこのような時期に訓練を受けた橋本によれば、日本人たちはアメリカ人から、「共生、独立、家族の絆を超えての相互扶助」や「ヴォランティア、コミュニティ、自由、民主主義、個人の尊厳」などの言葉の意味を学んだと言う。[13]

戦前にあった軍隊的なものでない新しい考え方が、戦後民主化過程の一環としてさまざまなアメリカ人要員からもたらされた。女性のクラブ、団体でありながら相変わらず男性の指導部を戴いていた婦人会も、アメリカ人による介入の対象となった。[14]

新日本赤十字社

連合国と日本とのサンフランシスコ講和条約が、一九五二年に発効し、赤十字病院も一九五六年に赤十字社に返還された。日本による一九四九年八月一二日のジュネーヴ条約受け入れ表明を受けて、日本赤十字社法が、日本と世界各地の救済と援助に関する日本の立場を再規定した。

新法の第二七条にある同社の業務には、軍隊付属の組織としての任務は含まれていない。また第三条では、「日本赤十字社の特性にかんがみ、この自主性は尊重されなければならない」、として政府からの独立が規定されている。[15] このことによって史上初めて、日本赤十字社が人道主義的組織として他から一切の介入なしに任務を遂行できることになったのである。

一九四〇年以前に、日本赤十字は総計二万床を備えた一六〇の病院を運営し、平時には他の診療施設と同様に一般市民の患者を入院加療にあたっていた。また長年にわたって看護婦の養成を行ない、その養成看護婦は四万三千人に及んだ。戦後それは、日本国民に医療サーヴィスを行なう赤十字社の社会福祉事業へと変わったのである。

戦後復興計画の第一段階として、赤十字社は戦災にあった病院の再建を決定した。東京やその他の地方における病院を再建・修復し、設備を整えるために、大量の資金が必要とされた。利息は高かったが市中の銀行から借り入れることを余儀なくされた。このようにして赤十字社が国内で再確立され、国民に再び赤十字への寄付を促すことができたのであった。

国際社会に再び受け入れられた日本赤十字

赤十字活動をめぐる戦後の国際社会において、日本の立場は論議を呼ぶものであった。日本の軍国主義的な体制に牛耳られたことをおそらく善しとせず、多くの人々が戦争中に日本赤十字社が人道主義的な目的を裏切ったと信じていた。この結果、日本赤十字社は、一九四五年から一九五〇年までの間、すべての国際的な集会への参加権を失った。一九四八年にストックホルムで開かれた第一七回国際会議にも、日本は、「占領軍代表団への実務的助言者」として出席した。[16] 一九三四年に東京で第一五回国際会議を主催した国にとって、それは厳しい仕打ちであった。

日本赤十字社は、除名されない限り、国際赤十字の一会員として集会に参加する権利を当然有するはずであるとしてこの措置に抗議した。彼らは、戦争中の無能力さから見るとやや奇妙に思われるが、「この国の赤十字社は完全な独立を享受し、戦争中にも敵国民を援助するためにあった」と主張した。[17] 戦争前あるいは戦争の初期にその意に反して日本に移ってきた難民に向けてとった日本赤十字社の活動が多くの賛辞を得ることになった。

北朝鮮帰還事業

太平洋戦争の前あるいは最中に、日本で労働するように強制的に移住させられた一〇万人にのぼる北朝鮮籍の人々の帰還問題についてとった日本赤十字社の態度が、その独立した人道主義的な団体としての立場を再確立する上で大きく貢献した。

一九五〇年代初めの朝鮮戦争の結果、朝鮮半島は共産主義支配の下に残された北朝鮮（朝鮮民主主義人民共和国）と、アメリカの支援を受けて資本主義国となった韓国（大韓民国）とに二分された。一九五〇年代の後半に、北朝鮮の人々が、韓国の人々は日本を離れ故国で生活を再建できるようになったのに対して彼らは帰国すらできない状態にあると訴えた。

渋谷の旧赤十字本社の門前に北朝鮮籍の人々が座り込みハンガーストライキを始めるに至って、[18] これが一般に知られることになり、面倒ではあるが解決を急がねばならない問題となった。この問題は、当時日本赤十字の外事部長をしていた元外交官井上益太郎の机上を賑わすことになった。彼は、赤十字に一九五五年に加わり、一九六五年一月までそこで働いた。東京で北朝鮮籍の人々の家庭を数軒訪問した後に、彼はこの問題が政治的な配慮の入り込む余地のない人道上の問題であることを確信した。

表11　赤十字事業による外地からの引き揚げ者（1950年代）

	1953年	1954年	1955年	1956年	計
中国	26,127	1,096	2,043	1,301	30,567
ソ連	811	420	167	1,291	2,689
北朝鮮	—	—	—	36	36
外モンゴル	—	—	4	—	4
北ヴェトナム	—	74	—	—	74
合計	26,938	1,590	2,214	2,628	33,370

出典：*JRC Society Report, 1953-56*（Tokyo, 1956), p. 7.

井上のこの解釈は日本赤十字社島津社長によっても支持され、同社の公式的な立場となった。アメリカと反共産主義陣営の強力な反対を心配して、日本政府はこの問題に神経質になっていた。日本赤十字社が北朝鮮籍の人々の帰還提案を何とか無期限に延期してくれないであろうかとも考えた。多くの議論の後、韓国政府の激しい抗議にもかかわらず[19]、日本政府は、人道的な価値が優先されるべきで、北朝鮮籍の人々の帰還が認められるべきであるとの態度をとるに至った。

北朝鮮赤十字の代表と会談するために、日本赤十字の代表団がジュネーヴに派遣された[20]。会談は一九五九年四月から八月まで行なわれた。この結果、北朝鮮籍の人々の帰還を可能にする合意が得られた。代表団が日本に一旦帰り、帰還手続きの諸準備を始めようとすると、大きな混乱が生じた。在日韓国人がこの計画に激しく抗議し、韓国政府も帰還船の攻撃を示唆したのである。結局、ソヴィエト政府が北朝鮮帰還者を乗せた船を護衛することに合意した。

日本の北西部の港、新潟に北朝鮮の人々が集められた。そこから日本赤十字代表団の注意深い庇護の下に彼らは乗船し帰国した。最初の船が一九五九年一二月に新潟を出港した。その後約一〇万人の人々がこの計画に基づいて帰還したのである（付属資料C参照）。

日本赤十字社の国際部門は、当局が把握しているもののアジア諸国になんらかの理由でうち棄てられたままになっている日本人の帰国という重大問題に忙殺された。赤十字社がこの帰国のための諸方策をみずからの事業として十分に行なえるようになったのは、一九五〇年代初めになってからであった。政府機関によってそれ以前に組織された日本人の外地からの大量引き揚げ事業を除くと、戦後数年を経過してからの帰還者の数は、比較的少なかった。そうではあったが、日本赤十字社と日本・中国・ソヴィエト・北朝鮮などの各赤十字社との交渉は、直接に恩恵を受けた帰国者にとってのみならず、以前に断ち切れてしまっていた人道主義団体間の関係を再び確立するためにも価値があった（表11参照）。

三〇年後――一九七七年の日本赤十字

一九七七年には、(21)破滅的な終戦から三〇年以上が経過していた。この時期の日本赤十字社を見ると、いかに広範で活発な活動が、赤十字の理想を日本中くまなく行き渡らせるのに役立っているかを知ることができる。明らかに平時の状況に適合するように再組織され拡張されてはいたが、戦前からの同社の事業のかなり多くが重要性をましていたことも事実である。

日本赤十字社の活動は、七つの分野に分けて見ることができる。災害救護、医療、看護婦養成、救急看護技術の講習、社会福祉、血液事業、それにヴォランティア活動である。

日本赤十字社は、災害対策基本法指定公共機関の一つである。一九七七年には、赤十字社は、おのおの医師一名、看護婦三名、事務担当者一名、運転手一名からなる災害救護班を四五三もっていた。班員はそれぞれわずかの委嘱報酬を受け取るにすぎない。この外に、八六名のアマチュア無線ヴォランティアや七四機の飛行機と四五〇名を超す操縦士ヴォランティアなどのヴォランティアグループを有していた。

医療事業では、全国九六の病院に三万四千床のベッドを有して国の医療に貢献している。このうち、九二が一般病院、二つが産院、残りの二つが広島・長崎の原爆病院である。

核兵器は、すべての人道主義的運動の重大な関心事である。日本赤十字社ももちろんこの中に含まれる。日本は唯一の被爆国である。当初は無傷でも後に白血病・癌、その他臓器不全で倒れた人々を加えたその犠牲者の数の多さは、日本赤十字社の活動を当然この問題に関与させることになった。

一九五四年一一月の初めに、東京の赤十字本社において、来訪者に原子爆弾の爆発による「多方面にわたる被害」について警鐘を鳴らすための展示がなされた。東京のさまざまな医科大学の教職員の協力で、無料の健康診断と健康相談がこの時行なわれた。

広島と長崎に「原爆症」に関する病院を開設することが決議された。一九五六年八月に開院した広島の病院は、日赤病院の隣に建設され日本中から一二〇名の入院患者を収容することができる。長崎の病院は、一九五七年に建てられた。両病院とも放射能の被曝にともなう疾病を扱う専門的な診療方法を開発してきている。

看護婦養成の先駆者として、日本赤十字は、二つの看護短大、三六の看護学院、一つの幹部看護婦研修所をもっている。日本赤十字社が看護婦養成の費用をほとんど負担している。そこで訓練を受けた看護婦は通常、そのまま引き続き赤十字病院に勤めている。赤十字は、救急・家庭介護・人命救助の技術の社会への普及に熱心に取り組んでいる。この事業は、子供・老人、肉体的なハンディキャップをもった人々に援助の手を差し延べる社会福祉事業と結びついている。

赤十字社は、日本の輸血用血液の主要な提供者である。二〇〇の血液センターとその支所を全国に有し、

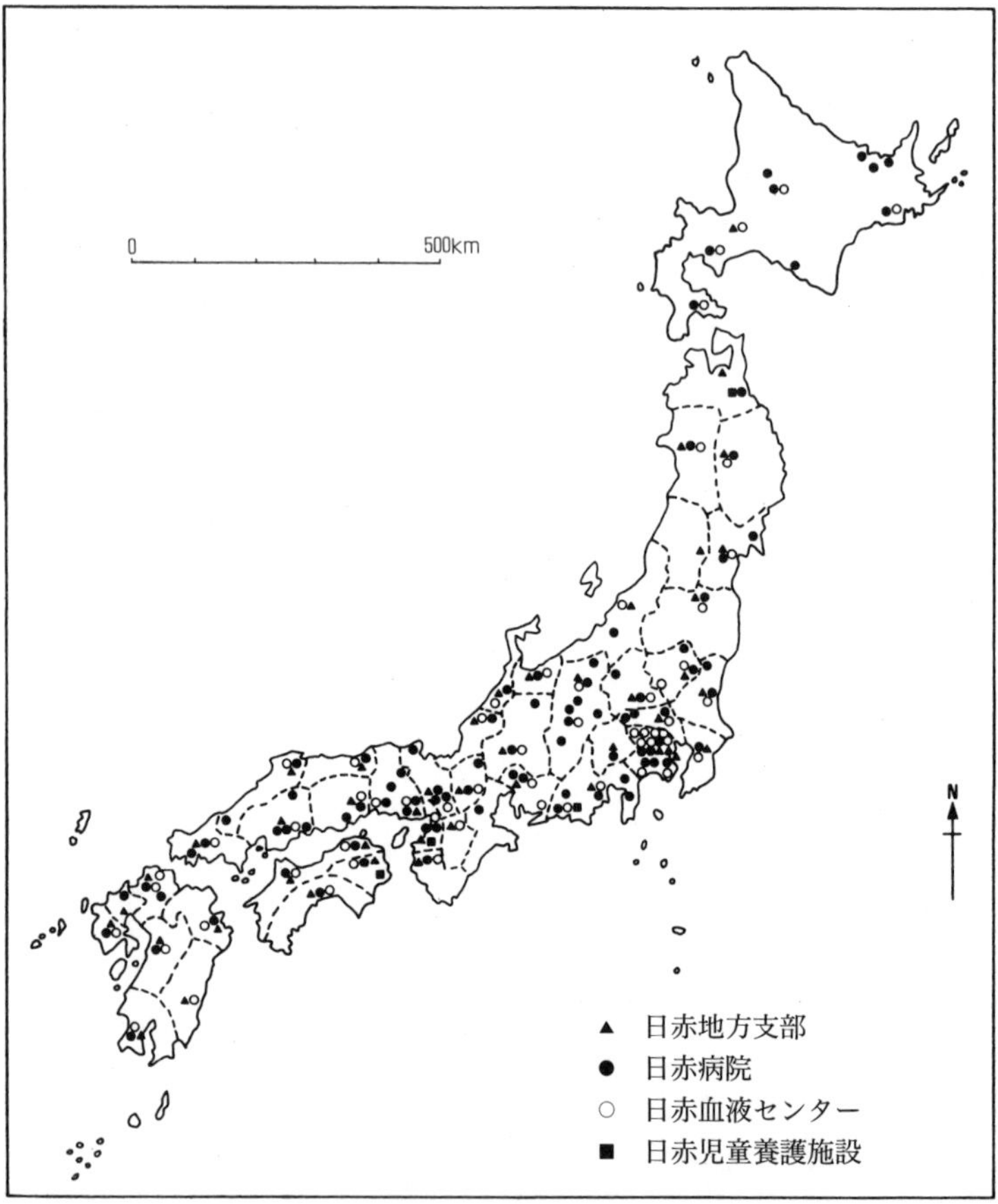

日本赤十字社（1976年）

そこから離れた土地での献血に応じるための「献血車」をもっている。一九七六年現在、献血者は四〇〇万人以上にのぼる。

ヴォランティア活動の団体として赤十字は四〇〇万人近いヴォランティア会員をコミュニティの仕事のために動員できる。それはまた、点字翻訳、外国語翻訳、あるいはスキーパトロールのような特殊奉仕団の登録名簿も維持している。[22] 平時における赤十字の機動性に疑問の余地はない。一九四五年によみがえった日本赤十字社は、また再び巨大な組織となってきている。学校時代の青少年赤十字から始まり後には他の活動へと、多くの日本人たちが赤十字の活動に参画している。自身も戦後の活動参加者であり、とくに青少年赤十字の活動を生涯の仕事とした橋本祐子は、一九七五年の調査報告書で、日本人たちに赤十字精神をもつよう呼びかけた。[23] 日本では数百万にものぼる人々がこの訴えに応えた。

海外での日本赤十字

強い国際的な使命感を共有する世界的なネットワークに所属する組織として、日本赤十字は、排外的志向が強い日本の中でまれな存在であり続けた。戦後二〇年ほどの間、日本の対外援助は小さなものであった。日本が対外活動の見直しに着手したのは、一九六三年に国際赤十字運動が百周年を迎えたのを契機としてであった。一九六六年以降、日本の対外援助額は、毎年一〇億円を超えるようになり、一九八〇年代にはこれがさらに大幅に増加した。日本のますますの繁栄にしたがってこの国の国際貢献も増加したのである。

援助額の多くが、緊急援助と開発計画に費やされた。旱魃・洪水・台風・地震などの災害時に日本は、チャド・エチオピア・モーリタニア・モザンビークなどのアフリカ諸国、バングラデシュ・ネパール・フィリピンなどのアジア諸国に援助を送った。カンボジア・アフガニスタン・ヴェトナムなどの難民対策計画も準備された。

長期にわたる影響をもつ開発計画もアジア・アフリカ諸国で実施された。たとえば、バングラデシュでは、都市のスラムや農村地帯における基本的な健康管理制度が設立された。バングラデシュの血液事業も設立された。これには必要器材の提供と人員の訓練も含まれていた。台風についての経験と知識をもつ日本は、バングラデシュ・インド・パキスタン・フィリピン・南太平洋諸国で台風に備え被害を少なくするための仕事を多く引き受けた。他の国の赤十字社がそうであるように日本赤十字も行方不明者捜索局をもっている。これは元来、先の戦争に由来するものであるが、現在でもその専門的な知識が必要とされている。

近年日本赤十字社は、人道主義的な組織としての国際的な義務を完全に果たすようになった。国連難民高等弁務官に緒方貞子が任用された。これは、赤十字と直接的なつながりはもたない。しかし、日本が人道主義的な関心をもつ国としてその位置を確立したことを象徴するものではなかろうか。

第一四章　天皇の名において

帝国の機関としての日本赤十字

赤十字社の結成によって示された日本における人道主義的な運動は、驚くほど早熟的な発展の所産であった。それは、世界の檜舞台での認知を一日も早く得たいと欲していた強力な日本政府によって、天皇の名の下に始められた。一八八六年六月六日にはジュネーヴ条約を批准し、日本はアジアで初の条約批准国となった[1]。

一九〇四年から一九〇五年の日露戦争における日本赤十字ほど大々的に称賛された赤十字社は他にない[2]。一九四一年から一九四五年の太平洋戦争中の同社ほどその失敗によって国際的な屈辱を味わった赤十字社もまたない。

少なくとも一九四五年まで日本赤十字社は政府の一機関であった。数百万の赤十字社社員は、中には上司の圧力で加入させられた下級官吏も含まれていたが、愛国者として容易に募集された。なぜなら、日本では赤十字社は軍隊の純然たる一部隊であったからである。他の諸国での「赤十字活動家」の動機となっていた「ヴォランティア精神」は、一九四五年以降アメリカによって導入されるまで、日本の赤十字の世界にはほとんど存在しなかった。このことと非キリスト教国で日本赤十字社が組織されたこととの間にはなんらかの関係があるのであろうか。キリスト教的な慈善・扶助・他者への思いやりの根強い伝統が多くの人々によって強調されてきた。聖パウロもその一人である。「このように、いつまでも存続するものは、信仰と希望と愛と、この三つである。これらのうちで最も大いなるものは、愛である」と記している。[3]

他者への思いやりと類似した義務感を日本人はもっていたのであろうか。赤十字社のような組織における日本人の態度決定に宗教はどの程度関与したのであろうか。儒教・仏教・道教（神道もこれに関連をもつ）などを含む東洋の諸宗教は、日本に一旦受容されると、人々の生活の中である一定の役割を演じた。しかし、宗教の力は、個々人を勇気づけることからはほど遠い、体制を正当化する役割をもつものとして強調され使われた。一八六八年に幕府権力を打ち倒した明治の寡頭政治家たちは、国家権力を強めるであろう旧い統一の名の下に、すなわち天皇の名において、これを行なった。

「天皇制」は、とくに神道を政府の、もっと厳密には天皇の宗教とし、これに「万世一系の血筋を神格化する」役割を担わせた。[4] この意味において、「明治維新」は、頭角を現わしていた下級武士層を権力の座に就けたのであるが、国家支配の武器としての宗教の機能を強化したものであった。そこには個人や国際主義が立ち入る余地はなかった。人道主義の場所もなかった。ただ、日露戦争に際しては、国家の成熟度を外の世界に明らかにするために、例外的にそれが意図的・意識的に信奉されたのであった。

明治天皇

大元帥としての天皇が赤十字と軍隊との緊密な関係を当然のように評価していたので、日本には赤十字にとってきわめて有利な環境が初めから存在した。ヨーロッパでももちろん、赤十字は時の権力者である国王、カイザー、皇帝、あるいはツァーの軍隊、そして彼らの追従者である貴族たちと密接な協力関係にあった。日本では赤十字への支援が厳密な社会的序列に基づいて行なわれていた。それゆえ、社会的な上昇の大望を抱く社会階級の間に赤十字への関与が一般化していった。

一八九四年から九五年にかけての日清戦争[5]において、愛国主義を動機としてもった赤十字が初めて試された。しかし、この戦争は、明治天皇が個人的に関心を抱いたとはいえ、日露戦争[6]での日本の勝利への序幕にすぎなかった。七万人近くのロシア人捕虜を人道的に処遇した。これは、例外的と言えるほど大きな成果であった。それまでこれほど多くの敵国人を自国で世話をした国は例を見なかった。それは、西洋諸国すべてから長い間熱情をもって称賛された[7]。

明治天皇、その政府、そして国民が、ある意味では敵国人に対する人道主義を奉じていたが、激しい戦闘における両軍のおびただしい戦傷者の数は、結果としておびただしい人々の命を犠牲にした。戦争が始まって四カ月しか経ってはいなかったが、一九〇四年六月二七日[8]にレオ・トルストイ伯爵が『ロンドン・タイムズ』紙上に戦争の罪悪性、とくに日露戦争の罪悪性、についての長い怒りに満ちた反戦論を発表した。

トルストイは次のように書いている。「国民に平和の尊さを説いたロシア皇帝その人が、心から望む平和のために傾けたあらゆる努力にもかかわらず、日本が攻撃を仕掛けてきたのであるから日本人たちにも同じことがなされるべきである……すなわち彼らを殺戮すべきであるとの命令を公に下している」(第二章)。

トルストイは日本人をも許しはしない。「同じことが日本でも行なわれている。未開の日本人たちが一層激しい熱情をもって殺人に狂奔している。天皇も彼の軍隊を閲兵し恩賞を与えている。将軍たちは、殺人の方法を学んだことが高尚な知識教育の成果であるかのように、彼らの武勇を誇らしげに語っている」(第一二章)。

トルストイの叫びは「汝自身を知れ」であった。彼は、聖ルカによる福音書の中の、キリストが欺かれ、裁判にかけられてあざけりを受けた時の言葉、「だが、今はあなたがたの時、また、やみの支配の時である」(9)を引用した。日本では一人の勇敢な女性詩人、与謝野晶子(10)がトルストイの憤りに呼応した。彼女は『明星』に、当時旅順攻略戦に加わっていた弟を思い以下のような詩を発表した。

君死にたまふことなかれ
すめらみことは、戦ひに
おほみづからは出でまさね、
互《かたみ》に人の血を流し、
獣の道に死ねよとは、
死ぬるを人の誉れとは、
おほみこころの深ければ
もとより如何で思《おぼ》されむ(11)。

これには日本の軍部から猛烈な反対が唱えられた。しかし、この戦争への異議が日本でも著名なトルストイからもともと発したものであることを知ってか、与謝野晶子への批判はいくぶん抑制されたものとなった。

軍最高司令官として、明らかに天皇は、その立場にいささかの矛盾も感じなかった。国家的な誇りと名誉が幾千の若者を死へと駆り立てた。他方で、赤十字と衛生兵の部隊が、戦死者の遺体を回収し負傷者を救出するために戦場を駆け巡った。天皇の立場の難しさは、乃木大将の例にも見ることができるように、実際にあった。また、新旧の価値観が必然的に衝突せざるをえないという複雑さを思い起こさせるものであった。

乃木大将

日本軍の激しく幾度となく繰り返された攻撃がついにロシアの防御線を突破した一九〇五年一月一日、旅順攻略戦が終わった。何カ月もの間、乃木希典大将[12]は、旅順要塞に向けて数千の日本兵を「肉弾[13]」として投入した。児玉源太郎大将が組織した砲台の攻略が戦いの突破口を切り開いた。児玉は、乃木に「助言」を送ったのであった。この戦いで犠牲になった六万人の中に歩兵将校であった乃木の二人の息子も含まれていた。乃木大将は、若い人命をこれほど多く失ったことに対して自決をもって償いたいと明治天皇に願い出た。天皇はそのような行動を禁じた。将軍は国民の英雄として生き長らえた。明治天皇が一九一二年七月三〇日に崩御した。御大礼のまさにその朝に（一九一二年九月一三日）、軍服に盛装した乃木大将が、これまた参内服に正装した夫人の命を絶った後、自殺した。

儀礼に則った自決は日本中に衝撃を与えた[14]。乃木はその忠誠心と自己犠牲によって崇拝された。今日においてさえ、乃木神社に隣接し、東京の喧騒の中でひっそりと佇む庭に建てられた乃木がその生涯を閉じた家には、日々参拝者が後を絶たない。

乃木の自殺は、それ以上のものを意味している。天皇とサムライの主君への忠誠の究極の証である切腹とを結びつけることによって、乃木は武士道の規範という旧い観念を文字通り適用したのであった。このことは、学習院において教育勅語の暗誦の後、繰り返し唱えられた言葉にも反映されていた。

諸君の最大の望みは何か
天皇陛下のために死ぬことです。[15]

乃木の死に際して、『朝日新聞』の一編集者が以下のように記している。

乃木大将の死は之を以て日本の旧武士道の最後を荘《かざ》れるものとして其の情に於ては大に之に尊敬の意を表すると共に理に於ては遺憾ながら之を取らず永く国民道徳の前途を誤らしめざらんことを希《こひねが》はざるを得ず大将の志は感ずるに堪へたり其の行ひは終に学ぶべからざる也。[16]（傍点筆者）

悲劇的にも、乃木の自殺についての『朝日新聞』のこの言葉が予言としてあまりにも的中したのであった。

乃木大将の生涯と死が本書のテーマをよく示している。本書では、新しい人道主義と戦いにおける旧い武士道との長い間の葛藤を論じてきた。明治天皇は、新しい規範に則って、大将が望むみずからの過ちを自殺によって名誉ある方法で償おうとすることを拒んだ。しかし、一旦明治天皇が崩御すると、名誉あるサムライの道である殉死（主君の死に殉ずる）への信念に忠実であることが、乃木にとっては不可避的なものとなった。

小説『こころ』の中で夏目漱石がその世代の考え方を次のように書いている。「御大礼の夜私はいつものとおり書斎にすわって、あいずの号砲を聞きました。私にはそれが明治が永久に去った報知のごとく聞こえました。あとで考えると、それが乃木大将の永久に去った報知にもなっていたのです[17]」。明治の世代の目覚しい活躍が日本を近代世界の中に引き入れた。しかし、それは侵略と戦争によってしか解決できないことになる緊張を日本社会の中に生み出したのであった。

昭和天皇

明治天皇の子、大正天皇は心身ともに病弱で一九二六年に崩御した。祖父明治天皇の遺志を継ぐべく二五歳の若さで即位したのは昭和天皇、裕仁であった。不幸にも裕仁は、物静かで控え目な人で、彼が直面することになる数々の難題には性分上不向きなところがあった。

裕仁は、一九〇一年四月二九日に生まれた。[18] 生後三カ月で、皇室の高官によって養育されるために母の手から離された。七歳になると、学習院に入学した。日露戦争後、乃木大将がここの院長であった。

裕仁が大将の庇護の下に入った時、いまだ戦争で失った二人の息子の喪に服していた乃木ではあったが、幼い皇子としっかりした絆を育むことができた。その内気な少年は、戦闘の傷痕を残す年老いた将軍の姿にそれまで知ることのなかった父の姿を見いだしていた。通常とは異なる養育法と、彼が敬愛してやまない祖父明治天皇の後を追った乃木大将の死が、裕仁の人格形成にどのような影響を与えたか知る由もない。しかし、乃木の道徳観から発した行動が、彼をそれ以上若い皇太子の後見人とすることを不可能にしたのは残念なことであった。

一九二六年以降、軍部が次第に日本の国政を掌握し、彼の治世の前半が好戦的な者たちに支配されるようになったのは、平和を愛する裕仁にとっては個人的な不運であった。物静かではあったがいまだ若い人間として、彼は憲法が定める君主に徹底することを決めていた。しかし、天皇を国民から隔離する障壁に邪魔をされ、暴走する軍部と対抗できないことが明らかになった。

そのように伝統の殻に閉じ込められてはいたが、昭和天皇が三つの困難な意思決定をしたことを記憶しておくべきであろう。一九二九年七月に未遂に終わった軍部クーデターの組織者と目されてはいたが適正な処罰が下されていなかった当時の首相、田中義一を辞任に追いやったこと、一九三六年二月二六日に起きた軍隊の反乱の鎮圧を主張したこと、そして一九四五年八月の日本の降伏を最終的に決断したことの三つである。

連合軍最高司令官として昭和天皇を知っているダグラス・マッカーサー元帥（General Douglas MacArthur）は、彼に強く印象づけられた。天皇が最初に彼を訪問した時、天皇は、「戦争の遂行に関して日本国民が行なったすべての政治的・軍事的な決定と行動の唯一の責任者として、あなたを代表とする連合国の裁定に身を委ねるためにここに来ました」と述べたと言う。

マッカーサーは、幸運にも日本人についていくらかの理解をもっていた。彼は、自分たちを「内輪」と考えその他の人々を「よそ者」と見なし、日本の独自性を強調する日本人特有の考え方に気づいていなかったかもしれない。しかし彼は、天皇を日本の戦争についての生け贄の羊とすることが政治的に不可能であることを承知していた。

マッカーサーは、「天皇陛下は私が話した他の大部分の人よりもより民主的な考え方をもっておられた。彼は日本の精神的な再生に大きな役割を担われた。彼の忠実な協力と影響力が、占領の成功に大いに貢献した」とコメントしている。(19)

自身は平和を愛するにもかかわらず、彼の名において追求された軍事的な侵略で重要な役割を担うことになったのは、裕仁の個人的な悲劇であった。戦争中の彼の姿をもっとも鮮明に伝えるのが、彼が軍服に盛装し白馬「白雪」に騎乗した姿の写真であることはなんという皮肉であろうか。

二世代の間の変化が非常に大きな緊張をもたらしたとはいえ、日本ほど急激に一種の中世的な封建時代から近代世界の仲間入りを果たした国は他にない。

この緊張は、四千名を超す（そのうち二千名ほどはイギリス人であった）外国人専門家を日本に招き入れた明治政府の政策によって増幅された。外国人たちは日本で働くために来訪したのであったが、彼らが携えてきた異国の文化とあからさまな優越意識[20]（「ジャップス」は「土人」で黄色い肌をもち、劣っていたと一部の西洋人たちが信じていた）が日本人の憤激を買い、それを耐え難いものとしていた。

人種差別の匂いがする西洋的な思考方法が、つねに日本人の間に一種の苛立ちをひきおこした。徳富蘇峰のような著名なジャーナリストを含む多くの日本人たちが、日本が西洋社会を真似る過程で支払った代価の大きさに憤慨したのであった。「西洋的な個人主義の実践、行き過ぎた個人的自由、そして抑制の効かない利己心の追求が、家族、共同体、国民の団結を阻害し、社会的な離間と不満を醸成している」とますます信じられるようになった[21]。

けっしてあまねくというわけではなかったが、このような態度が日本の社会全体でよく見られた。新聞・雑誌が人々に日本を独特のものとする大和魂をますます鼓吹した。一九二〇年代までには、日本社会の諸原理が覚醒されていた。日本を防衛するためには帝国を広げる以外にないと考える人々の手にこれらが委ねられた。不幸にして日本は一九二七年に破滅的な銀行破綻に悩まされた。一九三〇年までには、不況の結果二〇〇万人が失業していた。こればかりか比較的狭い島国に住む人口の増加率が驚くほど高まっていた。日本国内には拡大を続ける工業社会を支えるに十分な原材料がなかった。これらの心配が、時が経るにつれて軍をして権力を握り、東アジア大日本帝国の夢を膨らませることを勇気づけた[22]。

日本軍がその大望を一九三〇年代に大きくし、「大東亜共栄圏」と呼ばれた計画ができ上がるにつれて、日本の赤十字運動における国際主義が役割を果たす場はなくなった。もとよりいかなる人道的な組織についてもそれが言えた。西洋の人種差別に憤慨した日本人自身がまた人種差別主義者であった。他のアジアの人々への日本人の仕打ちは過酷で威圧的であった。事実、アジアにおける日本人の行動は「操り人形の操り人形師[23]」と記述されてきた。ビルマ民族主義の指導者バ・モー（Ba Maw）は日本人についてこのように記している。

ものごとを処するやり方にはただ一つしかなかった。それは日本のやり方ということだった。彼らの目的と関心はただ一つしかなかった。日本国民の利害、利益ということである。東アジアの国々にはただ一つの運命しかなかった。それは日本国と永遠に結びつけられた、第二第三の満州国、朝鮮となることである。彼らのしたことは日本民族の立場の押しつけであった。まさにこのようなことが、日本の軍国主義者たちと我らの地域住民との間に本当の理解が生まれることを、実際のところ不可能にしていた[24]。

みんな兄弟？

一八五九年のソルフェリーノの戦いにおいて発せられた「みんな兄弟です」という言葉の使用は、普遍性と人類すべてを同胞と見る西洋的な観念に由来し、平等を示唆する。他方日本では、兄弟とは年上の兄弟が他の兄弟に対して権威をもつという階層的な関係を示す。日本人たちは、自分では年長の兄と思っていた。ところが、気づいてみると日本の外の世界では未熟で年下の弟であった。この認識こそが、対立のもととなった。

日本人たちの権力へのこの態度が、太平洋戦争における連合軍兵士に対して直接的な影響をもった。「弟」として国内では虐待の対象ともなっていた兵士の隊列が、日本の外では、権力を行使する「兄」であることに気づき驚いた。すでに説明したように、「国内では『卑しい』人民であり、営内では二等兵でもひとたび外地に赴けば、皇軍として究極的価値と連なる事によって限りなき優越的地位に立つ」のであった[25]。

日本赤十字社（いつも皇室と結びつき、その支援を受けていた）が堕落しその国際的な活動が圧殺された時、厳格な社会的統制を受けてなのか、新しく勧誘された、尊敬を集めていた会員たちから抗議の声が上がることはなかった。この意味において赤十字とその会員たちは、日本と日本人を体現するものと言うことができる。国際的な機関としての赤十字について一切知ることのなかった従順な赤十字勤労者は、軍部を抑制し彼ら自身の活動領域を広げる方法を普通の日本人以上に知る由もなく、彼らの目的の矮小化に抗議することもできなかった。変化を成し遂げるために外部の人々（この場合アメリカ人たち）の力を借りねばならなかったは不幸なことであった。

「みんな兄弟です」の哲学は、後に敵国の人々にも救護の手を差し延べることへと発展した。昭和天皇自身が個人的にそうしたのではないにしろ、排外主義の強い国ではこのような考え方はいともやすく否定された。一九四一年一二月八日の真珠湾攻撃によって始まる太平洋戦争直前の閣議の一つであった一九四一年九月八日の御前会議において、（熟考を重ねる時にはいつも議論には加わらず静かなオブザーヴァーであった）天皇裕仁が、白手袋をした手でポケットから紙片を取り出し二度にわたり「力強くはっきりした声で」以下の歌を詠み上げ、閣僚たちを驚かせた。

四方の海みな同胞と思ふ世に
などあだ波の立ちさわぐらむ

天皇は続けて「余はつねにこの明治天皇（一八五二―一九一二年）の御製を拝誦して、故大帝の平和愛好の御精神を紹述せむものと努めて居るものである」と発言した[26]。

このようにして、四一歳になる天皇がその時すでに戦争に傾いていた内閣の方針を変えようと試みた。天皇のこの介入は、うやうやしく受け取られ、強い当惑の渦を巻き起こしたが、その効果はうすく、（連合軍の捕虜が後に発見することになるように）役に立たなかった。なぜなら、人道主義と日本赤十字社の国際的な諸原則が、その時にはすでに意図的かつ用心深く裏切られていたからである。

付属資料A

日露戦争におけるロシア人傷病者および捕虜の処遇に関する日本の諸規則

両国が交戦状態に入ってから一週間も経っていなかった一九〇四年二月一四日に〔正確には二月一四日以降相次いで〕、日本政府は、「俘虜取り扱い」と「俘虜情報局」に関する諸規則を勅令として〔正確には勅令や達などの形で〕制定した。

俘虜情報局は以下のような構成であった。

長官は、将官もしくは大佐の階級とする。

彼の部下は、陸軍、海軍から任命され、必要に応じて民間人〔奏任文官〕の事務官を任用できる。

長官は、陸軍大臣の監督下におかれる。

情報局の任務には以下のようなものが含まれること。

(a) 捕虜の拘留や移送の状況、病院での処遇、捕虜の死亡についての調査と個々の捕虜に関する正確な記録の作成。

(b) 捕虜の状態についての通信。

(c) 捕虜宛、もしくは捕虜が送った金品の的確な管理。

(d) 死亡した捕虜の遺書や遺品の保護管理とこれらの遺族や親戚への送付。

(e) 投降した敵兵あるいは戦闘その他で死亡した者の回収された所持品に関する情報が陸海軍より得られた場合は、捕虜について定めたのと同様の手続きに従う。

(f) 情報局は、その業務遂行に必要なすべての情報を、陸海軍、病院当局その他関連機関から蒐集する権利を有する。

捕虜の状態や福祉に関係があると思われるすべての書付や文書は、（上述の当局からの）報告と同様に提出することが求められた。

捕虜の処遇についての規則は長文に及ぶので、ここではその特徴的な部分のみをあげることで足りるであろう。

(a) 捕虜は人道的配慮で取り扱われ、彼らにけっして野蛮行為を行なってはならない。

(b) 彼らのそれぞれの階級を細心の注意をもって考慮し、それに見合った取り扱いを行なう。

(c) 軍律によって課せられた以外、肉体的な拘禁の対象とはならない。

(d) 良心の自由は保証される。この原則から軍律に違反するものでない限り、みずからの信仰による宗教的な礼拝に参加する自由を有する。

捕虜は従属者であるので、違反の程度に応じて当然規律的な処置の対象となる。また、脱走を企てた者、脱走を実際に画策し捕縛された者も同様である。しかし、このような脱走の場合でも〔懲戒処分の対象とするが〕刑事罰の対象とはしない。

違反は、軍法会議の確立した規則に沿って裁かれ罰せられる。

規則の細則は、前で述べた(a)、(b)、(c)、(d)の指令の精神と一致するような規則として組み立てられている。

一、捕虜が所持していた武器・弾薬、その他戦闘に関わる物品は没収される。しかし、その他の物については、捕虜のために保管されるか、もしその方が便利であれば捕虜自身が携帯することを認める。

二、将校クラスの捕虜は、軍刀、あるいは状況に応じては他の武器の所持を認められる。しかし、この場合でもこれに使う火薬と弾丸は安全上の理由から取り外される。

三、軍司令官、もしくは師団長は、傷病者の捕虜を移管するために敵と交渉することができる。また、現下の戦争に再び加わらないとの誓約に基づいて捕虜を解放することができる。

四、将校階級の捕虜は、一般兵卒とは異なる収容所に移送される。

五、海軍によって捕縛された捕虜は、陸軍の管轄に移される（この規則は、明らかに異なる機関による取り扱いによって生ずる問題と費用を軽減しようとの意図で導入された）。

六、陸軍当局は、捕虜の収容に適切な場所を提供する。すなわち、兵舎・寺院、その他この目的にふさわしい建物などである。

七、捕虜たちを無差別に無理やり詰め込むのではなく、不便が生じないように定員が定められた部屋にそれぞれ割り当てることとする。その宿舎の割り当ての際には、捕虜の階級と地位が考慮されるべきである。それぞれの部屋では、そこの収容者の中から部屋長を指名する。この部屋長は、その部屋の平和と秩序の維持に責任をもち、部屋の捕虜を代表して発言する。

八、捕虜たちは、もちろん収容所長の許可の下においてであるが、自分の所持金で彼の好む物、あるいは安楽を増す物を購入することができる。

九、捕虜は、電報や手紙を収容所長の許可の下においてであるが送受信できる。しかし、暗号、あるいはいかなる種類でも疑わしい通信はこれを許可しない。

一〇、万国郵便規約によって捕虜たち宛の、あるいは捕虜が差し出す郵便物は無料とする。
一一、当局によって保管されていた金品は、当該捕虜の解放時には返還される。
一二、死亡した捕虜が所持していた金品は、俘虜情報局に引き渡される。このうち生鮮品は販売しその代金を情報局に届ける。これらはしかるべき手続きで処理される。
一三、死亡した捕虜の遺書が発見された場合は、日本兵のそれを扱うのとまったく同じに取り扱われ、俘虜情報局に送られる。
一四、特別条項によって、捕虜の保護については、合法的に確立された慈善団体（この場合は、日本赤十字社そのもの）に委任される。
一五、二名の将校クラスの捕虜について一名の兵卒が一般兵捕虜から選ばれ個人的従卒となる。
一六、将校クラスの捕虜は、逃亡や規則に違反しないことを正式に誓約することによって定期的な収容所外の散歩が許される。一般兵は、その結果として秩序維持にとって障害とならなければ同程度の自由が許容される。
一七、死亡した捕虜の埋葬は、その階級と地位に応じて適切な軍の栄誉礼をもって執り行なわれる。彼らは我軍の墓地の一区画、あるいは状況に応じて特別の地をこれに割り当て埋葬する。
一八、埋葬は、原則として通常の埋葬の形式で行なわれる（注——ここに特別に「原則として」が挿入されたのは、伝染性の病気などで医学的に特別の考慮が必要な場合などの状況を想定してのことである。この場合、日本の法律は遺体を火葬にすることを定めている。同様の規則が捕虜の遺体にも適用されたのであろう）。

出典：Baron Suematsu, *The Risen Sun* (London 1905), pp. 317–19.

付属資料B

日本軍による捕虜下での医療経験

E・E・ダンロップ（E. E. Dunlop　軍医中佐。イギリス外科医師会会員）

日本軍による捕虜としての経験が結んだ果実は、豊かではあったが、はなはだしく苦いものであった。半飢餓状態で衰弱した捕虜たちにヘラクレスの難事のような非常に困難な仕事が課せられたのである。たとえば、原始的な道具を駆使して奴隷のような労働で遂行された泰緬鉄道（ビルマ－タイ鉄道）の敷設工事があげられる。医療要員もまた例外ではなく、疾病が満ち溢れたアウゲイアース王の牛舎の清掃という骨の折れる仕事に立ち向かった。捕虜を収容するための粗末な掘っ建て小屋も病人を収容すると、そこは控え目に「病院」と名づけられ、わずかの医療要員が配置された。しかし、病人はけっしてそこで安らかに死を迎えることはできなかった。病人を体よく隔離した最も暗黒な時代の混み合ったペスト小屋であった。

ジャワ島、シャムでの三年半にわたる捕虜生活の顕著な印象を手短に記録するよう依頼されたので、ここに本稿を記すことにした。この捕虜の期間、私は、鉄道建設作業員宿舎を含む多くの収容所・病院で医療業務の指揮をとった。極東全域に散在した捕虜たちの医療問題や、成功をほとんど望めない課題と格闘した医療要員たちの仕事などについて記述することは、歴史的に価値があると思われる。当時の状況は、研究や大発見を行なうには極めて不利なものであった。しかし、医学的な直感はより鋭く磨き上げられ、高度の機転と工夫の才が必然的に生み出されたのであった。多くの捕虜たちが、この残忍な試練から蒙った傷に今後の余生も悩まされるに違いない。激しい苦痛、慢性的な飢餓、そして惨めな肉体的破壊が進む境遇の中で、捕虜たちは、けっして屈服させられることがなかった。この不撓不屈の精神を目撃した者として、彼らの負った傷に完全な理解と寛大な配慮が与えられるよう希望するものである。

ジャワ島の占領

日本軍支配にあえて反抗を試みた「犯罪者」や「一般民」に対して厳しい教訓を与えるために、摩滅を意図する全般的なたくらみが仕組まれていた。他の占領地域と同様、ジャワ島においても、医療要員は傷病者とともに、この渦中に巻き込まれた。私の指揮下にあったある連合軍病院のすべての収容者が、わずか数時間の予告で病院からの退去を求められ、大半がほとんど医療施設のない混み合った地域の監獄に行進するように強制された。そこでは計算ずくの侮辱行為、ひどく粗末な食事の配給、残忍な制裁が日常茶飯事であった。

広く分散させ、巧妙に隠しもっていたほんの少しの医療用品だけが接収を免れた。国際的な協定の無視は甚だしいものがあった。階級章・肩章、リボンや勲章とともに赤十字の腕章までもが取り上げられたのである。すべての赤十字のマークが強制的に痕跡もなく消し去られた。多くの暴力と殴打、不快な公開処刑などが、活発な抗議の下ではあったが服従を強制した。丸刈りが要求された。貧弱な日本軍兵士に強いられた大掛かりな全員「敬礼」は、ギルバートの「ミカド」のユーモアを彷彿とさせる光景であった。軍医将校や従軍聖職者たちは、日本式の訓練、儀礼を捕虜に教えるために多くの時間と労力を費やした。バンドンの私が担当したイギリス人捕虜収容所では、この激しい取り扱いを受ける中でも、わずかな安らぎがあった。捕虜たちが、この諸困難と誤解が渦巻く状況のもとで数カ月の間、教育と娯楽活動を組織したのである。

栄養失調に基づく病気が六カ月も経たないうちに蔓延した。ペラグラは大変一般的な病気で、全軍の約三分の一にあたる人々が燃えるように熱い足の苦痛に苦しんだ。この頃の配給は一日あたり二〇〇〇カロリーであった。これは後年のいくつかの他の場所に比べてましな方であった。しかし、多くが低品質米あるいは乾燥芋によるもので、蛋白質・脂肪、ビタミンとくにB類を著しく欠いていた。日本人たちは、抗議の訴え、言葉を選んで書かれた要望書、あるいは症状のデモンストレーションにほとんど関心を示さなかった。ただ、抑留者の「捕虜」としての認定の後、きわめてわずかではあるが仕事への報酬が支払われた。この賃金と信用に基づく幸運な内々の取り引きによって、食糧を購入し、病人の食事を必要に応じて増加させることができた。

泰緬鉄道（ビルマ - タイ鉄道）

一九四二年遅く、南ビルマとシャムの連合国捕虜の移動が開始された。六万人ほどの捕虜とそれを上回るアジア人クーリーたちが、ビルマのタンビュザヤット（Thanbyuzayat）とシャムのバンポン（Bampong）との間のジャングルに覆われた山岳地帯とむせ返るように暑い谷間の四〇〇キロメートルに道を切り開いて鉄道を敷設する壮大な計画に動員された。一九四三年の末までに、主な仕事が多くの死者を出し弱りきった残りの部隊の手によって完成した。一万五千人もの連合軍捕虜と数え切れない多くのアジア人クーリーたちが犠牲になった。この大きな惨劇は、日本軍当局による計算ずくの野蛮行為、非人道的な行為によるものであった。一方で、日本の軍医たちは、避難、医療活動、医療用品の供給を我々と協力して行なうのではなく、こともあろうに働ける人間を探すという医者としてあるまじき大罪に手を貸した。

捕虜は無差別に取り扱われた。この結果、私はジャワ島の捕虜労動力の指揮を命じられた。捕虜たちは人間貨物として貨物船に詰め込まれシンガポールに渡った。そこから貨車で四日間の旅をしシャムに向かった。鉄道のカニュー - ヒントック（Kanyu-Hintok）工区に行進し予定通りに到着した。そこはケオ - ノイ（クワイ）川（the Kwa-Noi）に近い深い密林に覆われた場所であった。果てしない医療活動と巡回診療を行ないながらの労働キャンプの指揮が六カ月ほど続いた。キンサヨック（Kinsayok）、タルサウ（Tarsau）、チュンカイ〔ションガイ〕（Chungkai）などのジャングル病院の指揮を経験した後、多くの病んだシャム軍とともに一九四四年六月にナコーン・パトム（Nakom Patom）に移送された。ここで私はオーストラリア陸軍軍医隊A・E・コーツ中佐（A. E. Coates）の指揮下、この病院の外科部門で働く機会を得た。この大きな病院は、ビルマとシャムの鉄道建設で働きなお健康を害している人々の治療のために設けられていた。患者たちは生存のために、見込みのない戦いをすでに密林の苛酷な環境の中で戦ってきていた。状況がいくぶん改善された。これが、戦局の変化と世界が捕虜の処遇について知るようになったこととといくらかは関係あることを日本人たちの態度から感じることができた。

労働キャンプ

鉄道建設では休みなしに一日に一六時間も働く日課が数カ月も続いた。それゆえ彼らは、彼らが収容されていたうす汚い小屋やテントを日中見ることはなかった。刺の多い密林と湿っぽく何でも朽ちていく環境の中で、絶え間のないモンスーンの雨が捕虜たちの身体をずぶ濡れにした。粗末な宿舎は雨漏りをおこした。多くの人々が長靴をすぐに失った。実際上、就寝する場所もなく、衣服は腰のまわりにまとわりつくボロ切れのみという状態になった。全般的に言ってひどい暑さで、裸足で岩を切り開く作業をすることなどほとんど耐えられなかった。しかし、それ以上に厄介だったのは、その地域一帯を臭気の漂う泥沼と化してしまう土砂降りの熱帯性の雨であった。

ペラグラ・下痢・痛痒い水脹れ、そしてすし詰め状態ではよく睡眠できなかった。これらが、人々を夜中に雨と泥の中でのたうちまわりたい衝動にしばしば駆り立てた。空腹・栄養失調からの病、マラリア、赤痢、潰瘍、皮膚の化膿、激しい体力消耗が苦痛の布に織り込まれていた。その布はあちこちでのコレラの流行によって激しく引き裂かれた。どのような肉体的な力と精神力をもっていたとしても、長い間には使い尽くされていった。強い者はそれだけ長く苦しむことになり、結局は命を失うか健康を損ねることになった。

時折思い出したように実施されるワクチン接種を除けば、予防薬・衛生施設・下水施設は皆無に等しかった。抗マラリア剤・さらし粉の類はまったくないかひどく欠乏していた。熱湯を供給するための十分な容器もしばしばなかった。一九四四年中頃のアメリカ赤十字社による遅れ馳せながらの限られた物資配給がなされるまで、キニーネを除いて医薬品の供給は茶番としか言いようがなかった。ほとんどがなんらかの病を抱えていた一千人あたりに対して、一カ月六から一二巻の包帯、わずかのガーゼあるいは布切れ、一から二オンスの蒸留酒かヨード液、そして効果が怪しげな錠剤の取り合わせなどが典型的な医療物資として支給されたにすぎない。医療器具・病棟用品のような非消耗品は当初自由に調達できていたが、後には支給が一切停止された。このため、機知を使い工夫して所持するようになった。連合国の医師と医療用務員とから構成される医療要員は、病気の種類、彼らの資格などをほとんど顧慮することなく、すべての目的のために収容者の一パーセントを目途に機械的に配置された。カニューとヒントックにおけるように、このわずかな割合の配置を誤って超過した場合には、医療要員も日常の筋肉労働に駆り出され、病人たちは看護を受ける機会を失したのである。

「最も恥ずべき行為」

半飢餓状態、病気、そして果てしない消耗が労働部隊の人数を減らし始めるにつれて、日本帝国の目的遂行のために、病気や死に瀕している人々から労力をより多く搾り出すための残忍な方策がとられた。病気になることは罪であった。病人には賃金が支払われず、食糧の配給量も減らされた(中村大佐が一九四三年六月にシャムの収容所長の任に就くにあたってこのように述べた。「健康を損ねて任務を遂行できない者は、日本陸軍では最も恥ずべき行為と見なされている」)。

毎日決まった数の労働者を出すことが情け容赦もなく追求された。それが達成できない場合には、無差別の暴力をもって患者たちを病院の外に追い立てた。患者の哀れな状態は、毎日の検査と症状の比較を必要としていたので、病人の行列は延々と続いた。真夜中あるいはその後までにも及ぶ時間、彼らは引きずり出されたままになった。そして、夜明け前にはまた労働部隊の行列に出頭しなければならなかった。日本の下士官や兵卒はしばしば軍医将校の命令を覆し暴力をもって抗議を中断した。

ヒントック地域での労働隊の行進は、哀れなほど壮大な光景であった。杖を頼りによろよろ歩く人間や中には身体ごと運び出されている者もこの行列の主役となった。立つことのできない者は、寝転んだり座ったままでできる仕事のために運ばれた。鉄道建設のより冷酷な時期には、作業監督者たちが病人たちを意図的に迫害した。たとえば、足に膿をもつ者がごつごつした岩の上や刺のあるジャングルの中での材木の運搬作業に従事させられた。働くことを不可能にする潰瘍は叩かれたり蹴られたりした。気を失う者は野蛮な取り扱いを受けた。下痢や赤痢に苦しむ人々は汚れたままでの仕事を強いられた。

この地域の工兵隊のヒロタ中尉は、個人的な見せしめを行なうことによって配下の人間を狂暴な行為に走らせた。ある時には、病人を鞭打ち死に至らしめた。捕虜収容所の指揮官オースキ中尉は、「就業率が高くなる」のだから病人が死んでも気にもとめないとまで言い放った。一万三千人の捕虜を預かるイシイ中佐は、医薬品の欠乏のためにひどくやせ細った赤痢患者の面前で、二、三日絶食する治療法について大きな笑い声で「そのうち一週間食糧が要らなくなるじゃないか。それはいい」と言い放った。このような状態への軍医将校たちの鋭い抵抗はほとんど例証を要しない。不定期に行なわれた患者の移送には、通りがかりのトラックや川船にその時々便乗することで行なわれた。弱った者は、より弱った者を助け、運んだ。しばしば、強い陽射しの下、ほとんど飲まず食わずの移動が一日中続いた。ジャングルの病院には、壊疽と赤痢の悪臭が漂う病人と死者を混載した川船が到着した。

ジャングルの中の諸病院

きわめて困難な状況の中にもかかわらず、以下にあげる初期の諸基幹病院が英雄的な努力によって設立された。

ビルマ

タンビュザヤット病院——T・ハミルトン（T. Hamilton）オーストラリア陸軍軍医中佐

五五キロ病院——A・E・コーツ　オーストラリア陸軍軍医中佐

シャム

タルサウ——W・G・ハーヴェイ（W. G. Harvey）イギリス陸軍軍医中佐

タカノン（Takanoun）——T・M・ペンバートン（T. M. Pemberton）イギリス陸軍軍医少佐

チュンカイ——リード（Reed）イギリス陸軍軍医少佐、D・ブラック（D. Black）インド軍医部隊少佐、J・St・C・バーレット（J. St. C. Barrett）イギリス陸軍軍医中佐

カンブリ（Kanburi）——J・マーコム（J. Malcolm）イギリス陸軍軍医中佐

タマカン（Tamarkan）——A・A・ムーン（A. A. Moon）オーストラリア陸軍軍医少佐

ノンプラダック（Non Pladuk）——スミス（Smythe）イギリス陸軍軍医少佐

私が初めてこれらに関わったタルサウとチュンカイの病院の状況はきわめて象徴的であった。病気に溢れるジャングルの町の最後の拠り処としてそれぞれの病院は二五〇〇名の患者を収容していた。がたがたに壊れかけた小屋の竹でできた高床の上に病人たちは固まって寝かされた。寝具や病院の諸器具はほとんどなかった。日本軍はほんの少量の薬を支給したが医療器具は支給しなかった。医療器具・医療用品・的

付表1　チャンカイ捕虜収容所病院統計

	1943年			1944年		
病名	全処置者数	死亡者数	死亡率	全処置者数	死亡者数	死亡率
マラリア	3,336	67	2.0%	1,753	13	0.74%
N.Y.D.	374	—	0.0	142	—	—
細菌性赤痢	734	129	17.5	139	2	1.44
アメーバ赤痢	1,309	266	20.3	1,113	46	4.13
腸炎	565	19	1.6	414	12	2.92
コレラ	134	54	40.3	8	—	—
ジフテリア	88	14	15.9	1	—	—
肺葉肺炎	26	23	88.5	13	6	46.15
気管支肺炎	32	25	78.1	6	3	50.0
気管支炎	32	—	0.0	47	—	—
ビタミン欠乏症（併発）	774	257	34.5	397	61	15.36
ペラグラ	189	110	58.2	62	10	16.1
脚気	335	170	50.7	100	11	11.0
熱帯性潰瘍	1,353	37	2.7	1,129	—	—
その他皮膚疾患	851	—	0.0	674	—	—
その他疾患	1,496	89	5.9	795	24	3.02
合計	11,628	1,260	10.7	6,793	188	2.70

確なスタッフの不足が、過密な患者数とあいまって吐き気をもよおすほどいやな不衛生状態を作り出していた。害虫・虱、全身におきた疥癬が小さな苦痛を与えていた。桜色に腫れた皮膚の化膿もそうであった。患者たちはあまりにも弱っていて自分の体を清潔に保てなくなっていた。病院の用務員はほとんどおらず、水の容器すら欠いていた。

潰瘍患者の病状は哀れであった。患者の病棟は、リスター消毒法以前の病院壊疽の臭いがした。ぼろぎれ・紙・植物の葉、そして地元で採取されたカポック綿や綿が包帯に使われた。クロバエが群れをなして患者のまわりに飛び交い傷口に蛆を発生させ、とても良性の効果を期待できるものではなかった。赤痢患者・ビタミン欠乏症患者の病棟は悲惨そのものであった。いくらかの手術や病理学的処方の施設が捕虜の手持ちの物資を使って作られた。規律、素晴らしく高い士気、食糧、金銭、そして人間能力の共同利用は、単なる医学的な療法以上に重要であった。一日一個のアヒルの卵が人間の命を支える唯一のものになったかも知れなかった。牛舎掃除をしたへラクレスの難事のような捕虜たちの活動が、衛生環境や居住環境を改善した。患者のある者は医療用務員として訓練を受け、また他の者は、間に合わせの医療用品の製作に従事した。たとえベッドの上でナイフを使って木を削ることしかできなくとも働いた。さまざまな国や団体からの医療義援金は共同資金としてプールされ、標準特別食やシャム人から内々に不可欠の薬品を買うためにもっとも効果的に使われた。たとえば、チュンカイでは一九四四年一月から四月までに、捕虜たちの乏しい手持ちの中から三万八千ドルが調達された。そのほとんどは将校の月三〇ドルの支給金であった(日本の合意事項に従うと、一イギリスポンドは六〇ドルに相当した)。加えて慈善団体が一カ月三千ドルを寄付した。エメチン・ヨドフォルムやその他の医薬品が、日本人から支給されたキニーネを転売する危険な行為を通じて調達された。エメチンは一グレイン(六五ミリグラム)あたり三五ドル、熱帯性潰瘍治療のためのヨドフォルムは一瓶数百ドルした。

病状に応じた器具の効果は、厳密な「ピンセット」技術、すなわち傷口を消毒するための大きな缶、亡くなった人の飯盒から作った小さな持ち運びのできる消毒器、そしてビスケットの缶と泥で作った木炭ストーブを使った処置法を導入して以降、敗血性の皮膚感染が急速に減少したことに如実に示されている。このようなものでさえ得ることがきわめて困難であった。ガソリンのドラム缶を蒸気式消毒器に転用したことの効果は、大掛かりな消毒と疥癬の治療において著しかった。集中的な外科治療が、膿の吸出し、腐骨の除去、皮膚の赤むけした部分への健康皮膚の移植などに意識して行なわれた。必要な場合には切断手術もなされた。この段階での死亡率の急速な低下は満足のいくものであった。

ナコーン・パトム捕虜病院

バンコクから二〇マイル（三二キロメートル）ほど離れた水田の中に最盛期には八千人の患者を収容した巨大な病院があった。建物と赤十字からの支給品以外に捕虜たちには満足なものが与えられていなかった。とはいえ、落ち着いた環境と間に合わせの器具を作るための材料が比較的多くあったことから、この病院は大きな民間病院と同じ程の範囲の治療を施せるようになった。もし、この程度の貧弱なものでももっと早くからあったならば、あれほど大きな人命の損失は避けられたであろう。細かなことにうるさい統制や患者や軍医への日常的な昼夜を問わない干渉が、病院の業務を著しく困難にした。病人たちは医学的見地からの反対を押し切ってひっきりなしに隊をなして移動させられた。

このようにして引き離された一隊は、鉄道や道路の建設、連合軍の爆撃を受ける地域での橋の修復などに動員された。幾人かは、「H」部隊、「F」部隊の悲劇的な経験を思い出して慄然とした。ナコーン・ニャック（Nakom Nyak）からピッサンローク（Pitsanloke）までの六〇〇キロを八〇〇名のイギリス人部隊が、病人を米袋でできた担架に乗せて移動した英雄的な話もある。海峡植民地連合軍ポー大尉（C. J. Poh）、オーストラリア陸軍軍医大尉ブレアトン（T. Brereton）の献身的な努力のお陰で、全行程で三名の死者しか出さなかった。

記録と統計

成人男子のありとあらゆる病気に遭遇した。また加えて、癩病とかイチゴ腫のような普段は経験しないような病気に出会った。イギリス陸軍軍医少佐ダンロップによって記録されたチュンカイ病院での表（付表1）に示された主要な病気がすべてを物語っている。複数の病気があった場合には入院の事由となった病名のみが記録されている。私が働いた七つの収容所については、私の保有する資料では他の国籍の人々についてのデータが完全ではないのでオーストラリア人についてのみ示されている。（付表2）数字を引用した各収容所の収容規模はほぼ一〇〇〇名であった。そこには通常二名の軍医将校と六から八名の医療用務員が配置された。

マラリア

適切な衣服・寝床、そして蚊帳もなく、蚊の幼虫や成虫について駆除対策を欠いたところに暑さで衰弱

6月 - 1943年10月）

肺炎	気管支炎	ビタミン欠乏症・栄養失調	負傷	熱帯性潰瘍	その他皮膚疾患	その他疾患	計	死亡者
2	2	17	8	3	25	58	288	1
—	2	18	1	2	20	27	113	—
—	—	38	6	1	12	16	109	—
—	3	5	5	7	12	18	392	—
18	38	194	113	209	221	171	2,882	57
1	4	78	38	104	213	95	1,334	25
1	—	2	26	49	31	10	446	—
22	49	352	197	375	534	395	5,564	83
1	—	3	1	—	—	5	83	

すものではない．大部分の兵員は病気を抱えながら作業した．また，マラリアやペラグラは
ミン欠乏症・栄養失調：50％が重症のペラグラ患者で残りが蛋白質性浮腫および脚気である．
体的にも強靱な者たちであったためである．しかし，多数が後に基幹病院で死亡した．

した部隊がいたジャングルではマラリアが広範に蔓延していた。熱帯熱型悪性マラリアよりも三日熱型マラリアが優勢で、一年間に二〇回もの顕著な再発を繰り返した。一日三から五グレイン（〇・二から〇・五グラム）の投与では私の経験によるとあまりにも散発的すぎて目に見えた効果を期待できなかった。

黒水熱は蔓延しなかった。ナコーン・パトムでは繰り返すマラリアの発作に耐えていた患者数千についてわずか一七の症例しか見なかった。脳性のマラリアが一般的であった。注射用のキニーネのアンプルがなかったので、あらゆる利用可能なキニーネから消毒した粉末を精製した。ハワードのキニーネ塩酸塩五グレインの錠剤から精製したものを静脈注射で一〇グレイン投

付表2　ダンロップ大佐管轄捕虜収容所病院のオーストラリア人患者（1942年

収容所名	マラリア	赤痢	腸炎	コレラ	ジフテリア
バンドン（ジャワ） 1942年6月14日 - 11月7日	37	129	7	—	—
マコスーラ（ジャワ） 1942年11月7日 - 1943年1月4日	14	28	1	—	—
チャンギ，シンガポール，南部地域 1943年1月7日 - 6月20日	7	29	—	—	—
コンユー 1943年1月25日 - 3月12日	166	153	21	—	—
ヒントック山岳部 1943年3月13日 - 8月23日	916	558	340	93	11
ヒントック河川部 1943年7月20日 9月18日	590	98	56	57	—
キンサヨック 1943年9月10日 - 10月23日	288	17	22	—	—
計	2,018	1,012	447	150	11
死亡者	—	10	—	63	—

（注）　1．腸炎の大部分はペラグラによる誘発である．2．上記数値は全疾患数を正確に表わ
ほとんど一般的に見られた．3．合併症がある場合，主たる疾患を記録した．4．ビタ
5．この時期の例外的な低死亡率は，多くの兵士が中東の戦争経験者でよく訓練され肉

与することがもっとも効果があることを私は見いだした。

栄養失調とビタミン欠乏症

「ビタミン剤などは贅沢品だ」というのが支給の増大を求めた要求への日本の軍医、ノボサワ大尉の答えであった。ペラグラはもっとも一般的な身体の不調で、他の病気を誘発する危険な兆候であった。数カ月の抑留生活でまず初期の症状が現われた。それらは、ひどい口内炎、舌炎、皮膚の色の変化、そしてうろこ状に乾燥した皮膚などとして現われた。紅疹と皺の消失をともなった陰嚢の皮膚炎が膿の滲出、うろこ状の皮膚の剝落へと急速に進行した。六カ月も経過すると、特徴的な「足のほてり」を訴えた。この感じは足の指

の付け根から足先にかけて著しく、夜中に極度の不快感を与えた。手・脚部にもこれが一部現われた。足の血の循環は良かった。しかし、恒常的な発汗は、足にじとじとした病的な感じを与えた。これへの極端な反応は、極度に活動的になることであった。何人かの患者は、膝と足首の間代性痙攣を示した。これはまれに発作性の両側痙攣へと進んだ。弱視は「足のほてり感」と同じく発症し、両症状が併発することもあった。

後の経験で、陰嚢の皮膚炎と口内の諸症状にはリボフラヴィンを一日あたり六から八ミリグラムを数日間投与することが効果的であることが判った。ニコチン酸もしくはニケタミドが弱視以外の諸症状に有効であった。私の経験ではペラグラに伴う下痢は捕虜生活二年目まではあまり顕著ではなかった。しかし、これが一般的になると、悲惨にも手に負えないものとなった。精神的な不調はめったに生じなかった。しかし、最終段階では極度の無力感に襲われ、食物とくに米を飲み込むのにも困難を示した。

栄養状態に起因する水腫、飢餓浮腫はきわめて一般的に見られた。幾人かの兵士たちは恐ろしいほどむくんでしまった。症状が激しい場合には、栄養の吸収がうまくいかず一日に多くの卵を与えても衰弱が続いた。脚気もあらゆる症状の形で発症した。ただ、これは、飢餓浮腫とよく混同された。壊血病とビタミンA不足による諸症状はあまりなかった。

これらの不調の原因は、一九四三年三月のヒントック収容所での一日あたりの食糧支給を見れば明らかである（ここの支給は、全体から見てけっして低い水準ではなかった）。

一人一日あたりの支給量――砂糖一六グラム。塩一〇グラム。生野菜（主に大根）二三グラム。干し野菜六グラム。肉一六・五グラム。魚の干物二六・五グラム。ココナツ油三グラム。米六〇〇グラム（粗悪品、そのいくらかはカビが生え、ほとんど口にできない）。

ビタミン錠剤がない状況であらゆるビタミン摂取の方法を考えたが、現金もしくは掛け買いで得られる天然の新鮮な食物ほどの効果を発揮したものはなかった。人間としての生存のすべてが、捕虜たちの乏しい財源から供出される現金と、購買施設の有無にしばしばかかっていた。新鮮なアヒルの卵とカチャン・イジョ豆（オランダ人が好んだレンズ豆の一種）があらゆるビタミン欠乏症にすぐれた効能を示した。肉類は高価であった。イーストは素晴らしかったが、濃縮品を製造することが難しかった。草からの抽出液はただで得られたが、ジャングルの中では適した草はまれであった。ジャングル「ほうれん草」は人気があった。購入できるアヒルの卵を見つけることは、ジャングルの中ではいつでも悩みの種であったが、シャムでは人命を維持していくための主な関心事であった。後には輸血が最悪の栄養欠乏症には貴重な手段となった。どんな場合にもボランティアの血液提供者に事欠くことはなかった。

コレラ

コレラの激しい蔓延は、不潔な環境と水源や収容所付近を汚すアジア人クーリーたちによるものであった。水の滅菌はしばしば非常に難しかった。日本人たちはこの病気を大変恐れていた。そして、患者が早く死ぬことを願って、彼らをジャングルの中のほとんど露天に近い恐ろしく悪い居住環境の隔離病棟に収容した。患者が日本人の命令で銃殺された一つの最悪の出来事がこの態度をよく示している。

おびただしい量の粥状の排便、嘔吐、しわがれ声、痙攣、耳鳴り、体力の低下、疲労感を伴う著しい衰弱が典型的な症状であった。生理食塩水と消毒薬が供給されなかったので、大胆な代用品の使用がとくに悪寒がする時期の体液補充に使われた。生理食塩水は、料理用の食塩と泉水・川の水あるいは雨水を奇妙な蒸留器で蒸留して得られた水とによって作られた。ある時には、軍医の一人が、即席のカニューレ（液体や空気を消化管・気管などに送り込むために挿入する管）として竹の細枝を使った。時には、蒸留水の代わりに沸騰水を生理食塩水製造のために使う危険を犯した。オーストラリア軍医少佐と私が担当したヒントックで一千人の収容者のうち一五〇名が明らかに感染し、六三名が死亡した。これが最悪の流行であった。近隣では数百の病死者が出た。ジャングルの沼地に設営された雨水の漏るボロ布のテントのもとで看病が行なわれた。初期の症状の患者には、いくつかの部位から腹膜への生理食塩水の注入を行なった。竹の皮で包み盗んできたガソリンパイプから三つの蒸留器が即席に急いで作られた。それらには井戸から水を竹筒に入れて運んできた。一二〇パイント（六八リットル）ほどがこうして製造され、聴診器・竹筒・酒瓶などのがらくたから作られた生理食塩水供給器を使って毎日処方された。著しい脱水症状の場合は、二四時間に二〇パイント（一一リットル）の生理食塩水が投与された。初期の悪寒の症状期間には、生理食塩水がきわめて効果的であった。しかし、多くが反応期（腸チフス性の症状）、紅疹、発熱、あるいは全般の衰弱に伴う他の病気の発病に至った。

高浸透力生理食塩水は粗末な医療設備のために使われることはほとんど無かった。イギリス陸軍のJ・マルコヴィッチ（J. Markovitch）軍医大尉は、二倍力食塩水の採用を薦めた。タバコの紙に包んで処方された普通の二グレイン（〇・一三グラム）の過マンガン酸カリウム錠剤は、投与の際に燃えるような不快感を与える割には効果的でないことを発見した。

赤痢

この病気によってひきおこされる驚くべきほどの致死率と病状にもかかわらず日本人たちはこの病気が存在することを認めたがらず、我々にこの病気を公式には、「大腸炎」もしくは「その他の症状」と呼ぶように強制した。アメーバ赤痢が一般的であったが、日本軍からはエメチンや他のこの病気に対する薬は渡されなかった。アメーバ赤痢の恐ろしい症状とエメチンの欠乏からひきおこされた諸問題については別の報告書(一九四六年)で述べる。肋骨下あるいは胸部からのドレインを必要とした肝臓の膿瘍はそれほど多い合併症ではなかった。

熱帯性潰瘍

この病状は、ジャングル地帯でショックや外傷にさらされた空腹で微熱気味の人々に広く流行した。これの不快な症状は、身体全体に急速に広がる壊疽であった。しばしば肋膜の内部まで浸透し、ついで関節・筋肉・筋・血管・神経などがひどく冒された。排泄施設の不備と粗末な小屋に患者を溢れさせておくことが悲惨な状態を招いた。彼らを収容した病院の中心部は「病院潰瘍」の汚水溜めと化した。滑液嚢炎の切開、敗血性の疥癬病、潰瘍の快復などで収容されていた他の傷病者に感染しながら病毒の波が病棟を繰り返し襲った。

潰瘍は多発性であった。イギリス陸軍軍医大尉J・マックコナチイ(J. McConachie)が携わった三名の患者は、軽い皮膚の疥癬から生じた潰瘍が全身に広がりもだえ苦しみながら死にかけていた。個人的にも経験があるが、その痛みは恐ろしくひどく、筋肉痙攣をひきおこした。そのため膝関節の湾曲、足の喪失などによってしばしば下肢が短くなった。結果が好ましい自然治癒には数カ月から数年を要し、しばしば重大な身体の障害を残した。弱い殺菌剤は効果がなかった。有効な試薬は健全な組織にまで破壊的な影響を与えた。たとえば、一対五〇の過塩素酸液、過マンガン酸カリウムの飽和液、強硫酸銅液、純石炭酸などの試薬である。

もっとも効果的な治療は、すべての潰瘍組織を切除や搔爬術によって取り去った後に純石炭酸液を塗布しヨドフォルム粉を軽くふりかけることであった。後者は熱帯での感染にとくに効果的であった。一対二〇の希釈液でもしばしば有効であった。厄介な痛みも消え、包帯を数日間そのままにしておいても良かった。この結果として生まれたざらざらした部位には皮膚移植が行なわれた。このやり方で、初期症状を一カ月のうちに身体の不具合を残すことなく治すことができた。日本人軍はヨドフォルムを支給してくれなかったが、シャム人から高い値段であったが少量でも買うことができた。それは購入した薬のうちでもっとも経済的なもので、それが持ち込まれる光景は潰瘍に悩む人々の笑顔を誘った。

何百という人々が、麻酔なしでの潰瘍の搔爬の苦しみに耐えた。壊死した腱や筋肉は平らな筋膜の広範囲な切開と正式な切除術を必要とした。大きな腐骨片は、緩んだところを見計らって取り除かれた。ある時にはそれは頸骨の主柱を含んでいた。ナコーン・パトムでは腐骨片除去術が「台皿状にする」処置を伴った。切断術が命を救うためにしばしば必要であった。ある患者は、粗末なナイフと肉切り鋸しかないのを承知でそれを懇願した。直接それに起因する死亡率については一〇パーセント以下と驚くほど良好であった。しかし、激しい下痢と飢餓水腫から生ずる栄養障害をよく併発した。おびただしい排泄によってさらなる身体の蛋白質不足が増長された。結局のところ切断術を受けた患者の五〇パーセントが良好な経過を辿りながらも死亡した。輸血は貴重な治療であった。終戦を迎えた時、ナコーン・パトムで生存していた両足切断二名を含む一七〇名の四肢切断患者に有用な義肢が与えられた。

私が関係した病院での皮膚移植は、治癒度、障害の残存度などにおいて好ましい結果を出した。それは包帯の着用、移植部位を適度に圧迫する際に費した多大な苦労を償うものであった。ヨドフォルム粉を移植部位に軽くまぶすことが熱帯性の感染の再発を防ぐのに著しく効果的であることが判った。

疥癬と感染性皮膚病

ある病院では、九〇パーセント以上の患者が多くの場合赤味がかった化膿症をもった疥癬に罹っていた。個人用の間に合わせの蒸気消毒器を用いた病棟ごとの大量治療が必要であった。粗末なものではあったが硫黄は購入できた。油分が最少できわめて経済的な懸濁液は、雄牛の胆汁を使って得られた。

長靴なしで泥と水に常につかりながら作業した人々は、大きな感染性輪癬で無残にも膨れ上がった。休むことなしには快復は困難であった。

一般的な論点

アングロ・サクソン系の捕虜たちの間には、精神的障害の発生が驚くほど少なく、ノイローゼも一般的ではなかった。患者に対する日本人たちの敵意が、彼らの運命について考えることを無意味なものにし、このことがたぶん精神的な葛藤の種を取り除いていたのかも知れない。このことはあるものの、よく統率された収容所では、自分よりも弱っている仲間のために順番を取るために並ぶとか、あるいは仕事の負担を肩代わりするとかの英雄的な行為が疲労と衰弱の中であたりまえのように行なわれた。ヒステリー性の麻痺は、抑留の最終の年にオランダ領東インドの兵士たちの間で少しだけ蔓延した。自殺は少なかった。個人的に知る範囲では、六件しかなかった。プライバシーのまったくの欠如とお粗末な食事のせいか、性的な倒錯はほとんど見かけなかった。たしかに一部では不機嫌になり苛立つ人々が出て喧嘩も起きたが、正気、機を捉えたユーモアそして楽観主義が収容所では支配的であった。

巧妙に隠しもっていた無線機やニュースの翻訳が士気の維持に役立った。レクリエーション・余興、そして他の知的な催しの企画も同様に効果があった。莚や竹、そしてボロの蚊帳などで驚くべき舞台効果が演出された。大いなる発明の才が生み出した楽器の印象的な音で、記憶を頼りに交響曲が演奏された。豊かな心はきわめて多くの気晴らしのゲームを編み出した。病気と死が溢れていた収容所の中で公式の宗教は大きな影響力をもたなかったようである。厳格な規律の維持こそが、命を守り士気を保ち続ける上でもっとも力があった。将校たちが自己を犠牲にしても率先して義務を果たしたことがこれに貢献していることは疑う余地もない。

ジャングルでの手術

劇的でサディスティックなものに興味を示す日本人たちは外科手術を「良い見世物」として見たようだ。コンユーの深いジャングルに着いて間もなく、私は穿孔を生じていた十二指腸潰瘍の手術を、急いで作られた竹の手術台の上で焚き火と借り物のほや付ランプの光の下で成功裏に行なった。このことがあってから私は他の収容所にも手術を行なうために自由に出かけることができ、偶然にも医療や他の事柄についての連絡をとることになった。これらの地域では、激しい腹腔の病変、負傷、大規模な敗血症などの緊急を要する手術のみが通常は屋外あるいは大きな蚊帳の中で行なわれた。鉄製の錐の鋭い破片による深い傷(たとえば、眼球の摘出を必要とするような)が多く見られた。またダイナマイトを用いる発破作業による負傷も何例かあった。

まっすぐに伸ばして固定する帯が無かったので、大腿骨の骨折には見いだしうるうちで最も清潔な釘を上脛骨から打ち込むことが一番良い治療法であった。トマス式添木は針金を撚って作った。プーリーとコードも作られた。ハミルトン・ラッセル式の伸張器もたまに使用された。手袋をせずによく洗った手のまま手術をした方が腹部の傷にはより効果的であることが判った。利用可能なすべての器具は掛け布などと一緒に煮沸消毒された。

麻酔薬の不足が一番困った。そこできわめて軽い手術は麻酔なしで行なわざるをえなかった。日本人やタイ人からほんのわずかなクロロフォルムを手に入れることができ、それらは特別の手続きのもとに注意深く保存された。少量の「ノボカイン」製剤を得ることができた。それは脊柱からの麻酔の基本的なよりどころとなった(蒸留水で一〇パーセント溶液一から二・五ミリリットルをその場で精製した)。いくつかのやり方があったがこの方法は腹部や下肢のほとんどすべての手術に応用可能であった(たとえば、皮膚水膨れや大腿の切断手術など)。局所麻酔は高くついたが頭や下肢より上部の手術には不可欠であった。E・コーツ中佐は、ビルマの五五キロ病院で一二〇例にも及ぶ下肢の切断術を、コカイン溶液(約二パーセント溶液〇・七五ミリリットルを皮下に浸透させる)をもって遂行した。

腸線や他の縫合糸が日本軍からまれにしか支給されなかったので、数多くの代替品が用いられた。綿や、イギリス空軍の人間がもっていたパラシュートの紐をほぐしてまとまって得られた絹糸が、大いに役立った。最も有用だったのは、その地で豚や家畜の腹膜から得られた「腸線」であった。これはコーツ中佐の下で働いていたオランダ人薬剤師フォン・ボックステル（von Boxtel）大尉の発明の才によって初めて使われたものであった。腹膜をさまざまな幅で六メートルほどのリボン状に切り取り、巻き取り器で撚りを掛け乾燥させた。それをまず一時間半ほど華氏一三〇度（摂氏五四・四度）で煮た後、エーテルに二四時間浸し次いで九〇パーセントのアルコールとヨード液に漬けた。

外科手術用の器具は最も不足していたので、多くの代用品が巧みに考案された。時には剃刀とかポケットナイフが切開術に使われた。肉切り鋸や大工道具はよく役立った。

基幹病院での手術

基幹の病院では、医療用具の材料、スクラップ、役立つガラクタ類が豊富であった。いくつかの複雑な器具が考案され使用された。たとえば、S字結腸鏡、腸の締め具、肋骨切断器、カッシング式銀製刈り込み器などがあり、鉗子やさまざまな光学機器も使われた。ナコーン・パトムの病院の手術室は程よく防塵措置が講じてあり、床もセメントで固めてあった。ここではコーツ中佐の熱意のある指揮の下に多くの種類にわたる手術が執り行なわれた。コーツ中佐は、病院管理の事務作業に加え外科の仕事を疲れも見せずにこなした。S・クランツ（S. Krantz）オーストラリア陸軍軍医少佐が、この病院で彼が中心となって関わった外科治療について回顧している。ごく小さな手術を除いてここでは七七三の外科的な処置が行なわれた。その中には、脳神経外科や脊髄手術、甲状腺手術、胃切除、腸の切除と吻合、下腹切開術、胆嚢の摘除、胸部外科手術、脾臓摘出、腎切除、喉頭切除、整形外科手術、そして神経の縫合など実に多種のものが含まれていた。

盲腸、回腸摘出術は赤痢治療の一環として執刀された。盲腸摘出は一三三例の虫垂炎患者に対して行なわれたが一人の死者も出さなかった。ヘルニアの手術は一一四にのぼった。この多くは非吸収性の縫合糸で行なわれた。感染性による傷の化膿者五名と知る限りで再発者三名を出したが、死亡したものは一人もいなかった。外科的な処置が、捕虜の生存にとって大きな役割を果したとはいえないが、このような逆境の中での大いなる勝利といえるのではなかろうか。

代用品製作

必要は真に発明の母である。日本人たちは便宜を図るどころか主要な障害であったが、通常の支給品に代わる即席の代用品づくりの奇跡を望む心を連合軍捕虜たちに授けた。胸が張り裂けるほどの劣悪なジャングルの環境では、およそ普通の材料などなかった。そこでは、針金・釘・繊維・空き缶・皮などなどの切れ端さえもが貴重な所有物であった。住居は竹と椰子の葉をジャングルのツタで結びつけて作った。発明の才が真に試された。

竹は驚くほど多様な用途に使われた。ベッド・箒・ブラシ・籠・容器・配水管、その他管類・添木などである。木材は倒れた樹木を木製の楔で割って得られた。各種用途に使われたが、その中には木靴（クロッグ）も含まれていた。鰯の缶詰の空き缶などからハンダが回収できない時には、漏水しない缶の製造は、天才的な板金技術によって行なわれた。塩酸の材料には人間の胃液も使われた。自動車のバッテリーから希硫酸を盗み出すことに成功すれば溶剤の製造はすぐにできた。皮は雄牛や雌牛から、糸や紐は帯紐や雑嚢などを解いて得られた。ジャングルの病院の装備を充実させるには、スタッフだけではなく患者の協力も不可欠であった。彼らは、すべての利用可能な道具や材料を使って大量に生産する努力を組織的に遂行した。

タルサウとチュンカイの病院で、この「再製行為」によって作り出されたものには以下のものがある。尿瓶、便器、室内便器、外科手術台、プーリー、補食カップ、洗面器、洗浄器、消毒器、小さな木炭火鉢、消毒薬散布器、担架、移動用ベッド（麻袋と竹で）、背もたれ、足載せ、灯油ランプ、箒、ブラシ、トレイ、テーブル、整形外科器具、添木、外科器具、そして義肢、義眼（麻雀牌から）などである。オーストラリア海軍少佐F・A・ウッズ（F. A. Woods）の指導の下、ナコーン・パトムで作られた義足はつぎのようなものから製作された。荒削りの木材、皮をなめして得た皮革、雑嚢を解いて得た糸、将校のベルトからの鉄の断片、スポンジやズボン吊りなどの雑多なものなどである。

チュンカイの収容所の捕虜への緊急アピールにはこのようにあった。「以下の品々を緊急に求む。あらゆる種類の缶や容器、ハンダ、溶剤、釘、針金、ネジ、スポンジ、端切れ、足先のない靴下および靴下、帯紐、皮の端切れ、ゴム管、あらゆる種類のガラス瓶、ガラス管（輸血のために）、キャンバス地、弾力性のあるゴムバンドもしくはゴム紐、ズボン吊り、ワックス、麻雀牌、各種道具類。どんなものでもけっして古すぎもしないし小さすぎもしない」。

二つの救命医療の成果

リード（Reed）オーストラリア陸軍軍医少佐によって導入されイギリス陸軍軍医大尉J・マルコヴィッチによって改良された救命医療の一方策は、輸血目的に脱フィブリン（血液凝固の際の繊維素を除いた）血液を使用することであった。医療技士として訓練された兵士を使い、適合する供血者から単に集めた血液を容器の中で絶えずへらや泡立て器で撹拌することによって何千もの輸血が行なわれた。へらの上で血液が固まり始めたら五分間ほど激しくかき混ぜた。ついでそれを一六層のガーゼで濾して輸血された。薬剤師・生物学者やその他科学者から多くの援助が医療要員に対してなされた。もう一つの救命医療の成果は、限られた量の吐根剤からエメチンを作り出すことであった。これは五五キロ収容所でヴァン・ボックステル大尉によって考案された。A・J・コスターマン（A. J. Costerman）軍曹とG・W・チャップマン（G. W. Chapman）軍曹とがこれに貴重な貢献をした。

多くの収容所と病院で静脈注射用の蒸留水が精製された。外科用やその他の目的のためのアルコールは、適切な種類の麹菌で米を発酵させそれを九〇パーセントまで蒸留することで得られた。草のエキスや他のビタミンの素が抽出された。またその地の自然の植物からいくつかの有用な薬種が採集された。こうして得られたものには、ちょうじ油やシトロネラ油のような不可欠な油などがあった。大豆から作られたミルクやパンはときおり食事に変化をもたせるのに役立った。

重要性では劣るが、インク・紙・コルク代用品などがやはり作られた。T・マースデン（T. Marsden）イギリス陸軍軍医少佐は、日常の大概の必要を満たす器具の代用品を即席に製作することで医療活動に天才的な貢献をした。現地の花から酸性度を色で判別する材料が抽出されリトマス試験紙が作られた。

病気の捕虜に対する日本人たちの扱いは、おおよそ文明社会で期待されるものとはかけ離れたものであった。

長きにわたった緊張と苦悩の中で見せたイギリス人兵士たちの不撓不屈の精神、持続した士気の昂揚は大いに称賛されるべきである。長期間続いた緊張と多方面での衰弱からひきおこされた病気によって払った彼らの犠牲の大きさは戦後のリハビリテーションの過程において優先的にかつ好意的に配慮されるべきである。

＊ エドワード・「疲れ果てた（Weary）」・ダンロップ卿（Sir Edward 'Weary' Dunlop）と『イギリス医学雑誌』（*The British Medical Journal*）の編集者の寛大な許可によってここに再録した。

付属資料C

一九五九年以降の朝鮮人帰還問題についての報告

一九四五年に日本が降伏した時、日本内地には二〇〇万人ほどの朝鮮人が生活していた。うち一四〇万人が一九四五年から一九四八年の間に朝鮮に帰還した。六〇万人が残留していたが、彼らはしばしば困難な生活を続けており、希望する者の帰国に向けてなんらかの措置を講ずる必要があることがますます明白になって来ていた。

二人の赤十字国際委員会の代表者が朝鮮と日本両国を一九五六年五月九日から一六日にかけて訪問した。彼らは、大韓民国（この後ここでは、大韓民国を韓国、朝鮮民主主義人民共和国を北朝鮮と便宜的に呼ぶ）の釜山に抑留されていた日本人漁船員と日本の大村と浜松に収容されていた朝鮮人の釈放を取り決めるために奔走した。この代表派遣に引き続き、赤十字国際委員会総裁は、日本あるいは朝鮮自身に生活する朝鮮人が望むならば朝鮮領土内の彼らが選んだ地で生活できるようにする交渉の仲介をしてもよいとの手紙を、日本・韓国・北朝鮮の各国赤十字に送った。赤十字国際委員会が求めた唯一の基本的な条件は、当事者の自由意思の尊重であった。

赤十字国際委員会は、これら三つの赤十字にこの提案をそれぞれの政府に伝えるよう要請した。日本と北朝鮮の赤十字はこれに好意的に答えた。しかし、韓国の赤十字は、これは単に共産主義者の目的達成と、在日朝鮮人の財産没収を画策している日本政府とを利するのみであるとして反対した。

赤十字国際委員会は次いで三国の赤十字社によるジュネーヴ本部での会談を提案した。日本・北朝鮮は受け入れたが、韓国はこれを拒否したため、会談は実現しなかった。一九五六年一二月一二日、赤十字国際委員会は再び同趣旨の書簡を三国の赤十字に送った。

一九五七年二月二六日には日本在住朝鮮人の帰国のために実際上必要な多くの手続きを設定した手紙を再び三者あてに出した。

一九五七年一二月三一日、日本と韓国はとくに日本の大村収容所に収容中の朝鮮人と韓国の釜山に抑留されていた日本人漁船員とに関して合意に達した。この結果、大村収容所の多くの朝鮮人たちが解放され、帰国の希望を表明した者は祖国への帰還を果たした。

一九五八年早々には釜山に抑留されていた九二二名の日本人漁船員たちが帰国した。

しかし、大村には数多くの朝鮮人たちが残っていたので、東京にいた国際赤十字代表者が一九五八年中に数回、その地を訪ねた。残留者のうち一〇〇名ほどの収容者は北朝鮮への帰還を希望していた。

一九五九年一月二〇日に日本赤十字社中央委員会は、朝鮮人の帰還を求める決議を行なった。その数カ月前に北朝鮮政府は、帰還船と帰還に関する費用を負担する用意があることを表明していた。

一九五九年一月三〇日、日本の外務省は、北朝鮮への帰国を希望する朝鮮人たちがみずからの自由意思でそのようにしていることを赤十字国際委員会が保証するように求める記者会見を行なった。二月一四日には日本政府は日本赤十字がこの要望を赤十字国際委員会に届けるように要請するとともに、同機関が帰国作業の仲介役となることを望んだ。後者の要望はその日のうちにすぐジュネーヴに向けて発信された。この少し後で日本政府はこれを公表した。

二月末に、日本赤十字社の代表団がジュネーヴに到着した。

韓国赤十字は、赤十字国際委員会が日本の要請を受けないように説得するためにすぐさま赤十字国際委員会と連絡をとった。三月に二名の政府役人と一名の赤十字社代表からなる韓国の代表団がジュネーヴに到着し、提案されている帰還計画についての彼らの態度を赤十字国際委員会に詳しく説明した。

帰還計画に反対する韓国各界からの中心人物も相次いでジュネーヴに赴き赤十字国際委員会と会見した。彼らも赤十字国際委員会が帰還計画に一切関わることのないようにと要請した。

しかし、日本赤十字は、ジュネーヴで赤十字国際委員会の後援で会合の場をもてるようにと北朝鮮赤十字に対してジュネーヴへの代表団派遣を実現するよう働きかける努力をした。しかし、当時帰還希望者の選考に反対する原則を表明していた北朝鮮赤十字は、赤十字国際委員会の後援の下での話し合いへの参加を拒否した。

一九五九年三月一三日には、赤十字国際委員会は記者会見で以下のような立場を明らかにした。「人道主義の原則と赤十字国際会議の諸決議の導きによって、赤十字国際委員会は何人もそう望むならば、みずからの出身国、みずから選んだ場所に帰還する自由を有すると考える」と述べた。四月の初めに至って北朝鮮赤十字も日本側のジュネーヴ会談の提案を受け入れ、代表団を派遣することになった。交渉が四月一三日から始まった。

赤十字国際委員会は両者に会議室を提供したが、会談そのものには加わらないとの立場を明確にした。また、赤十字国際委員会が帰国事業に加わるかどうか、加わるとした場合の条件などについて、まず両者がこの問題について合意に達するまでけっして明らかにしないことも告げた。

交渉は六月二四日まで続いた。この日、日本・北朝鮮両赤十字の代表団は、「居住地選択の自由と赤十字の諸原則に基づいて、自身の自由な意思表示にしたがって日本在住の朝鮮人たちが故国に帰還できるようにする」ことで合意した。

合意書には、帰還を請求できる資格条件（第一条）、申請あるいは申請取り消しの一般的な手続き（第二条一項、二項）、両赤十字がこの時赤十字国際委員会に委ねようとしていた日本赤十字社へのオブザーヴァーおよび助言者の役割（第三条）などが規定されていた。さらに、出国についての諸手続き（第四条、第五条）、旅費、手荷物搬送費、関税の免除（第六条）、出発港で北朝鮮代表者が立ち会う際の諸条件なども規定されていた。最後に、合意文書の公表（第八条）と、署名から一年三カ月間を有効期間とすることも定められていた。

協定書はジュネーヴで仮調印され、公式調印はカルカッタで一九五九年八月一三日に行なわれた。

この少し前に、赤十字国際委員会は日本赤十字に対して、日本在住の朝鮮人で故国の選んだ地に帰ることを希望する者の帰還事業の準備を援助する用意があることを伝えていた。しかし、赤十字国際委員会は、この希望表明は日本・北朝鮮両赤十字による六月二四日の合意の賛否についての立場を示唆するものではないことも指摘した。なぜなら、赤十字国際委員会は、それとはあくまでも独立に得られた合意についての意見を求められているとは思ってもいなかったし、その合意に赤十字国際委員会が縛られるものでもないと考えていた。赤十字国際委員会は、人間はそれぞれみずから居住する地を選ぶ自由をもち、望むなら故国に帰ることができるとの原則に基づいて合意が成立したことを両者が公式に認めたとのみ報じた。

これに加えて、赤十字国際委員会は日本政府と赤十字から対象者の帰国選択の自由を確保するためにとられるであろう諸手続きについての保証の書付を受領した。この保証は、日本に留まることを希望する朝鮮人にも適用されるとされた。

赤十字国際委員会はさらに、韓国赤十字と政府から韓国に帰ることを希望する人々の帰還についての書簡を受け取ったことも明らかにした。ソウルの当局は、このことについての段取りが日本政府とまとまり次第、彼らを受け入れる用意があることを表明した。

これらの諸点すべてが、八月一一日付で赤十字国際委員会からプレスリリースされた。そこでは赤十字国際委員会の基本的な立場が要約されているとともに、近日中に代表者が日本に向けてジュネーヴを発つことが示されていた。

この代表派遣の任は赤十字国際委員会の副総裁、マルセル・ジュノー博士（Dr Marcel Junod）によって果たされた。彼は、八月二三日に東京入りし、すぐに日本赤十字および政府当局とこの帰還事業において赤十字国際委員会が関与する場合の諸条件について協議した。ジュノーのヨーロッパへの帰国直前には、日本への特別派遣団の代表となることになったオットー・レーナー博士（Dr Otto Lehner）が議論に加わった。九月初旬に、日本赤十字は「『帰還者氏』の手引き」と題する帰国への詳細な手続き案内を発行した。これには、彼に提示されている選択肢のすべて（すなわち北朝鮮への帰還、韓国への帰還、そして日本への残留）が、またこの選択を彼の自由意思で行なえることが示されていた。

これはまた、北朝鮮への帰国希望者は誰でもその意思を確認するために単独で日本赤十字と赤十字国際委員会の代表者と面接することを要請していた。面接は帰国直前に、日本海に面する港湾都市新潟にある帰還者センターで行なわれることになっていた。この手引書には、この面接に加えて、希望する者は誰でも赤十字国際委員会の代表団といつでも自由に立会人なしで話し会えるように特別の事務所が開設されることも記載されていた。この手引書はジュノー博士によって承認され、日本国中にたいへん広く配布された。

極東への出発前に受けていた招請を受けてジュノー博士は、韓国にも赴いた。ここで彼は、韓国赤十字社総裁シングマン・リー氏はじめその国の主だった人々と会見し、この手引書を手渡した。ジュノー博士の韓国滞在全期間を通じて、韓国の指導者たちは彼に対して朝鮮人の北朝鮮へのいかなる帰還にも全面的に反対することを繰り返し主張した。この少し後にジュノー博士はジュネーヴに帰った。

九月二一日に日本赤十字は日本中に三六五五カ所の登録事務所を開いた。祖国の北半分に帰還を希望する朝鮮人はそこで申請用紙に記入することができた。日本赤十字が決めた手続きの一部に日本の朝鮮人社会のある部分の人々が留保を表明したこともあって、当初は出国の申請が少なかった。九月二一日から一一月三日までに四三二名のみが申請した。

この間、赤十字国際委員会は日本への代表団を組織した。レーナー博士とヨーロッパもしくは日本で募られた二〇人ほどのスイス人代表団が日本の主要な登録事務所への訪問活動を始めた。日本赤十字社の代表に付き添われて、赤十字国際委員会の代表派遣員たちは、朝鮮人たちに与えられたすべての選択肢が登録事務所に掲示されているかどうかを確認した。また、その事務所が日本赤十字の指示と赤十字国際委員会が示した諸原則に沿う形で設立されているかを点検した。

結局、日本赤十字は帰国手続きについていくつかの修正を行なった。これ以降申請者数が急増（一一月四日、五日に四五〇〇名）し、一二月一五日までには六二〇〇名に達した。

一一月初旬にレーナー博士に代わって、すでに極東地域で数多くの重要な任務をこなしていたアンドレ・デュラン（André Duran）が日本への赤十字国際委員会特別代表団の団長となった。

一二月の初めに、北朝鮮への帰還を希望する人々の第一陣が赤十字国際委員会の代表団に護衛された特別列車で日本各地から新潟に向かった。ここで彼らは、日本赤十字の帰還者センターに入り、日本赤十字と赤十字国際委員会の代表各一名によって彼らの北朝鮮への帰国意思が確認された。各人は出国証明書を受け取り、警察と税関の手続きをとった。また望むものはセンターで家族との面会ができたし、赤十字国際委員会の代表者と立会人なしで会談することができた。

一二月一四日九七五名の朝鮮人たちが、おびただしい数の警官隊に護られて、帰還センターから桟橋に移動した。ここで大勢の同胞と最後の別れをした。彼らは北朝鮮がチャーターした二隻のソヴィエト船に乗り込んだ。翌日には朝鮮の北東部にあるチョンジン（静津）に到着した。

一二月二一日に、第二陣九七六人の朝鮮人たちが同様にして新潟を離れた。この時、立会人なしの最終面接の必要性が示された。一六歳になる少女が、帰還登録は彼女の意思ではなく日本に残りたいと述べたのである。彼女は何事もなく家に返された。さらに、赤十字国際委員会の代表者は付き添い人のない一六歳未満の児童二名の出国を、両親か後見人の庇護の下に入るまでの間遅らせることにした。

九九一名を数えた第三陣は、同じようにして一二月二八日に出発した。赤十字国際委員会からの派遣団はこの時一人の出発を登録不備の理由で拒否した。

一九五九年の末までに、日本赤十字によって決められた規則に則って三〇〇〇人の朝鮮人が帰国を果たした。すべての人が、新潟での最終面接までのどの時点でも自分の意思を変えることが自由にできた。実際、この最初の三回の出発で、合わせて六〇名ほどが出国手続きをとらなかった。出国は一九六〇年も続いた。

韓国への帰国を希望する人々については、韓国の代表団と日本政府との東京での交渉で定められた。これに赤十字国際委員会は何も関与しなかった。

北朝鮮への帰還事業を行なう日本赤十字を支援する赤十字国際委員会からの特別派遣は一九六〇年も行

なわれた。

一六歳未満の児童の帰国が最も困難な仕事であった。これについては日本赤十字、赤十字国際委員会代表団ともに、日本の法律、朝鮮の慣習を十分に考慮に入れ、かつ家族と離れることのないように確かめて、児童の利益を最大限優先するように努めた。

赤十字国際委員会もまた、帰国対象者が北朝鮮に帰国するか日本に留まるかの意思決定でいかなる圧力も受けていないことを確認するためにさらにくわしく点検した。このような場合はまれで、意思決定に不規則性が認められた少数の例だけが出国を拒否された。

各出発にあたって赤十字国際委員会代表団は帰還者からの書類に目を通した。多くの場合、一六歳未満の児童が家族から離れたり付き添い人なしで帰国することがないようにするためであった。

新潟では赤十字国際委員会代表団が引き続き最終面接に加わった。日本赤十字の代表者から帰還の意思確認の質問をされて、少数の人々が意思を撤回した。多くの場合、それは家族的な理由によるものであった。より多くの人々(各船に登録されたかなりの割合)が、出発時に現われなかった。このため一千名を運ぶためにチャーターされた船が、八〇〇から場合によっては七〇〇人ほどだけを乗せて出港することもあった。

この心変わりの少なくとも一部は、一九五九年八月一三日にカルカッタで合意に達した当初一五カ月間についての協定を更新するための交渉が九月から新潟で始まったことによって醸成された不確実性に起因するものであった。結局のところ協定は、一一月一三日から向こう一年間について更新されることが一〇月二七日に決まった。両赤十字社の代表は一一月二四日に、一週間の帰国者を一九六一年三月一日から一〇〇〇名を一二〇〇名に増やし帰還事業を促進させることで合意した。

一九六〇年末までに、五一回の航海で五万二〇〇〇名（日本人四〇〇〇名を含む）が日本を離れ北朝鮮に帰還した。

帰還事業は一九六一年も継続し、赤十字国際委員会は登録と出発についての監視活動を年間を通して続けた。

代表団は再び日本各地を訪ね地方職員とともに帰国申請にあたっての諸問題を検討した。この訪問は、多くの懸案事例の解決を可能にした。その大部分は付き添い人なしの一六歳未満児童の帰国についての問題であった。

しかしその年、週を経るにつれて帰国者数が著しく減少するようになった。その年の初めの二カ月以上にわたって、日本でのインフルエンザ流行を理由に北朝鮮赤十字の要請で帰還事業が中断された。再開後、一九六一年六月には週あたりの離日者数は一〇〇〇から一一〇〇人であったが一〇月初旬にはそれが約五〇〇人に減少した。九月一一日から一〇月二日まで船を修理するために北朝鮮側の要請で二回目の中断があった。この年最後の一二月一六日の第八五次帰還者は一二四人であった。これによって一九五九年一二月以来の全帰還者数は七万五〇〇〇人となった。内訳は、一九五九年一二月から一九六〇年末までに五万二〇〇〇人、一九六一年中に二万三〇〇〇人であった。離日した者の圧倒的な部分は朝鮮国籍の人々であったが、日本国籍・中国国籍の人々もいくらか含まれていた。

一九六二年に帰還が再開されたが、ゆっくりとした進行度合いであった。帰還事業開始当初、朝鮮人の離日者は毎週一〇〇〇人を超していたが、第八六次帰還者では一〇〇名以下であった。続く帰還船でもその数は、僅か二〇〇から三〇〇人平均であった。この状態を見て、この年の末に日本と北朝鮮の赤十字社は、一九六二年一一月一二日に期限切れを迎えることになっていた一九五九年のカルカッタ協定をさらに一年間延長することにした。赤十字国際委員会は日本赤十字の要望に応えて、その特別代表団をさらに一年間日本に留め置くことにした。

一九六二年の末までに約七万八〇〇〇人が帰国した。その帰還の進行度合いは一九六〇年末までに五万二〇〇〇人、一九六一年末までに七万五〇〇〇人という状態であった。

帰還は一九六三年にも継続され、全体の帰還者累積総数は八万五〇〇〇名に達した。さらに一九六五年にはそれが八万二六五五名、一九六五年末には八万四九二〇名となった。

一九六六年、日本赤十字は赤十字国際委員会にカルカッタ協定がさらに一年間延長されたことを通知し、赤十字国際委員会代表団の派遣を要望した。赤十字国際委員会はこれに同意した。

一九六六年末に累積数は八万六七八〇人、一九六七年末には八万八六一一人に達した。北朝鮮赤十字からの反対にもかかわらず日本赤十字はカルカッタ協定を更新しないこと、一九六七年八月一一日以降は北朝鮮への帰還申請の受理をしないことを決定した。協定に基づいて入港した最後の船が一九六七年一〇月一三日に北朝鮮に向け新潟を出港した。日本と北朝鮮の赤十字の代表が八月下旬にモスクワで、一一月末にコロンボで会談し、カルカッタ協定の期限である一一月一二日までに帰国できなかった人々の北朝鮮への帰還をめぐって協議した。とくに、日本側が定めた八月一二日以前に帰国申請をした一万七〇〇〇人の朝鮮人への対策が問題となった。両赤十字は、カルカッタ協定に基づいて一九六七年一二月一八日に新たな朝鮮人帰還者を乗せるためにもう一隻の船が新潟港に入港することで合意を見た。この船は、一二月二二日に出港した。他方で、日本と北朝鮮赤十字は、セイロンにおいて協議を続けた。

しかし、協定で定めた締め切り以前に帰還の申請手続きをとった一万七〇〇〇人の朝鮮人がまだ残っていた。

一九六八年四月二日、赤十字国際委員会は両国の赤十字社に、これら希望者を帰国させるのに必要な手立てを考えるよう訴えた。赤十字国際委員会には日本赤十字からは前向きな返答があったが、北朝鮮側からは何も返答がなかった。このため、赤十字国際委員会はこの訴えかけを九月一〇日に繰り返した。

一九七一年二月五日にモスクワで両国赤十字は、五月初めから帰還事業を六カ月にわたって再開することを定めた新しい協定に署名した。署名の後、日本赤十字は、赤十字国際委員会に対してカルカッタ協定が定めた期限までに手続きをし北朝鮮に帰国できないでいた朝鮮人の帰国を援助するための代表団の派遣を要請した。これは、一九五九年に開始された帰還事業の総仕上げに携わった人々の意思であった。

五月から一〇月にかけて六航海が組織され一〇八一名が帰国した。一九五九年以来赤十字国際委員会の後援の下に始まった帰還事業で北朝鮮に帰国した人の累積数は、八万九六九二人になった。帰還事業は一九七二年まで続いた。

原注

第一章　日本における赤十字

（1）黒龍会編『西南記伝』全六巻（黒龍会本部、一九〇八―一九一一年）。

（2）西郷隆盛（一八二七―七七年）については以下の文献を参照。K. Inoue, *Saigo Takamori* (1970)；I. Morris, *The Nobility of Failure* (1975) とくに第九章 'The Apotheosis of Saigo the Great' および 'Appendix B'

（3）一般的に言って、傷ついた敵兵や捕虜を殺害する日本人の戦場における伝統的な行為は西洋社会では野蛮行為として非難された。日本人にとって自分の腹を切り割く切腹は、「極度の苦痛を伴う自虐的な行為であったが、肉体的な勇猛さ、自決心、誠実性の証として敵味方区別なく敬意を払う行ないであった」I. Morris, *The Nobility of Failure*, p. 15。しかし、明治初期のもっとも有能な指導者の一人であった木戸孝允（一八三三―七七）は、軍律としての武士道を激しく批判していた。S. D. Brown and A. Hirota, *The Diary of Kido Takayoshi*, Vol. III (3 September 1874), pp. 69–70.

（4）一八七七年八月一八日に長井において薩摩の兵士が投降したとき、征討参軍山県有朋は林軍医監にできる限り多数の敵兵の手当てをするように命じた。さらに、この救護活動を援助できるようにと捕縛した薩摩反乱軍の医者を解放した。『西南記伝』中―二巻七七二頁。この戦場では少なくとも看護婦一人が活動していたようである。彼女の名前はマスダサハといい、夫は西郷軍で戦っていたが、彼女は「警察病院」でも働いた。太田成美氏の情報による。

（5）一八七七年前半（四月六日と六月八日と記されている）、佐野常民が先導した博愛社の構想は総督官有栖川宮によって同意され、さらに明治天皇の賛意を得た。他の記述では、松平乗承、桜井忠興、松平信正の援助を得て佐野がまず岩倉に請願し、後に岩倉が有栖川宮に接近し博愛社が一八七七年五月一日に設立されたことが示唆されている。本間楽寛『佐野常民伝』（東京、一九四三年）、一八一―八三頁参照。藤原五三雄氏の情報による。博愛社の重要性はよく認識されていた。なぜなら「暴徒の死傷は官兵の倍するのみならず、救済の方法も相整わざるは、言を俟たず。……此の輩の如き大義を誤り王師に敵すと雖も亦皇国の人民たり皇家の赤子たり、負傷座して死を待つものも、捨て顧みざるは人情の忍びざる處」(『西南記伝』中一巻七七一頁)であったからである。

(6) 東京の中心部にあり、すべての戦没者を祭るための靖国神社は、日本を明治天皇安泰の世にするために犠牲になった人々を祀るために一八六九年にもともと建立されたものである。

(7) C. Z. Rothkopf, *Jean Henri Dunant, Father of the Red Cross* (1971); E. Hart, *Man Born to Live, Life and Work of Henri Dunant, Founder of the Red Cross* (1953); M. Gumpert, *Dunant, the Story of the Red Cross or the Knight Errant of Charity* (1939).

(8) G. I. A. Draper, *Red Cross Conventions* (1958), p. 2.

(9) Henri Dunant (1829-1910), *A Memory of Solferino* (British Red Cross Reprint, 1947), *A Proposal for Introducing Uniformity into the Conditions of Prisoners of War on Land* (1872).

(10) D. Schindler and J. Toman, *The Law of Armed Conflict* (Leyden, 1973), p. vii.

(11) ラザフォード博士(Dr. Rutherford)は、赤十字についてのジュネーヴの動きを推進したわけではなかった。クリミア戦争の後、軍の医療活動態勢が拡大され改良された結果、英国人は自前で戦場において必要とされる医療救護活動すべてをまかないうると考えていた。彼は、演説の中で負傷兵を救う救護組織について何も触れていない。明らかに彼はこれに懐疑的であった。P. Boissier, *From Solferino to Tsushima* (Geneva, 1985) p. 74.

(12) 日本は「十」を赤十字のシンボルマークとして受け入れたが、二〇世紀中すべての国がそうしたわけではない。イスラム教国家の多くでは、赤新月社と呼ばれている。

(13) C. Woodham Smith, *Florence Nightingale* (1950); F. B. Smith, *Florence Nightingale, Reputation and Power* (1982); M. E. Baly, *Florence Nightingale and the Nursing Legacy* (1986).

(14) B. Oliver, *The British Red Cross in Action* (1966).

(15) F. R. Dulles, *The American Red Cross Society, a History* (New York, 1950).

(16) M. Keswick, *The Thistle and Jade* (1982) および O. Checkland, *Britain's Encounter with Meiji Japan, 1868–*

1912 (1989)〔O・チェックランド『明治日本とイギリス』杉山忠平・玉置紀夫訳（法政大学出版局、一九九六年）〕などを参照。

(17) 佐野常民（一八二二―一九〇二年）は洋学を修めた政治家で、日本海軍の創設に参画した。彼の主導で日本赤十字社が創立されたと言われているが、岩倉や伊藤の要請で彼が動いた可能性もある。彼はその死まで日本赤十字社の社長を務めた。

(18) 佐野は一八七三年一月三一日から九月三〇日までウィーン駐在の日本公使であった。彼は、ウィーン博覧会での日本の展示に関する任務を帯びていた。

(19) 一八七三年に岩倉使節団が佐野にローマで会っている。彼が使節団のスイス訪問に同行したかどうかはわかっていない。春畝公追頌会編『伊藤博文伝』（一九四〇年）第一巻七二〇頁。

(20) *Bulletin International de Société de secours aux militaires blessés publiépar le Comité International,* No. 17 (October 1873), p. 13.

(21) *Bulletin International...,* No. 17 (October 1873), p. 15.

(22) C. Z. Rothkopf, *Jean Henri Dunant* および E. Hart, *Man Born to Live.*

(23) J. J. Rousseau, *Contrat Social* (Geneva, 1762), Book I, Chapter IV.〔J・J・ルソー『社会契約論』桑原武夫・前川貞次郎訳（岩波文庫版、一九五四年）〕。

(24) F. B. Freidel, *Francis Lieber, Nineteenth Century Liberal* (1947). また、*The Mississippi Valley Historical Review* (1945-6), pp. 541-56 を参照。

(25) *U. S. Army General Order No. 100,* Washington (24 April 1863) および G. F. A. Best, *Humanity in Warfare* (1980), p. 155 を参照。

(26) G. F. A. Best, *Humanity in Warfare,* p. 156.

(27) G. F. A. Best, *Humanity in Warfare,* p. 157.

(28) G. I. A. Draper, *Red Cross Conventions* (1958), p. 4.

(29) G. F. A. Best, *Humanity in Warfare,* p. 345.

(30) 小松芳喬氏から筆者への私信による。

(31) J. Suzuki, 'The Japanese Red Cross Mission to England', *JSL* (Japan Society of London), Vol. 14 (1915-16), p. 29 および M. C. Fraser, *A Diplomat's wife in Japan* (Tokyo, 1982), p. 311 を参照。

(32) J. Suzuki, 'The Japanese Red Cross Mission to England', p. 29.

(33) N. Ariga, *The Japanese Red Cross Society* (St. Louis, 1904), p. 10.

(34) N. Ariga, *The Japanese Red Cross Society*, p. 11.

(35) 松方正義(一八三五—一九二四年)。日本の近代銀行制度を創設するにあたり大蔵大臣として顕著な功績を残した。一八八三年彼は伯爵に叙された。さらに日露戦争中の日本赤十字の資金調達に功があり一九〇五年に侯爵となった。

第二章 「天皇の赤子」——陸海軍における健康管理

(1) 「日本において、天皇は軍事力の唯一の個人的指導者であり、兵士は天皇の兵士である。このことは理論上そうであるばかりでなく、歴史的伝統の事実から見てもそうなのである。かくして国民は、子が父を敬うように天皇を敬愛する。国民は同時に天皇が慈しみ育て国民を救うためにあらゆる努力を惜しまずに傾注する兵士をも当然のごとく敬うのである。帝国の独立と繁栄は天皇のおかげである。この独立と繁栄は、天皇の軍隊によって保たれている。この計り知れない恩寵に報いる最善の道は、戦場でみずからの命を危険にさらしている兵士を援助することである」(有賀長雄博士=国際法教授。日本赤十字の指導者の一人)。L. L. Seaman, *The Real Triumph of Japan* (New York, 1906), p. 144 より引用。

(2) L. L. Seaman, *The Real Triumph of Japan*, p. 143. シーマン博士は、日本の陸海軍兵士への福利厚生対策を賛美し、アメリカの待遇方法を厳しく非難したアメリカ人である。L. L. Seaman, 'Some of the Triumphs of Scientific Medicine in Peace and War in Foreign Lands', *New York Medical Journal*, 9 June 1906, Vol. LXXXVII, No. 8, Whole No. 1525, pp. 335-43 を参照。

(3) P. D. Curtin, *Death by Migration, Europe's Encounter with the Tropical World in the Nineteenth Century*

(Cambridge, 1989).

(4) イギリスの原典資料については、F. N. L. Poynter, 'Evolution of Military Medicine' in Robin Higham (ed.), *A Guide to the Sources of British Military History* (Berkeley, 1971) を参照。

(5) *XIII International Congress of Medicine* (1913), Section XX, Part I and II, Naval and Military Medicine を参照。ここには陸海軍兵士の健康状態や衛生環境についていくつかの論説が掲載されている。日本人の寄稿者には以下の人々が含まれている。日本帝国海軍軍医総監、西勇雄 (Isao Nishi) 'Hospital Ships and the Transport of Wounded', pp. 17-32. 日本帝国海軍艦隊付軍医、平野勇 (I. Hirano) 'Brief Notes on Sanitation in the Japanese Navy and on the classification and treatment of wounds, during the late wars', pp. 86-102.

(6) C. Woodham, *Florence Nightingale, 1820-1910* (1950) ; L. R. Seymer, *Florence Nightingale's Nurse Training School, 1860-1960* (1960).

(7) L. L. Seaman, *The Real Triumph...*, Chapter XIV, 'Lest we forget', pp. 254-78.

(8) ルイス・リヴィングストン・シーマン博士 (Dr Louis Livingston Seaman) は、彼の著書に「沈黙する敵の征服 (*The Conquest of Silent Foe*)」というサブタイトルを付け、熱帯における病気との困難な戦いについて述べた。日露戦争での日本の成果を論争的な口調で激賞したこともあって彼は日本人から高く評価された。

(9) E. McCaul, *Under the Care of the Japanese War Office* (1905) ; 'The Red Cross in Japan', *JSL,* Vol. VII (1905-7), pp. 211-25.

(10) P. D. Curtin, *Death by Migration,* p. 130.

(11) R. Ross, *Studies in Mararia* (1928) ; G. Macdonald, *The Epidemiology and Control of Malaria* (1957) 参照。

(12) S. A. Waksman, *The Conquest of Tuberculosis* (Berkeley, 1966) ; R. E. McGrew, *Encyclopaedia of Medical History* (New York, 1985), pp. 336-50.

(13) 北里柴三郎 (一八五二―一九三一年)。細菌学者。破傷風菌の純粋培養に成功。伝染病研究所 (一八九二年創立) は腺ペスト菌を発見した (一八九四年)。彼は、慶應義塾大学の初代医学部長 (一九一五年) となった。また、貴族院議員や初代日本医師会会長を務めた。

(14) 志賀潔（一八七〇―一九五七年）。志賀菌（赤痢菌）の発見者。ドイツで学び京城帝国大学教授を務めた（一九二〇年）。

(15) L. L. Seaman, *The Real Triumph...*, Chapter VIII.

(16) L. L. Seaman, *The Real Triumph...*, Chapter VIII.

(17) B. Cottell, 'Water Conservancy in War', *JRAMC*, Vol. IV (1905), pp. 174-7.

(18) B. Cottell, 'Water Conservancy in War', p. 177.

(19) C. J. Barnett, *British Officers' Reports*, Vol. II (1907), p. 72.

(20) T. Sakurai, *Human Bullets, a Soldier's Story of Port Arthur* (1907), p. 72.

(21) T. Sakurai, *Human Bullets...*, p. 113.

(22) A. Hino, *War and Soldier* (1940), p. 62.

(23) R. R. Williams and I. D. Spies, *Vitamin* B_1（*Thiamin*）*and its Use in Medicine*（New York, 1939）. 食品中のチアミンについてはp. 236を見よ。また、S. Davidson, R. Passmore, I. F. Brock and A. S. Truswell, *Human Nutrition and Dietetics*（1979）およびJ. Marks, *Vitamins in Health and Disease*（1968）も参照。

(24) 一九一〇年頃の必要栄養素やヴィタミンについての知識が乏しかった時代に、とくに海外における白色人種の脚気に関する数多くの記事が医学雑誌に発表された。その一例として、H. E. Winter, 'Observations on beri-beri', *JRAMC*, Vol. V（1905）pp. 178-81があげられる。

L. L. Seaman, *The Real Triumph...* は、第八章で脚気について触れている（pp. 233-53）。シーマンは、日露戦争後、脚気が栄養失調症の一種であることになんらかの形で気づき、米に大麦やレンズマメを混ぜ込むことで「欠乏している栄養を補給できる」（p. 249）と考えていた。彼は、窒素が不足していると思っていたようである。

(25) P. D. Curtin, *Death by Migration*, p. 77-9.

(26) R. J. Bowring, *Mori Ogai and the Modernisation of Japanese Culture*（*Cambridge, 1979*）, pp. 12-16.

(27) E. McCaul, *Under the Care of the Japanese War Office*, p. 116.

(28) C. J. Barnett, *British Officers' Reports*, Vol. II（1907）, p. 665.

(29) H. Conry, *The Japanese Seizure of Korea* (1960) ; H. F. Cook, *Korea's 1884 Incident* (Seoul, 1972).

(30) 高木博士（後に男爵）は，イギリスで教育を受けたのでよく知られていた。高木男爵（Baron Takaki）イギリス外科医師会会員，医学博士"The preservation of health amongst the personnel of the Japanese Army', *JRMAC,* Vol. VI (1906), pp. 54–62。また，講義録の 'The preservation of health amongst the personnel of the Japanese Navy and Army', *The Lancet,* Vol. I (19 May 1906), pp. 1369–74 ; (26 May 1906), pp. 1451–5 ; (2 June 1906), pp. 1520–3 を参照。さらに Baron K. Takaki, 'Military Hygiene of the Japanese Army', *New York Medical Journal,* Vol. LXXXIII, No. 23 (New York, 9 June 1906), Whole No. 1436, pp. 1161–6 も見よ。M・M・ラム（M. M. Lamb）氏の助力に感謝する。

(31) L. L. Seaman, *The Real Triumph...,* p. 238.

(32) D. Hamilton and M. Lamb, Chapter 5, 'Surgeons and Surgery' in *Health Care as Social History, The Glasgow Case,* p. 156–8.

(33) E. McCaul, *Under the Care of the Japanese War Office,* p. 156–8.

(34) T. Sakurai, *Human Bullets...,* p. 164–5.

(35) T. Sakurai, *Human Bullets...,* p. 112.

(36) T. Sakurai, *Human Bullets...*

(37) Isao Nishi (IJN), 'Hospital Ships and the Transport of Wounded', *XVII International Conference of Medicine* (1913), Section 20, Part 2, Naval and Military Medicine, pp. 17–32.

(38) P. Boissier, *From Solferino to Tsushima* (Geneva, 1985), p. 372.

(39) P. Boissier, *From Solferino...,* p. 323.

(40) 博愛丸と弘済丸。グラスゴウ大学所蔵，ロブニッツ造船所営業記録。(the business records of Messrs Lobnitz, Shipbuilders held at the University Archives, the University of Glasgow, Scotland)。

(41) N. Ariga, *The Japanese Red Cross Society and the Russo-Japanese War* (1907), p. 31.

(42) N. Ariga, *The Japanese Red Cross Society...,* p. 149.

(43) N. Ariga, *The Japanese Red Cross Society...*, p. 149–51.
(44) N. Ariga, *The Japanese Red Cross Society...*, p. 147.
(45) I. Nishi (IJN), 'Hospital Ships and the Transport of Wounded', pp. 17–32.
(46) N. Kozlovski, 'Statistical data concerning the Losses of Russian Army from sickness and wounds in the war against Japan, 1904–5', *JRAMC*, Vol. 18 (1912), pp. 330–46.

第三章　赤十字と国民の健康管理

(1) 一九世紀の西ヨーロッパ諸国や北アメリカでは、慈善団体が都市には一般病院を、また地方の町には小さな「小病院（Cottage Hospital）」を後に創設するようになっていた。医学がある専門の分野で発展すると、とくに熱心な医者の主導の下に、専門病院も設立された。さらに、伝染病を予防するために重要な公衆の健康管理の試みもあった。O. Checkland and M. Lamb, *Health Care as a Social History, the Glasgow Case* (Aberdeen, 1982).
(2) 一八八一年二月一二日以降、内科医を訓練するために成医会が高木兼寛によって設立されていた。『明治天皇紀』（吉川弘文館、一九六八―一九七七年）第五、二七六頁。後に一八八三年五月二八日、明治天皇は有志共立病院設立のために高木に六〇〇〇円を下賜した（同書第六、六二頁）。次いで一八八七年一月一九日には、この病院は皇后の庇護の下に入り、高木を院長とする東京慈恵院病院と改称した（同書第六、六八二頁）。また、H. Cortazzi, *Dr Willis in Japan, British Medical Pioneer* (1985)も参照。
(3) *Red Cross in the Far East*, Bulletin No. 4 (1912), p. 34.
(4) 医学博士橋本男爵は、生涯この仕事をした。*The Red Cross in the Far East* (Tokyo, May 1904), p. 50.
(5) N. Ariga, *The Japanese Red Cross Society* (St Louis, 1904), pp. 15–18.
(6) *The Japanese Central Red Cross Hospital* (Tokyo, 1934).
(7) *The Japanese Red Cross Maternity Hospital* (Tokyo, 1934).
(8) *...Maternity Hospital*, pp. 1–2.

（9）…*Maternity Hospital*, p. 3.

（10）Otis Poole, *The Death of Old Yokohama*（1923）; E. Seidensticker, *Tokyo Rising*（Cambridge, Mass. 1991）などを見よ。

（11）…*Maternity Hospital*, p. 6.

（12）…*Maternity Hospital*, pp. 6-7.

（13）…*Maternity Hospital*, p. 13.

（14）M. E. Baly, *Florence Nightingale and the Nursing Legacy*（1986）.

（15）スコットランドにおける看護婦の訓練については、O. Checkland, *Philanthropy in Victorian Scotland*（Edinburgh, 1980）, Chapter 13, 'The Nursing Revolution', pp. 219-28を参照。

（16）L. R. Seymore, *Florence Nightingales's Nurses, St. Thomas' Hospital Nurse Training School, 1860-1960*（1960）.

（17）看護婦養成が取り入れられる以前には、日本でも「男たちを良く知っている生意気で下品な女たちが」みずからを看護婦と称して活動する問題があった。亀山美知子『近代日本看護史』（ドメス出版、一九八三—八五年）第一巻一四頁。また、O. Checkland and M. Lamb, *Health Care as Social History*, Chapter 9, Note 11を参照。

（18）『人道——その歩み』（日本赤十字社百年史）（共同通信社、一九七九年）より。また、太田成美氏の入念な調査による。

（19）篤志看護婦人会についての太田成美氏の発表原稿。太田氏に深く感謝する。

（20）小田部雄次『梨本宮伊都子妃の日記——皇族妃の見た明治・大正・昭和』（小学館、一九九一年）四四頁には、「（一九〇〇年五月四日）午後一時半より篤志看護婦人会。今日は病院の方へ行。相かわらず、君様がたもならせられ、四〇、五〇人と華族女学校卒業生も来り」と記してある。また、「今日は病院ゆへ、実地の方との事に、せりょう室に皆々行」、「赤十字にては、はじめ実地演習」とも記録されている（一九〇一年三月一五日同書四四頁）。また、M. C. Fraser, *A Diplomat's Wife in Japan*（Tokyo, 1982）, pp. 311-12を併せて参照。

（21）N. Ariga, *Japanese Red Cross Society*, p. 14.

（22）*Japanese Red Cross Report*（Tokyo, 1912）, p. 12.

（23） N. Ariga, *Japanese Red Cross Society,* p. 38.
（24） 『人道――その歩み』（共同通信社、一九七九年）。
（25） 『女学新誌』（修正社、一八八四年七月二一日）。
（26） 他の女性たちについては、J. Hunter (ed.), *Japanese Women Working* (1993) 参照。とくに Chapter 7, Eiko Shinotsuka, 'Japanese Care Assistants in Hospital, 1918-88'.
（27） 看護学校は現在、渋谷にある日本赤十字社の敷地の豪華ではないが近代的な建物の中にある。授業や図書館に急ぐ若い女性たちは見るからに勤勉で誠実そうである。
（28） ...*Maternity Hospital,* p. 20-33 および『人道――その歩み』（太田成美氏レポート八頁）参照。
（29） ...*Maternity Hospital,* pp. 22-3 および『人道――その歩み』（太田成美氏レポート八頁）。
（30） Baron Ozawa, *Moral Education,* p. 3 (British Red Cross Archives にコピーあり。R. C. Lib. Acc. B6/190.. しかし 1912 ではないか)。
（31） Baron Ozawa, *Moral Education,* p. 4.
（32） 『婦女新聞』二七五号（一九〇五年八月一四日）。
（33） *Red Cross in Far East.*

第四章　日本、人道主義の世界的リーダー

（1） D. Schindler and J. Toman, *The Law of Armed Conflict* (Leyden, 1973), pp. 205-6.
（2） P. Boissier, *From Solferino to Tsushima,* Letter from Gustave Moynier (Geneve, 1985), pp. 318-19.
（3） アルゼンチン（一八九七年）、ボリビア（一八七九年）、チリ（一八七九年）を別とすれば、日本は欧米以外の国でジュネーヴ条約を支持した最初の国であった。Schindler and Toman, *The Law of Armed Conflict,* pp. 205-6.
（4） P. Boissier, *From Soferino...,* p. 319 ; *Bulletin International des Sociétes de Secours aux militaires blessés* (Geneva, 1873-75), pp. 11-16.

（5） P. Boissier, *From Solferino...,* p. 319.

（6） P. Borssier, *From Solferino...,* p. 320.

（7） P. Boissier, *From Solferino...,* p. 329.

（8） E. Ashmead Bartlett, *Port Arthur, the Siege and Capitulation* (Edingburh, 1906), pp. 401-2.

（9） 乃木大将とステッセル中将との会見は友好的であった。ステッセルは彼の白馬を乃木に贈り物として残した。この光景は騎士道と勇敢さを称揚する名高い「水師営の会見」の歌となった。

（10） E. Ashmead Bartlett, *Port Arthur...,* p. 398.

（11） E. Ashmead Bartlett, *Port Arthur...,* p. 405.

（12） N. Ariga, *The Japanese Red Cross Society and the Russo-Japanese War*（第八回国際会議で報告，一九〇七年）p. 209.

（13） N. Ariga, *The Japanese Red Cross Society...,* p. 210.

（14） N. Ariga, *The Japanese Red Cross Society...,* p. 210.

（15） 捕虜，戦争での死傷者等々についての数には信頼性を置くことができない。N. Ariga, *The Japanese Red Cross Society...,* p. 211.

（16） E. Ashmead Bartlett, *Port Arthur...,* p. 246.

（17） オーレル号とコストロマ号を海軍の一部として病院船に使用するロシアの決定は，史上初のものであった。P. Boissier, *From Solferino...,* p. 331 参照。

（18） Ian Hamilton, *A. Staff Officer's Book during the Russo-Japanese War* (1905-7), Vol. II. p. 363.

（19） G. Phillips, *Best Foot Forward, Chas. A. Blatchford & Sons Ltd.* (*Artficial Limb Specialists*), *1890-1990* (Granta editions, Cambridge, 1990); *In Celebration of the 100th Birth of Otto Bock, founder of Orthopadische Industries* (Dunderstadt, 1988)。ドイツにおける第一次大戦以降の四肢欠損者への関心の高まりについて詳しい。

（20） 義肢の歴史については，G. Phillips, *Best Foot Forward,* Chapter 3, pp. 25-43 を見よ。

（21） サクラ精機工業株式会社（東京日本橋）。社長松本謙一氏に謝意を表する。

（22） N. Ariga, *The Japanese Red Cross Society...*, p. 213.

（23） 太田成美氏の尽力のおかげで、当時の義肢の製造についてサクラ精機工業にまで辿りつくことができた。日露戦争中および戦後に義眼がどこで製造されたかについては未だ判明しない。

（24） P. Boissier, *From Solferino...*, p. 328.

（25） P. Boissier, *From Solferino...*, p. 329.

（26） A. Novikoff-Priboy, *Tsushima* (1936), p. 386. 〔ノビコフ・プリボイ『ツシマ――バルチック艦隊の潰滅』上脇進訳（原書房、一九八四年）五四八頁〕。

（27） A. Novikoff-Priboy, *Tsushima,* p. 389. 〔ノビコフ・プリボイ『ツシマ』五四八頁〕。

（28） P. Boissier, *From Solferino...*, p. 329.

第五章　日本におけるロシア人捕虜（一九〇四―五年）

（1） 捕虜についてのジュネーヴ条約が初めて合意されたのは一九二九年である。それまでは一九〇七年の第二回ハーグ平和会議で提起された第四号協定に基づいた捕虜に関する諸規則が適用されていた。捕虜についてのもともとの考え方は、一八七四年のブリュッセル宣言に盛られていた。これが第一回ハーグ平和会議で統一された諸規則に集成された。G. I. A. Draper, *Red Cross Conventions* (1958), pp. 4-5.

（2） Baron Suyematsu, *The Risen Sun* (1905), p. 319 および巻末の付属資料A「捕虜と傷病者の処遇についての諸規則」参照。

（3） P. Boissier, *From Solferino to Tsushima* (Geneva, 1985), p. 326.

（4） S. Okamoto, *The Japanese Oligarchy of the Russo-Japanese War* (Tokyo, 1970) ; J. A. White, *The Diplomacy of the Russo-Japanese War* (Princeton, 1964).

（5） 太平洋戦争まで奉天会戦の日（一九〇五年三月）を陸軍記念日、日本海海戦の日（一九〇五年五月）を海軍記念日として毎年祝っていた。

(6)「日露戦争においてロシア人捕虜の総数は八万四四五〇人以上、うち七万二三〇〇人が日本に移送され、一七〇〇人が戦場で死亡した」と日本人は述べている。N. Ariga, *The Japanese Red Cross Society and the Russo-Japanese War* (1907), p. 212. ロシア側の数字によれば、捕虜は六万人であった。N. Kozlovski, 'Statistical Data concerning the losses of the Russian Army from sickness and wounds in the war against Japan, 1904-5', *JRAMC*, Vol. 18 (1912), p. 336. ここでは便宜的に七万人という数値を用いる。

(7) *The Times* 一九〇五年一一月一一日および三〇日。

(8) 'Two Russian Surgeons captured by Japanese', *Russo-Japanese War*, Vol. III (Tokyo, 1905), pp. 1395-1404.

(9) *The Times* 一九〇五年一二月一八日。

(10) ロシア人捕虜への日本人たちの活動の最も詳細な記録は、N. Ariga, *The Japanese Red Cross Society*... にある。とくに第八章一九八—二一八頁参照。

(11) N. Ariga, *The Japanese Red Cross Society*..., p. 216.

(12) N. Ariga, *The Japanese Red Cross Society*..., p. 213.

(13) F・クプチンスキー『松山捕虜収容所日記——ロシア将校の見た明治日本』小田川研二訳（中央公論社、一九八八年）。

(14) クプチンスキー『松山捕虜収容所日記』二三一—二頁。

(15) クプチンスキー『松山捕虜収容所日記』二〇六—七頁。

(16) A. Novikoff-Priboy, *Tsushima* (1936), Epilogue, pp. 378-90. ノビコフ・プリボイ『ツシマ』五三九—五二頁。

(17) A. Novikoff-Proboy, *Tsushima*, pp. 380-82. ノビコフ・プリボイ『ツシマ』五四三頁。

(18) ソフィア・フォン・タイル『日露戦争下の日本——ロシア軍人捕虜の妻の日記』小木曽龍・小木曽美代子訳（新人物往来社、一九九一年）五二頁、二一九—二〇頁。

(19) N. Ariga, *The Japanese Red Cross Society*..., (1907), p. 245.

(20) T. E. Richardson, *In Japanese Hospitals During War-time* (Edingburgh, 1905), p. 122.

(21) T. E. Richardson, *In Japanese Hospitals*..., p. 125.

(22) T. E. Richardson, *In Japanese Hospitals...*, p. 126.

(23) ポーツマス条約（一九〇五年九月五日ニューハンプシャー，ポーツマスにて締結）。J. A. White, *The Diplomacy of the Russo-Japanese War* 参照。

(24) N. Ariga, *The Japanese Red Cross Society...*, pp. 256-9.

第六章　ドイツ人捕虜（一九一四―一八年）

(1) 日本人はヴェルサイユ講和条約に勝者として参画した。

(2) J. Suzuki, 'The Japanese Red Cross Mission to England', *JSL*, Vol. 14（1915-16）, pp. 28-36.

(3) F. Paravicini, *Bericht des Herr Dr F. Paravicini, über seinen Besuch der Gefangenenlager in Japan*, 30 June to 16 July 1918（パラヴィツィーニ博士の日本の捕虜収容所訪問記）（Basle, 1919）, pp. 1-43. ハーディラムシャウアー（B. M. Hardie-Ramshaur）氏に感謝する。

(4) *General Report of the Relief Work of the Japanese Red Cross Society during the last War 1914-1919*（Tokyo, 1919）, p. 38.

(5) F. Paravicini, *Bericht des Herr Dr F. Paravicini, über seinen Besuch der Gefangenenlager in Japan* の英語訳。

(6) *General Works of the Relief Work*, p. 39.

(7) F. Paravicini, *Bericht des Herr Dr F. Paravicini*, p. 2.

(8) 久留米には，その勇猛さで有名な久留米連隊があった。

(9) F. Paravicini, *Bericht des Herr Dr F. Paravicini*, p. 8.

(10) この奇妙な出来事は，一九一七年のロシア革命に介入して日本がシベリアに出兵したことと関係があるのかもしれない。J. A. Morley, *The Japanese Thrust into Siberia, 1918*（1950）および J. A. White, *The Siberian Intervention*（1950）を参照。

(11) *General Description of the Relief Work of the Japanese Red Cross Society during the last war 1914-1919*

(Tokyo, 1919), p. 40.

(12) J. Suzuki, 'The Japanese Mission to England', pp. 28-36.

(13) J. Suzuki, 'The Japanese Mission to England', p. 32.

(14) J. Suzuki, 'The Japanese Mission to England', p. 32.

第七章　放棄された人道主義

(1) *The Japanese Advertiser*, *The Japan Times*, *The Asahi Mainichi* などの一九三四年一〇月三〇日付第一五回国際会議記念号の発行に加えて、病院や産院を含むさまざまな赤十字の機関についての特別研究が委託されたことからも、この会議にかける日本人の意気込みがうかがわれる。これらの資料は渋谷の日本赤十字社本部に所蔵されている。

(2) R. J. Bowring, *Mori Ogai and the Modernisation of Japanese Culture* (Cambridge, 1979), p. 20. バウリングは、鷗外は本来通訳の役をするはずであったが、カールスルーエの会議で石黒忠悳の代わりに主席代表として名簿に載せられたとしている。

(3) A. Durand, *From Sarajevo to Hiroshima* (Geneva, 1984), p. 290.

(4) *Japan Advertiser* 一九三四年一〇月三日三頁。

(5) Judge Barton Payne, Report to Cordell Hull, 30 December 1934, USA National Archives Gift Collection (NAGC), Record Group 200, 041, Folder 6.

(6) *Rough Estimate of Travelling Expenses to Japan for the XV International Red Cross Conference*, JRC, Tokyo, August 1933. USA NAGC, Washington, No. D. 41 NNRC.

(7) アメリカ代表団は随員を含めて七〇名であった。

(8) *Japan Advertiser* 一九三四年一〇月三〇日二頁。

(9) Cordell Hull to J. B. Payne, 3 August 1934, USA NAGC, Washington, WE 514.2 A15.31 NNRC.

(10) J. B. Payne, Report to Cordell Hull, 20 December 1934, p. 2, NAGC, Civil Research Group 200, Record Group 2,

8 folders on Tokyo Conference, 1934.
(11) *Japan Advertiser* 一九三四年一〇月三〇日四頁。
(12) *Japan Advertiser* 一九三四年一〇月三〇日四頁。
(13) J. B. Payne to Cordell Hull, 30 December 1934, USA NAGC, Record Group 200, 041, Folder 6.
(14) *Japan Advertiser* 一九三四年一〇月三〇日四頁。
(15) 赤十字国際委員会研究員フローリアン・トゥルーニンガー氏（Florianne Truninger、ジュネーヴ）から筆者宛の一九九一年八月一五日付私信。
(16) 日本における近代軍隊の創設については、R. F. Hackett, *Yamagata Aritomo in the Rise of Modern Japan, 1838-1922*（Cambridge, Mass., 1971）; M. and S. Harries, *Soldiers of the Sun*（1991）. また Inazo Nitobe, *Bushido, the Soul of Japan*（1905）を見よ。
(17) 一八七〇年ヨーロッパに居た山県は、ベルリンでプロシア人たちのスパルタ式生活様式に大いに印象づけられた。徳富猪一郎『公爵山縣有朋伝』全三巻、第二巻一三、三一頁。
(18) Y. Mishima, *The Sea of Fertility*（Penguin edition. 1985）, p. 345.〔三島由紀夫『豊饒の海』（新潮社、一九六九年）、『三島由紀夫全集』（新潮社、一九七三年）第一八巻所収。同巻五五九頁〕。
(19) R. J. Smethurst, *The Social Basis for the pre-war Japanese Militarism, the Army and the Rural Community*（Berkeley and Los Angeles, 1974）, p. 2.
(20) R. J. Smethurst, *...pre-war Japanese Militarism*, p. 27.
(21) R. J. Smethurst, *...pre-war Japanese Militarism*, p. 28.
(22) 一九三二年一二月に「大日本国防婦人会」と改称した。
(23) R. J. Smethurst, *...pre-war Japanese Militarism*, p. 28 および杉山忠平氏よりの私信。
(24) R. J. Smethurst, *...pre-war Japanese Militarism*, p. 47.
(25) R. J. Smethurst, *...pre-war Japanese Militarism*, p. 48.
(26) 日本赤十字社『人道――その歩み』一一七―一八頁。

(27) T. Marks, 'Life in war-time Japan', *Japan and the Second World War,* LSE, ICERD (1989), p. 3.

(28) たぶん誇張があると思われるが、ある日本人はこのように説明した。「日本では年に二回家の大掃除をする。……すべての家財を通りあるいは庭に出し、警官が検査に満足し証紙を貼るまで家の中には何も戻していけない。彼はとくに私の蔵書を詳しく見てノートを取っていた。……これは警察が個々の家から急進主義のいかなる兆候をも嗅ぎ出す手段となっていたのである」T. Matsumoto, *A Brother in a Stranger* (1947).

(29) Y. Mishima, *The Sea of Fertility,* p. 479.『三島由紀夫全集』第一八巻七八六頁。

(30) Y. Mishima, *The Sea of Fertility,* p. 409.『三島由紀夫全集』第一八巻六六六頁。

第八章　戦争捕虜と恥辱

(1) T. Matsumoto, *A Brother in a Staranger* (1947), p. 51.

(2) R. S. Baker, *Woodrow Wilson, Life and Letters,* 8 Vols. (New York, 1927-39).

(3) 徳富猪一郎（蘇峰）『大和民族の覚醒』（民友社、一九二四年）二三一―四頁。N. Bamba, *Japanese Diplomacy in a Dilemma* (Kyoto, 1972), p. 196 より引用。

(4) H. Gordon, *Die like the Carp* (Sydney, 1978), p. 13.

(5) I. Morris, *The Nobility of Failure...* (1975), pp. 14-15.

(6) Toshiko Marks, 'Life in War-time Japan' in *Japan and the Second World War,* International Studies, LSE, IS/89/197 (1989), p. 3.

(7) I. Morris, *The Nobility of Failure* (1975), pp. 14-15.

(8) J. Grew, *Report from Tokyo* (1943), p. 20.

(9) GHQ S. W. Pacific area, Allied Transfer and Interpreter Section, Interrogation Reports, No. 161 (Australian War Memorial 312.11). これらは、一九四三年二月二日に捕虜となったR・マツオカに関する報告書である。

(10) R. Benedict, *The Chrysanthemum and the Sward,* p. 38.〔R・ベネディクト『菊と刀』長谷川松治訳（社会思想研

究会出版部、一九四八年)」。
(11) C. Carr-Gregg, *Japanese Prisoners of War in Revolt* (Queensland, 1978), p. 35.
(12) ICRC, *Inter Arma Caritas* (Geneva, 1947), p. 104.
(13) R. Benedict, *The Chrysanthemum and the Sward,* p. 39.
(14) W. W. Mason, *Prisoners of War* (Wellington, 1954), pp. 356-361 および C. Carr-Gregg, *Japanese Prisoners of War in Revolt,* pp. 38-56 参照。
(15) T. Matsumoto, *Brother in a Stranger,* p. 141.
(16) W. W. Mason, *Prisoners of War,* p. 357.
(17) W. W. Mason, *Prisoners of War,* p. 358.
(18) Proceedings of a Court of Enquiry on the Mutiny of Japanese POWs at Featherston, 25 February 1943 (Australian Archives, MP 729/663/401/634).
(19) カウラ脱走事件に関する文書は、キャンベラのオーストラリア文書館およびオーストラリア戦争記念館(Australian War Memorial)に所蔵されている。これらにはさまざまな公式の調査報告書がある。また、C. Carr-Gregg, *Japanese Prisoners of War in Revolt* (1978), pp. 56-79 ; H. Clarke, *Breakout* (Sydney, 1965) ; H. Gordon, *Die like the Carp* 〔ハリー・ゴードン『俎上の鯉——カウラ収容所日本人捕虜集団脱走事体』豊田穣訳(双葉社、一九七九年)〕; K. S. Mackenzie, *Dead Men Rising* (Sydney, 1971) などを参照。
(20) Mackenzie, *Dead Men Rising,* pp. 85 and 236.
(21) オーストラリア戦争記念館 CRS A2663 item 780/3/2.
(22) Proceedings of (HQ NSW L of C Area) Court of Enquiry on the Meeting at No. 12 PW Group, Cowra (Australian Archives AA 1977/461. これは Christison Enquiry として知られている)。
(23) C. Carr-Gregg, *Japanese Prisoners of War in Revolt,* p. 204.
(24) C. Carr-Gregg, *Japanese Prisoners of War in Revolt,* p. 203.
(25) C. Carr-Gregg, *Japanese Prisoners of War in Revolt,* p. 204.

第九章　苦難の捕虜

（1）日本はすでにヴィシーにおいてフランス政府と交渉していた。

（2）一九九二年、シンガポール陥落五〇周年に際してオーストラリア政府は、以下の数値を発表した。

捕虜となったオーストラリア人二万九六九名うち死亡者　五九九〇名

一九四六年の極東軍事裁判では、オーストラリア人捕虜二万九一三八名うち死亡者七四一二名となっていた(Transcripts, p. 40 537)。

捕虜となった場所	人数
タイ	二三三六
ボルネオ	一七八三
アンボン	七一八
マラヤ	二八四
ニューブリテン	二〇〇
日本	一九〇

Fall of Singapore Memorial Service, 15 February 1992, Canberra, Australia. 数字の食い違いは、この種の数字の正確さを記すことがいかに難しいかを示している。

（3）Sir J. Smyth, *Arthur E. Percival and the Tragedy of Singapore* (1971).

（4）数値は概数である。これらについては一般的な合意がない。

（5）軍人に加えて、多くの民間人が戦時中日本によって抑留されていた。

（6）*Report of the ICRC on its activities during the Second World War*, Vol. 1 (Geneva, 1948), pp. 459-63.

（7）H. Tasaki, *Long the Imperial Way* (1951), pp. 30-31.

（8）H. Tasaki, *Long the Imperial Way*, p. 44.

（9）ダックスフォード (Duxford) の帝国戦争博物館 (the Imperial War Museum) に、橋梁工事開始（一九四二年一

○月二日）五〇周年を記念して一九九二年一〇月二日、泰緬鉄道のクワイ川橋にあるプレートのレプリカ（青銅製重さ七〇キロ）が贈呈された。*The Times* 一九九二年一〇月二日。

(10) R. Parkin, *Into the Smother, a Journal of the Burma-Siam Railway* (1963).

(11) R. Parkin, ...*a Journal of the Burma-Siam Railway,* p. 66.

(12) R. Parkin, ...*a Journal of the Burma-Siam Railway,* p. 77.

(13) R. Parkin, ...*a Journal of the Burma-Siam Railway,* p. 98.

(14) O. Wynd, *The Forty Days* (1972).

(15) R. Parkin, *The Sward of Blossom* (1968), p. 75.

(16) R. Parkin, *The Sward of Blossom,* p. 101.

(17) H. Tasaki, *Long the Imperial Way,* p. 193.

(18) その他の記述として、J. D. (Jock) McEwen, 'The Mine at Ohama'（未公刊）この日記を参照させてくれた氏に感謝する。

(19) R. Parkin, *The Sward and the Blossom,* p. 141.

(20) R. Parkin, *The Sward and the Blossom,* p. 101.

(21) F. Bell, *Undercover University* (Cambridge, 1990). エリザベス・ベル氏に感謝する。

(22) A

一般科目	人数
航海法	七
軍事法規	七
簿記（上級）	五
簿記（中級）	七
簿記（初級）	六
歴史	一六
弁論	一七

チェス	一一
一般商業	四〇
養豚	二〇
養鶏	二一
公民	三〇

B

現代語	
ドイツ語（中級）	一二
ドイツ語（初級）	五
フランス語（中級）	一九
フランス語（初級）	六
フランス語会話	一五
スペイン語（上級）	三
スペイン語（中級）	八
スペイン語（初級）	九
イタリア語（初級）	五
オランダ語（初級）	五
ウルドゥ語（初級）	五

（出典：F. Bell, *Undercover University*, p. 78）

(23)

一学期	一九四三年九月一五日から一二月一五日	中間試験および期末試験
二学期	一九四四年一月九日から四月一日	試験なし
三学期	一九四四年五月一日から八月三一日	論文提出
四学期	一九四四年九月一五日から一一月一五日	「最終」試験
五学期	一九四五年一月一日から四月一日	試験なし

六学期　一九四五年五月一日から八月

（出典：F. Bell, *Undercover University*, p. 85.）

（24）フランク・ベルの「教科書」は、ロンドンの帝国戦争博物館（the Imperial War Museum）に現在保存されている。

（25）成績表

クチン大学——卒業証書保有者

J・A・ベイリー大尉（砲兵隊）	E・I・リー大尉（空軍）
F・E・ベル中尉（砲兵隊）	P・G・ラヴリー中尉（砲兵隊）
A・E・H・バルフォード中尉	J・B・マチー大尉
D・F・カンピオン中尉	A・D・メイソン中尉（砲兵隊）
L・E・コールマン中尉（砲兵隊）	E・M・ニコラス中尉（砲兵隊）
A・D・ダント大尉	I・C・パターソン大尉（砲兵隊）
D・デイヴィス中尉（通信隊）	J・テンプル大尉
S・V・B・デイ中尉	V・N・ウェイド大尉（海軍予備役）
D・H・デュワー中尉（砲兵隊）	A・ウィアリング中尉（砲兵隊）
D・P・グラスゴウ中尉	J・ウィルソン中尉
H・B・ヘア・スコット大尉（砲兵隊）	H・D・A・イェイツ大尉（工兵隊）

（出典：F. Bell, *Undercover University*, p. 107.）

（26）'Spud' Spurgeon's Diary, C. H. Spurgeon, Deakin, Canberra. C・H・スパージョン氏の助力に謝意を表する。

（27）配給食糧に大麦を混ぜたのは、栄養失調による障害、脚気の蔓延を予防する目的があったのであろう（第二章参照）。大麦は、温帯の穀物なので東南アジアでは通常には栽培されていなかった。

（28）'Spud' Spurgeon's Diary.

（29）James（Jock）McEwan, Edinburgh.

（30）'Spud' Spurgeon's Diary.

(31) G. Murry, 'Oswald Wynd, a novel life', *Intersect,* March 1991, p. 36.

(32) E. Norbeck, 'Edokko, a narrative of Japanese prisoners of war in Russia', Rice University Studies, Vol. 57 (1971), p. 31.

(33) E. Norbeck, 'Edokko...', p. 27.

(34) E. Norbeck, 'Edokko...', p. 27.

(35) E. Norbeck, 'Edokko...', p. 27-28.

第一〇章　究極の武器——麻薬と病原菌

(1) P. Williams and D. Wallace, *Unit 731, the Japanese Army's Secret of Secrets* (1990).

(2) A. C. Brackman, *The Other Nuremberg, the Untold Story of the Tokyo War Crimes Trials* (1989), Chapter 16, pp. 205-17.

(3) P. Williams and D. Wallace, *Unit 731.* 石井四郎の項。

(4) A. C. Brackman, ...*Tokyo War Crimes,* Chapter 16, p. 211.

(5) 松村高夫・金平茂紀「『ヒル・レポート』(上)——七三一部隊の人体実験に関するアメリカ側調査報告(一九四七年)」、『三田学会雑誌』(慶應義塾大学経済学会)八四巻二号、一九九一年七月、二九四—七頁。

(6) J. W. Powell, 'Japan's Germ Warfare, the US cover-up of a war crime', *Bulletin of Concerned Asian Scientists* (December 1980), pp. 2-17 および 'Hidden Chapter in History', *The Bulletin of the Atomic Scientists* (October 1981), pp. 45-53.

(7) A. C. Brackman, ...*Tokyo War Crimes,* Chapter 16, p. 215.

(8) A. C. Brackman, ...*Tokyo War Crimes,* Chapter 16, p. 237-42 ; P. Williams and D. Wallace, *Unit 731,* pp. 326-40 その他。

(9) J. W. Powell, 'Japan's Germ Warfare', p. 3.

(10) P. Williams and D. Wallace, *Unit 731*, p. 40.
(11) P. Williams and D. Wallace, *Unit 731*, p. 41.
(12) しかし、医師の倫理宣誓もドイツ人医師たちのユダヤ人に対する人体実験を妨げることはできなかった。
(13) 荒木貞夫（一八七七―一九六六年）。A. C. Brackman, ...*Tokyo War Crimes*, p. 454.
(14) A. C. Brackman, ...*Tokyo War Crimes*, p. 206.
(15) A. C. Brackman, ...*Tokyo War Crimes*, p. 206.
(16) A. C. Brackman, ...*Tokyo War Crimes*, p. 207.
(17) P. Williams and D. Wallace, *Unit 731*. チフスの項参照。
(18) P. Williams and D. Wallace, *Unit 731*, pp. 102-16.
(19) J. W. Powell, 'A Hidden Chapter in History...', p. 50.
(20) J. W. Powell, 'A Hidden Chapter in History...', p. 50.
(21) *New York Times* 一九六九年一一月二六日。

第一一章　人道主義の灯火を絶やさずに

(1) (Sir) Selwyn Selwyn-Clarke, *Footprints* (Hong Kong), p. 71.
(2) 日本に日比文化交流センターがある。これと日本リサール協会（the Rizal Society of Japan）とが協力して、神保中佐とマニュエル・ロハスに関する資料を蒐集した。この件について太田成美氏の協力に感謝する。
(3) 日本赤十字社外事部元部長綱島衛氏による。『産経新聞』一九九二年一二月二五日。
(4) D. Kranzler, *Japanese, Nazis and Jews, Shanghai, 1938-45* (Hoboken, NJ, 1988).
(5) 杉原千畝は戦後外交官の職を離れた。近年彼の名誉が回復され、ある意味で彼はヒーローとなった。太田成美氏の助力に謝する。
(6) 高橋是清（一八五四―一九三六年）。財政の専門家、政治家。シッフとは家族ぐるみでの親交があった。C. Adler,

Jacob H. Schiff, pp. 37–9, 213–30, 235–41, 247–51, 253–59, 247–48 を参照。

（7） C. Adler, *Jacob H. Schiff, his Life and Letters* (New York, no date).

（8） M. Tokayer and M. Schwartz, *The Fugu Plan, the Untold Story of the Japanese and the Jews during the World War II* (1979).〔M・トケイヤー，M・シュオーツ『河豚計画』加藤明彦訳（日本ブリタニカ，一九七九年）〕。

（9） M. Tokayer and M. Schwartz, *The Fugu Plan...,* p. 9.

（10） M. Tokayer and M. Schwartz, *The Fugu Plan...,* p. 9.

（11） P. Shatzkes, 'Kobe, a Japanese Heaven for Jewish Refugees', *Japan Forum,* Vol. 3, No. 2 (October 1991), p. 264.

（12） P. Shatzkes, 'Kobe, a Japanese Heaven for Jewish Refugees', p. 265.

（13） A. Kotsuji, *From Tokyo to Jerusalem* (Jerusalem, 1964).

（14） 松岡洋右（一八八〇―一九四六年）。一九三三年国際連盟日本代表。一九三五―三九年南満州鉄道株式会社社長。一九三九―四〇年外務大臣。強硬外交論者，戦争犯罪人として訴追されるが，裁判中に死去。

（15） ICRC Report, International Congress (Stockholm, 1948), p. 443.

（16） A. Durand, *From Sarajevo to Hiroshima, History of the International Committee of the Red Cross,* (Geneva, 1984), pp. 525–6.

（17） ＩＣＲＣの役割についての詳細な議論は，O. Checkland, 'A perilous neutrality, Military Japan and the International Committee of the Red Cross, 1941–45' in *Record of the British War Crimes Trials in the Far East, 1946–48* (Garland Publishing, New York, 1994) を見よ。

（18） フリッツ・パラヴィツィーニ博士（一八七四―一九四四年）。内科医・外科医。スイス人外交官，東京のイギリス大使館医療顧問。*Who's Who in Japan* (Tokyo, 1925), p. 398 参照。彼は，横浜市本牧三丁目七七二番地に住んでいた。ジャパン・クロニクル（*The Japan Chronicle*）社（神戸）発行 *The Japan Directory* (1940) のアルファベット順外国人住所録による。「スパッド」スパージョン（'Spud' Spurgeon）は次のように記している。「パラヴィツィーニ博士は，ポルトガル系の血筋を一部引く人で，日本人と結婚し日本に長く居住していた。後に，アンスト博士と交代した」（'Spud' Spurgeon's Diary, 4 June 1943. キャンベラのＣ・Ｈ・スパージョン氏に感謝する）。

（19） マックス・ペスタロッチ。横浜市滝上一二七番地に居住。ロンドンのサン保険会社代理店であった横浜のチャールズ・ルドルフで働く。ジャパン・クロニクル発行 *Chronicle Directory*（1940）外国人住所録による。ペスタロッチは、一九四二年八月二五日に外務省から認証され一九四三年三月より捕虜収容所訪問を始めた。一九四三年六月と七月一三日の訪問において日本政府によって承認された代表団補佐を務めた。

（20） ハリー・アンスト。神戸市山元通三丁目四〇番地居住。サイバー・ヘグナー会社（Siber, Hegner and Co.）勤務。ジャパン・タイムズ（*The Japan Times*）発行 *Chronicle Directory*（1941）外国人居住者リストより。

（21） *JRC, Annual Report* 1943（日本語から英訳）。

（22） *Revue International de la Croix-Rouge*（March 1944）, p. 108.

（23） *Revue International de la Croix-Rouge*（March 1944）, p. 108.

（24） O. Checkland, 'A perilous neutrality…,' *British War Crimes Trials in the Far East*（New York, 1994）.

（25） ロイヤル連隊第二大隊ヘンリング・ウェイド（Henling Wade）中尉よりの一九九〇年九月二四日付私信。

（26） W. E. Broughter, *South to Bataan, North to Mukden*（Athens, GA, 1971）, pp. 67-8.

（27） M. Junod, *Warrior without Weapons*（1951）, reprinted ICRC, 1982.〔本書巻末「参考文献」表参照〕

（28） この件についての通信は次の人々から貰った。ヘンリング・T・ウェイド中尉（ソウル収容所、大森収容所）、ハリー・ブラッカム（Harry Blackham）イギリス空軍軍曹（台湾収容所）、ハワード・ウィリアムズ（Howard Williams）（室蘭収容所）、N・S・ヴィッカースタッフ（N. S. Vickerstaff）（台北収容所）、ジョン・モーターソー（John Motresor）中佐（台湾屏東収容所）、G・P・アダムス（G. P. Adams）（大牟田収容所）。

（29） M. Junod, *Warrior without Weapons*, p. 253.

（30） *ICRC Report, Second World War*, Vol. 1, p. 465.

（31） *Revue International de la Croix-Rouge* は通常フランス語で書かれている。ジュネーヴの国際赤十字本部図書館所蔵。また、サリーのウォナーシュ（Wonersh）バーネットヒル（Barnett Hill）にあるイギリス赤十字文書館でも閲覧可能。あるイギリス人が発行し捕虜の家族あてに無料で配布した *The Far East* という小雑誌は、いくつかの情報を赤十字筋から引いている。

(32) M. Junod, *Warriors without Weapons*, p. 263.
(33) M. Junod, *Warriors without Weapons*, p. 267.
(34) M. Junod, *Warriors without Weapons*, p. 268.
(35) M. Junod, *Warriors without Weapons*, p. 269.
(36) M. Junod, *Warriors without Weapons*, p. 270.
(37) 「そこにウェインライトがいた。たいへんやつれ老け込んだように見えた。彼の制服は、肉のない身体にぶかぶかになってかかっていた。歩行に困難を来し、杖を頼りにしていた。目は落ち窪み、頰にはあばたがあった」。ダグラス・マッカーサー元帥のウェインライトについての記述。D. MacArthur, *Reminiscences* (1964), p. 271.〔D・マッカーサー『マッカーサー回想記』上・下、津島一夫訳(朝日新聞社、一九六四年)〕。
(38) 東京湾の大森収容所については、M. Junod, *Warriors without Weapons*, part 4, Chapter III, 'Omori Camp', pp. 272–85 参照。
(39) 被爆直後の広島については、M. Junod, *Warriors without Weapons*, part 4, Chapter IV, 'The Dead City', pp. 286–300 参照。
(40) 旧薩摩藩大名の血筋の赤十字社副社長島津忠承は、日本人が国際人道主義的ななんらかの仕事をしやすいようにした。日本赤十字社社長徳川圀順は、ＩＣＲＣのために軍当局とのとりなし役を務めた。
(41) *Annual Report, JRC* 1944.
(42) *ICRC, Report During Second World War*, Vol. I, p. 466.
(43) Y. Aida, *Prisoner of the British, a Japanese soldier's Experience in Burma* (1966), p. 151.
(44) 太田成美氏による。彼は、かけがえのない「ヴォランティア」研究補助員となってくれた。
(45) S. Selwyn-Clarke, *Footprints*, p. 72.

第一二章　「戦争の顔は死の顔である」

(1) H. L. Stimson, 'The Decision to Use the Atomic Bomb', *Harper's Magazine,* Vol. 194, No. 1161 (February 1947), p. 98.

(2) A. C. Brackman, *The Other Nuremberg, The Untold Story of the Tokyo War Crimes Trials* (1989), p. 38.

(3) J. W. Dower, *War Without Mercy : Race and Power in the Pacific War* (1984), p. 297.

(4) D. MacArthur, *Reminiscences* (1964), pp. 272-74.

(5) A. C. Brackman, ...*Tokyo War Crimes Trials,* p. 43.

(6) A. C. Brackman, ...*Tokyo War Crimes Trials,* p. 44.

(7) R. Pal, *Crimes in International Relations* (Calcutta, 1955).

(8) B. V. A. Röling, *International Law in an Expanded World* (Amsterdam, 1960) および *Law of War* (Stocknolm, 1976).

(9) A. C. Brackman, ...*Tokyo War Crimes Trials,* Appendix A, pp. 454-62.

(10) Kodansha Encyclopaedia (1983), Vol. 8, p. 223.

(11) Kodansha Encyclopaedia, Vol. 8, p. 224.

(12) J. Bradley, *Cyril Wild, the Tall Man who Never Slept* (Fontwell, Sussex, 1991).

(13) *Fall of Singapore Remembrance Service* 一九九二年二月一五日。国立捕虜記念館、王立士官学校 (*National Prisoner of War Memorial,* Royal Military College, Duntroon, ACT, Australia)。

(14) J. Bradley, *Cyril Wild...,* p. 95.

(15) J. Bradley, *Cyril Wild...,* pp. 95-6.

(16) Y. Aida, *Prisoner of the British, a Japanese Soldier's Experience in Burma* (1966).〔会田雄次『アーロン収容所』(中央公論社、一九六二年)〕。

(17) Y. Aida, *Prisoner of the British...,* p. 49.『アーロン収容所』六三頁。

(18) Y. Aida, *Prisoner of the British...,* p. 52.『アーロン収容所』六七―六八頁。
(19) L. Allen, *End of War in Asia* (1976), p. 194.
(20) L. Allen, *End of War in Asia,* pp. 201–9.
(21) L. Allen, *End of War in Asia,* p. 184.
(22) L. Allen, *End of War in Asia,* p. 185.
(23) E. Norbeck, 'Edokko, a Narrative of Japanese Prisoners of War in Russia', *Rice University Studies* (1971), p. 42.
(24) E. Norbeck, 'Edokko...', p. 67.
(25) H. L. Stimson, 'The Decision to Use the Atomic Bomb', pp. 98–107.
(26) M. Junod, 'Hiroshima Disaster', p. 6. これは当時書かれたものであるが、ジュノーの死後相当経過してから発表された。ICRC (Geneva, September to December 1982).
(27) M. Junod, 'Hiroshima Disaster', p. 6.
(28) M. Junod, 'Hiroshima Disaster', p. 8.
(29) M. Junod, 'Hiroshima Disaster', p. 14.
(30) M. Junod, 'Hiroshima Disaster', p. 14.
(31) *Japanese Red Cross Society, Report, 1953–56* (Tokyo, 1956), p. 8.

第一三章　よみがえる不死鳥

(1) *Japanese Red Cross Society, Report,* 1953–56 (Tokyo, 1956), p. 18.
(2) *JRC, Report,* p. 17.
(3) *Re-establishment of Japanese Red Cross Society* (Tokyo, 1945–47), p. 17.
(4) M. Duffy, Draft report, p. 1. ダフィー夫人の私的文書。夫人に感謝する。

(5) S. Hashimoto, *Henry Dunant and Myself* (Tokyo, 1978), p. 17.
(6) S. Hashimoto, *Henry Dunant...*, p. 17.
(7) S. Hashimoto, *Henry Dunant...*, p. 18.
(8) *Japanese Junior Red Cross* (July 1937) 東京芝公園のJRC文書館に所蔵。
(9) これは赤十字の事業として公にされたが、文部省の実質的な支援があったのかもしれない。一九七〇年は、日米安保条約の更新を迎えた年であった。
(10) M. Duffy, 'Volunteering', *Mainichi Daily News*, 一九七七年五月二日。
(11) M. Duffy, 'Volunteering', *Mainichi Daily News*, 一九七七年五月二日。
(12) M. Duffy, 'Memoir', p. 3.
(13) S. Hashimoto, *Henry Dunant...*, p. 305.
(14) この分野で働いたアメリカ人の一人、カーメン・ジョンソン (Carmen Johnson) からの書簡でこれを得た。彼女に感謝する。
(15) 『人道——その歩み』六六三—八〇頁。
(16) *JRC, Report*, p. 19.
(17) *JRC, Report*, p. 19.
(18) *Comité International de la Croix-Rouge*, Report on the repatriation of North Koreans after 1959, letter to Dr Chung, Geneva, 4 September 1989 (Reference DDM/REC 89/246 FT/av) 参照。また付属資料Eを見よ。
(19) 南と北の激しい対立は、朝鮮半島の両国のいかなる接触や対話も拒み続けてきていた。
(20) 太田成美氏はこの日本側代表団の一員であった。
(21) S. Hashimoto, *Henry Dunant...* 参照。これは「日本赤十字の概観」を与えてくれる。同書 pp. 291-313.
(22) S. Hashimoto, *Henry Dunant...*, p. 213.
(23) S. Hashimoto, *Henry Dunant...*, p. 213.

第一四章　天皇の名において

（1）ヨーロッパ諸国を除けば、アメリカ合衆国・ボリビア・チリ・日本は最初からの調印国であった。D. Schindler and J. Toman, *The Law of Armed Conflict, a Collection of Conventions* (Leyden, 1973), pp. 205-6.

（2）多くのこのような例の一つについては、Lady Lawson, *Highways and Homes of Japan* (1910), Chapter XXIV, pp. 266-76 参照。

（3）『聖書』コリント人への第一の手紙一三章一三節。

（4）M. Morishima, *Why has Japan 'Succeeded'? Western Technology and the Japanese Ethos* (Cambridge, 1982), p. 194.

（5）日清戦争は、他のいくつかのことと同様に日本赤十字社の準備が不充分であったことを明らかにした。日清両国に残虐行為があったとの報告もある。

（6）N. Ariga, *The Japanese Red Cross Society and the Russo-Japanese War* (1907).

（7）L. Seaman, *From Tokio through Manchuria with the Japanese* (New York, 1905); *Real Triumph of Japan* (New York, 1906).

（8）*The Times*, 一九〇四年六月二七日四—五頁。

（9）『聖書』ルカによる福音書二二章五三節。

（10）赤塚行雄『与謝野晶子研究』（学芸書林、一九九〇年）。

（11）『定本與謝野晶子全集』（講談社、一九七九—八一年）第九巻一五九—六二頁。

（12）乃木希典大将。長州出身。新設日本陸軍少佐として任官。西南戦争で彼の連隊は連隊旗を失う。彼はこれを個人的な恥辱と考える。一八八七年から八八年にかけてのドイツ訪問で伝統的なサムライの価値観を再度確信した。

（13）T. Sakurai, *Human Bullets, a Soldier's Story of Port Arthur* (1907).

（14）日本人の切腹についての態度、このような行為に必要とされる人語を絶する勇気への称賛については、I. Morris, *The Nobility of Failure* (1975), pp. 14-15 を参照。

(15) T. Crump, *Death of an Emperor* (1989), p. 83.〔トーマス・クランプ『天皇崩御——岐路に立つ日本』駐文館編集部訳（駐文館、一九九一年）一一三頁〕。
(16) T. Crump, *Death of an Emperor,* p. 83;『朝日新聞』一九一二年九月一四日。
(17) Soseki Natsume, (trans. E. McLellen), *Kokoro* (1968), p. 246.〔夏目漱石『心』、『漱石全集』（岩波書店、一九九三—九九）、第九巻二九七頁〕。
(18) デイヴィッド・ベルガミニ (David Bergamini) は、彼の著書 *Japan's Imperial Conspiracy* (1971) で、裕仁の誕生日について別の可能性を示唆している。同様に、J. M. Packerd, *Sons of Heaven* (1987), pp. 234-235 を見よ。
(19) D. MacArthur, *Reminiscences* (1964), p. 288. D・マッカーサー（著）、津島一夫（訳）『マッカーサー回想記』（東京、一九六四年）。
(20) O. Checkland, *Britain's Encounter with Meiji Japan, 1868-1912* (1989).
(21) J. D. Pierson, *Tokutomi Soho, 1863-1957, a Journalist for Modern Japan* (Princeton, 1980), p. 362.
(22) W. G. Beasley, *Japanese Imperialism, 1894-1945* (Oxford, 1987) および I. Nish (ed.), *Anglo-Japanese Alienation, 1919-52* (Cambridge, 1982) を参照。
(23) J. W. Dower, *War without Mercy : Race and Power in the Pacific War* (1984), p. 286.
(24) Maw Ba, *Breakthrough in Burma* (Yale, 1968), p. 185.〔バー・モウ『ビルマの夜明け』二〇〇頁〕。
(25) M. Maruyama, *Thought and Behaviour in Modern Japanese Politics* (1969), p. 19.〔丸山眞男『現代政治の思想と行動』（未來社、一九五六—五七年）二六頁〕。
(26) T. Kawahara, *Hirohito and his Times* (Tokyo, 1990), p. 109.

訳者あとがき

本書は、Olive Checkland, *Humanitarianism and the Emperor's Japan, 1877–1977* (Macmillan, 1994) の翻訳である。ただし、原著者の了解も得て、本訳書では、原著にあった日本地図の一部と巻末付属資料のうち日本語語句の説明あるいは人名録など、日本の読者にとって必要性が薄いものについては割愛した。また原著者は、外国人読者向けに、たとえば「一九〇四年から五年の戦争」とか「太平洋戦争（一九四一－五年）」のように年を付記して事項を述べていることが多い。日本の読者には「日露戦争」あるいは「太平洋戦争」とだけした方が煩雑でなく読みやすい場合がある。このような場合には、年代を重視する著者の意図を尊重しながらも、適宜変更を加えた。それ以外でも、明らかに外国人読者向けの表現と見なされるものについては、訳者の責任で同様の処理をした。ただし、外国人研究者による日本研究である原著の性格がよく表現されている「サムライ」などの表現はそのままにした。

外国人による他国の歴史を描いた作品には、大きく分けて二つの方向がある。一つは、未利用の一次史料を探索、精読、分析し、その国の研究者と同じ水準で成果を競う方向である。近年の日本人若手研究者によって続々と発表される外国史研究はその例と言える。他方で、自分のおかれた環境とそこで育まれた問題意識を外国史に投影し、外国を素材としながら自己の主張を展開する方向がある。一次史料の入手がままならなかった時代の研究者や啓蒙論者などの描く外国史にこの傾向が認められる。

それぞれが知の世界に大きな貢献をしてきた。しかし、前者の研究では、専門領域での鋭い問題意識から分析素材に光をあててはいるが、必ずしも外国人としての視点が必要とされているわけでもない。むしろ、外国人としての視点を出すことが研究の後退と受け取られることさえある。ただこの場合には、なぜ外国人が他国史を研究するのかとの根本的な問いが発せられることになる。また、後者の方向では、自分の価値観、論点が先走り、外国史を理想化するかあるいは反対に蔑視するかのいずれかに陥りやすい。最悪の場合、ステレオタイプ化した外国史像が議論正当化のための道具に使われる。もちろん、その中間がある。しかし、多くの場合、中途半端に映り高く評価されることは少ない。両極からの挟撃か無視に遭う。あえて言うならば、本書の原著はこの範疇に入る。

原著者、チェックランド夫人は、日本語で書かれた一次史料を自在に読み解くほどまでには日本語に習熟していない。しかし、それを補って余りある広い範囲の英語で著わされた日本に関する文献・史料を精力的に渉猟される。そのことは、本書の原注、参考文献の量を見れば一目瞭然である。そして、それらを根拠にして慎重に立論する。時としてそれはあまりにもバランスを重視した、否むしろ失した、態度にも映る。本書の原題である「人道主義と天皇の日本」はタイトルからして重い課題である。これらについて、ある固定的な観念をもつ欧米人たちからは、「日本」は「日本贔屓」と見られることもある。彼女が決して「日本贔屓」から発言しているのでないことは、本書を読めば日本の読者はすぐに理解するであろう。そこに貫かれているのは、あくまでも証拠に基づいて発言しようとする歴史研究者の基本的立場である。ただ、その根拠とする史料に日本語で書かれた一次史料が少ないという限界があるだけである。とするならば、外国の真摯な歴史研究者が、自国語で読解可能な文献・史料に正確に依拠して先に挙げた課題に挑んだ場合、どのような像が浮かび上がってくるのであろうか。一次史料を至上とする考え方とも価値観を振り回す考え方とも違った方法で他国の歴史に接近する道に存在意義はないのであろうか。イギリスの非鉄金属鉱山の産業史をもっぱらの分野とする、その意味では日本史にまったくの「門外漢」の私が、本書の翻訳を引き受けることになったのは、このような興味と主張が入り混じった気持からであった。

チェックランド夫人の履歴と業績については、本出版局より一九九六年に刊行された『明治日本とイギリス』(*Britain's Encounter with Meiji Japan, 1868–1912*, 1989) の訳者が詳しく紹介しているのでそれに譲りたい。さらに右訳書以外にも、川勝貴美(訳)『イザベラ・バード　旅の生涯』(日本経済評論社、一九九五年:*Isabella Bird and 'a woman's right to do what she can do well'*, 1996)、和気洋子(訳)『リタとウィスキー』(日本経済評論社、一九九八年:*Japanese Whisky, Scotch Blend*, 1998) などの翻訳書が近年刊行されているので、夫人のお名前をご存知の方も多いと思われる。それ以上に、夫人の広範囲な活動を反映して、夫人との交流をもつ人々は多い。訳者も、一九八四年以来、公私ともに大変お世話になってきた。

本書の翻訳の打診を受けたのは、一九九四年のミラノでの国際経済史会議のときであった。あまりにも訳者の専門領域と離れているので躊躇したが、自分本来の研究活動の合間に訳出することを条件にお引き受けする方向で考えることにした。翌一九九五年の春、夫人の数十年にわたる知己である故杉山忠平先生にも翻訳をお引き受けする旨お伝えし、作業を開始した。当初は二年程度で基本的な翻訳作業を終える予定でいた。しかし、訳者の怠慢が最大の原因であるが、自身のさまざまな大学運営への関わり、さらには在外研究などによって作業が大幅に遅延してしまった。ようやく原稿を完成させたのは二〇〇〇年春のことである。それからまた種々の事情が重なり、今日になってしまった。振り返ってみると、すでに作業開始から七年の歳月が流れ、世紀をまたいでの仕事となっていた。この間、チェックランド夫人は、遅々として進まない翻訳に苦情一つ言わず、辛抱強く待って下さった。残念なのは、杉山忠平先生がご存命のうちに本書を刊行できなかったことである。

このように長い期間にわたる細切れの作業を貼り合わせることになってしまったために、文章表現で違和感を拭いきれない部分が残っている。また、「門外漢」の作業ゆえの勘違いや不適切な翻訳が多々あると思われる。しかし、これらの点については次の機会での訂正に譲り、早期の刊行を優先させることにした。本書が、日本の人道主義のあり方について考える一つのきっかけとなることを祈っている。

本書の翻訳にあたって、慶應義塾大学医学部竹内勤教授はじめ多くの方々のお力添えをいただいた。とくに、つねに力強い励ましを惜しまなかった学部の同僚、玉置紀夫教授と文章表現や日本史の事項について助言をいただいた法政大学出版局の伊藤祐二氏には記して謝意を表したい。もちろん翻訳上の誤りはすべて私の責任である。末尾ではあるが、人名や事項などの調査、索引作成などで協力してくれた妻に感謝する。

二〇〇二年晩夏

工藤教和

索　引

＊（　）内の数字は巻末「人道主義と日本赤十字に関する年表」の頁数を示す．

ア　行

カ 行

サ 行

タ　行

ナ　行

ハ　行

マ　行

ヤ　行

ラ　行

ワ　行

人道主義と日本赤十字に関する年表

日本		世界	
		1859	ソルフェリーノの戦い．アンリ・デュナンが目撃．その光景におののく．
		1862	アンリ・デュナン『ソルフェリーノの思い出』出版．
		1863	4月24日：合衆国陸軍，戦場におけるアメリカ政府軍の行動規範「フランシス・リーバー・コード」を一般指令100号として公布． 9月1日：負傷兵についてのジュネーヴ委員会（赤十字社の創立）．
		1864	陸上における傷病者に関する第1次ジュネーヴ条約〔第1回赤十字条約〕．
1867	パリ万国博覧会．佐野常民，赤十字の展示を見る．		
		1868	使用禁止兵器についてのサンクト・ペテルブルグ宣言．
		1870	ロンドンで全国戦時傷病者救護会発足．後のイギリス赤十字社．
1873	ウィーン万国博覧会．佐野常民，岩倉具視，伊藤博文など赤十字の展示を絶賛．ジュネーヴ訪問．		
		1874	ブリュッセル会議．戦争に関する規則の要綱草案準備される．
		1876	2月10日：「赤十字国際委員会（ICRC）」の名称採択．
1877	日本赤十字社（JRC）の前身「博愛社」，西南戦争の戦場での双方の負傷者救護のために設立．		
		1880	国際法機関，陸戦についてのマニュアル「オックスフォード提要」を発表．
		1881	アメリカ赤十字社設立．
1886	11月15日：ジュネーヴ条約承認．		
1887	9月2日：ICRC，JRC を承認．篤志看護婦人会組織される．		

日本		世界	
1888	7月15日：JRC，磐梯山噴火災害に救護班を派遣.		
1890	4月1日：JRC，看護婦養成を開始.		
1892	6月17日：赤十字中央病院開設.		
1894	日清戦争の傷病者に対して救護班を派遣.	1894-5	日清戦争．1895年4月17日下関条約，戦争終結.
		1899	第1回ハーグ平和と軍縮会議．諸条約採択：陸戦法規と宣言.
1904	日露戦争の傷病者に対して救護班派遣．7万人のロシア人捕虜を厚遇．義眼・義手・義足，計175をロシア人捕虜に与える.	1904-5	日露戦争．1905年9月ポーツマス条約で戦争終結.
1906	4月18日：サンフランシスコ大地震に国際救援活動.	1906-7	第2次ジュネーヴ条約：陸上および海上における傷病者について〔第2回赤十字条約〕.
		1907	赤十字国際会議（ロンドン）．第2回ハーグ国際会議：陸戦に関する法規・条約.
		1909	ロンドン会議宣言：海戦法規について
1912	昭憲皇后，赤十字国際委員会に10万円寄贈．本社現在地〔東京都港区〕に移動.	1912	赤十字国際会議（ワシントン）.
		1913	海戦に関するオックスフォード提要.
1914-18	5千人のドイツ人捕虜日本に抑留，これを厚遇.		
1915-17	第1次大戦中，ロシア，イギリス，フランスに救護班派遣.		
1919	日本，赤十字社連盟創設5カ国に参加.	1919	5月：赤十字社連盟（各国赤十字社の連合）組織される．現赤十字社・赤新月社連合.
1920	3名のJRC看護婦第1回ナイチンゲール記章を受賞.		
1922	最初の青少年赤十字，滋賀県で結成．ポーランド人難民救済活動組織.		
1923	9月1日：関東大震災，死傷者14万人．JRC救護班活動.	1923	空戦についてのハーグ法規.

日本		世界	
1926	第2回東洋赤十字会議東京で開催.		
		1929	(9月) 陸上, 海上における傷病者, 戦争捕虜に関するジュネーヴ条約〔第3回赤十字条約および捕虜の待遇に関する条約〕.
		1931	満州事変.
		1933	日本, 国際連盟を脱退.
1934	10月：第15回赤十字運動国際会議, 東京で開催.	1934	主要諸国すべての赤十字指導者多数集合. 日本についての多大な宣伝効果.
1930年代	この時期, 外見上, 形式上はともあれ赤十字は軍当局によって軍のみに奉仕する組織へと堕落させられた.		
1937	中国侵略(「支那事変」として知られる).		
1941	太平洋戦争勃発. 赤十字社「医療救護にあらゆる努力を惜しまない」.	1941	12月7 (8) 日：日本軍真珠湾攻撃. 米は英・中などとともに連合国として日, 独, 伊枢軸国と開戦.
1941-45	20万人近い連合軍捕虜 (アメリカ人, オーストラリア人, イギリス人, カナダ人, オランダ人, ニュージーランド人), 日本支配下の東南アジアの劣悪な条件の中に抑留される. 野蛮行為頻発, 死傷者多数. 一部は日本の大東亜共栄圏構想に期待し助力するも, 多くのアジア人が残虐な取り扱いを受ける. 15,000人ほどの日本人捕虜が, オーストラリア, ニュージーランドなどに収容される. フェザーストン (ニュージーランド), カウラ (オーストラリア) から自殺的集団脱走を試み, 多くの捕虜が死亡.	1945	8月6日広島, 9日長崎に原爆投下. 8月15日：天皇, 国民に向けて放送. 戦争終結. 9月2日：東京湾にあった米戦艦ミズーリ艦上にて降伏文書調印.

日本		世界	
1946	赤十字社新定款採択.	1946-8	極東国際軍事裁判〔東京裁判〕.
1947	青少年赤十字再組織. 赤十字社奉仕団結成. 水上安全法講習再開.		
1948	救急法, 家庭看護法講習開始.		
		1949	陸上, 海上における傷病者, 捕虜, 文民に関する第4次ジュネーヴ条約.
1952	4月：最初の赤十字血液銀行東京に開設. 8月：日本赤十字社法成立.		
1953	赤十字によるソ連, 中国からの引き揚げ開始.		
		1956	ICRC 一般住民保護に関する規則案作成.
1959	赤十字による北朝鮮帰還事業開始.		
1960	8-11月：日本人医療班コンゴへ派遣（戦後初）.		
		1968	世界人権年. 事務総長「武力紛争時における人権」調査開始.
1970	7-8月：「こんにちは70」東南アジア汎太平洋地域青少年赤十字国際セミナー開催.		
1971	10月10日：天皇・皇后（名誉総裁）ジュネーヴの ICRC 本部訪問.		
1972	橋本祐子（元青少年課長）アンリ・デュナン記章受賞.		
		1974-7	武力紛争における法規の再確認と発展に関するジュネーヴ外交官会議.
1975	10月3日：天皇・皇后（名誉総裁）ワシントンのアメリカ赤十字本社を訪問.		
		1979	禁止兵器に関するジュネーヴ外交官会議.

参考文献目録

（別段のことわり書きがない場合，出版地はロンドンとする）

Ackerknecht, E. H., *History and Geography of the most Important Diseases* (New York, 1965).

Adler, C., *Jacob H. Schiff, his Life and Letters* (New York, n. d.).

Aida, Y. (trans. L. Allen), *Prisoner of the British, a Japanese soldier's Experience in Burma* (1966).〔会田雄次『アーロン収容所』(中央公論社，1962年)〕.

Akatsuka, Y.,〔赤塚行雄『与謝野晶子研究』(学芸書林，1990年)〕.

Allen, L., *Burma, the Longest War* (1966).

— *Japan, the Years of Triumph* (1971).

— *End of War in Asia* (1976).

— *Singapore 1941-1942* (1977).

Almond, G. A., and Coleman, J. S., *The Politics of the Developing Areas* (Princeton, 1960).

Anon., *Disabled Soldiers' Handbook* (1918).

Ariga, N., *The Japanese Red Cross Society* (St Louis, 1904).

— *The Japanese Red Cross Society and the Russo-Japanese War* (1907).

— *La Chine et la Grand Guerre Europêene* (Paris, 1920).

— *La Guerre Russo-Japonaise* (Paris, 1908).

Asada, T., *The Night of Thousand Suicides* (Sydney, 1970).

Ashmead Bartlett, E., *Port Arthur, the Siege and Capitulation* (Edinburgh, 1906).

Aston, W. G., *Shinto, the way of the Gods* (1905).

Ba, Maw, *Breakthorugh in Burma. Memoirs of a Revolution, 1939-1946* (Yale, 1968).〔バー・モウ『ビルマの夜明け――バー・モウ（元国家元首）独立運動回想録』横堀洋一訳（未來社，1995年)〕.

Bacon, A. M., *Japanese Girls and Women* (1891).

Bacque, J., *Other Losses* (1989).

Baily, S. B., *Prohibitions and Restrains in War* (1972).

Baker, M. N., *The Quest for Pure Water, the History of Water Purification from the Earliest Records to the Twentieth Century* (New York, 1948).

Baker, R. S., Woodrow Wilson, *Life and Letters,* 8 vols (New York, 1927-39).
Ballhatchet, K., *Race, Sex and Class under the Raj : Imperial Attitudes and Politics* (1980).
Ballon, R. O., *Shinto, the Unconquered Enemy : Japan's Doctrine of Racial Superiority and World Conquest* (1945).
Baly, M. E., *Florence Nightingale and the Nursing Legacy* (1986).
Bamba, N., *Japanese Diplomacy in a Dilemma, New Light on Japan's China Policy, 1924-1929* (Kyoto, 1972).
Batchelder, R. C., *The Irreversible Decision 1939-50* (Boston, 1962).
—— *Humanitarian Law on Humanitarian Politics?* (1974).
——'Diplomatic Conference on Humanitarian Law', *Harvard International Law Journal,* Vol. 16, (1975), pp. 1-16.
Baty, J. A., *Surgeon in the Jungle War* (1979).
Beasley, W. G., *Modern History of Japan* (1973).
—— *Japanese Imperialism, 1894-1945* (Oxford, 1987).
Bell, F., *Undercover University,* Privately printed (Cambridge, 1990).
Bell, L., *Destined Meeting* (1959).
Bellah, R. N., *Tokugawa Religion* (Glencoe, 1957).
Benedict, R., *The Chrysanthemum and the Sword, Patterns of Japanese Culture* (Boston, 1946).〔ルース・ベネディクト『菊と刀』長谷川松治訳(社会思想研究会出版部，1948年)〕.
Bennet, J. W. and Nagai, M., 'The Japanese Critique of the Methodology of Benedict's Chrysanthemum and Sword', *American Anthropologist,* Vol. 55, Part 3 (August 1953), pp. 404-11.
Bergamini, D., *Japan's Imperial Conspiracy* (1971).
Bernadotte, D., *Instead of Arms* (1949).
Best, G. F. A., *Humanity in Warfare* (1980).
Best, G. F. A. and Wheatcroft, A. (eds), *De Solferino ă Tsoushima Histoire du Comitě International de la Croix Rouge* (Paris, 1963).
—— *War, Economy and the Military Mind* (1976).
Blomberg, C., *Samurai Religion I and II* (Uppsala, 1976).
Boissier, P., *From Solferino to Tsushima, a History of the International Committee of the Red Cross* (Geneva, 1985).
Bowring, R. J., *Mori Ogai and the Modernization of Japanese Culture* (Cambridge, 1979).

Boyle, J. H., *China and Japan at War* (1972).

Brackman, A. C., *The Other Nuremberg, the Untold Story of the Tokyo War Crimes Trials* (1989).

Braddon, R., *The Other Hundred Years' War, Japan's bid for supremacy* (1983).

Bradley, J., *Cyril Wild, the Tall Man who Never Slept* (Fontwell, Sussex, 1991).

Brazell, K., 'Mori Ogai in Germany', *MN* (Monumenta Nipponica) (Summer 1971).

Brereton, J. M., *The British Soldier, A Social History from 1661 to the Present Day* (1986).

Brindle, E., *With the Russians, Japanese and Chunchuse* (1905).

British Officers Reports, *The Russo-Japanese War,* Vols. I, II and III (1907).

British Red Cross Society, *Reports First World War, 1914-1919* (1921).

Broca, A. and Ducroquet, *Artificial Limbs* (1918).

Brooks, L., *Behind Japan's Surrender* (New York, 1968).

Brooks, S. M., *Civil War Medicine* (Springfield, Illinois, 1966).

Brougher, Brig. General. W. E., *South to Bataan, North to Mukden* (Athens, GA, 1971).

Brown, D. M., *Nationalism in Japan : An Introductory Historical Analysis* (Berkeley, 1965).

Brown, S. D. and Hirota, A., *Diaries of Kido Takayoshi,* Vols. I, II and III (Tokyo, 1983-6).

Browne, C., *The Last Banzai* (1967).

Brownlie, I. (ed.), *Basic Documents on Human Rights* (Oxford, 1971).

Buell, R. L., *The Washington Conference* (New York, 1922).

Burleigh, B., *Empire of the East* (1905).

Burnett, C. J., 'Daily Life of Japanese Infantry Soldier in time of War', in British Officers' Reports, *Russo-Japanese War,* Vol. II (1907), pp. 662-65.

Burnett, J., *Plenty and Want : A Social History of Diet in England from 1815 to the Present* (1966).

Bush, L., *The Road to Inamura* (1961).

Butow, R. J. C., *Japan's Decision to Surrender* (Stanfor, 1954).

— *Tojo and the Coming of War* (Stanford, 1961).

Byas, H., *The Japanese Enemy, his Power and his Vulnerability* (New

York, 1942).
—— *Government by assassination* (1943).
Byrnes, J., *All in One Lifetime* (New York, 1958).

Caidin, M., *Winged Samurai, Saburo Sakai and the Zero Fighter Pilots* (Mesa, Arizona, 1986).
Calvocoressi, R. and Wint, G., *Total War* (1972).
Cambray, P. G. and Briggs, G. G. B., *Red Cross and St John's War Organisation 1939-1947* (1949).
Cantile, N., *A History of the Army Medical Department,* 2 Vols (Edinburgh, 1974).
Carew, T., *Hostage to Fortune* (1971).
Carpenter, K. J., *The History of Scurvy and Vitamin C* (New York, 1986).
Carr, E. H., *Britain, a Study of Foreign Policy from the Versailles Treaty to the Outbreak of War* (1939).
Carr, Gregg, C., 'Japanese prisoners of war in Australia, the Cowra outbreak, August 1944', *Oceania,* Vol. XLVII, No. 4 (June 1977), pp. 253-64.
—— *Japanese Prisoners of War in Revolt* (Queensland, 1978).
Carter, N., *G-String jesters* (Melbourne, 1966).
Checkland, O., *Britain's Encounter with Meiji Japan, 1868-1912* (1989). 〔オリーヴ・チェックランド『明治日本とイギリス――出会い・技術移転・ネットワークの形成』杉山忠平・玉置紀夫訳（法政大学出版局，1996年)〕.
Clarke, H., *Breakout* (Sydney, 1965).
Cole, A., *Japanese Society and Politics, the Impact of Social Stratification and Mobility in Politics* (Boston, Mass., 1956).
Connors, L., *The Emperor's Adviser, Kinmochi Saionji* (1987).
Conroy, H., *The Japanese Seizure of Korea* (1960).
Cook, H. F., *Korea's 1884 Incident* (Seoul, 1972).
Cooper, G. with Holman, D., *Ordeal in the Sun* (1963).
Cortazzi, H., *Dr. Wills in Japan, 1862-1877, British Medical Pioneer* (1985).
Costello, J., *The Pacific War, 1941-45* (1981).
Cottel, A. B., 'Water Conservancy in War', *JRAMC,* Vol. IV (1905), pp. 174-7.
Craig, A. M. and Shively, D. H., *Personality in Japanese History* (Berkeley,

1971).
Craig, G. A. and Gilbert, F., *The Diplomats, 1919-1939* (Princeton, 1953).
Craig, W., *The Fall of Japan* (1968).
Craigie, R., *Behind the Japanese Mask* (1946).
Creveld, M. van, *Supplying War* (Cambridge, 1977).
Crosby, A. W., *Ecological Imperialism : The Biological Expansion of Europe 900-1900* (New York, 1986).
Crump, T., *The Death of an Emperor* (1989).〔トーマス・クランプ『天皇崩御——岐路に立つ日本』駐文館編集部訳（駐文館，1991年)〕.
Curtin, P. D., *Death by Migration, Europe's Encounter with the Tropical World in the Nineteenth Century* (Cambridge, 1989).

Davidson, S. Passmore, R., Brock, I. F. and Truswell, A. S., *Human Nutrition and Dietetics* (1979)
De Bary, W. T., *Sources of the Japanese Tradition* (New York, 1958).
De Vos, G. A., *Socialization for Achievement, Essays on the Cultural Psychology of the Japanese* (Berkeley, 1973).
De Vos, G. A. and Wagatsuma, H., *Japan's Invisible Race, Caste in Culture and Personality* (Berkeley, 1966).
Doi, T., *The Anatomy of Dependence* (Tokyo, 1973).〔土居健郎『「甘え」の構造』(弘文堂，1971年)〕.
Dore, R. P., *City Life in Japan* (1958).〔R・P・ドーア『都市の日本人』青井和夫・塚本哲人訳（岩波書店，1962年)〕.
—— *Land Reform in Japan* (1959).〔『日本の農地改革』並木正吉他訳（岩波書店，1965年)〕.
—— *Education in Tokugawa Japan* (1965).〔『江戸時代の教育』松居弘道訳（岩波書店，1970年)〕.
—— (ed.), *Aspects of Social Change in Modern Japan* (Princeton, 1971).
Dower, J. W., *Mori Ogai, Meiji Japan's Eminent Bystander* (Cambridge, Mass., 1963).
—— *Empire and Aftermath : Yoshida Shigeru and the Japanese Experience 1878-1954* (Harvard, 1979).
—— *War Without Mercy : Race and Power in the Pacific War* (1984).
Draper, G. I. A., *Red Cross Conventions* (1958).
——'The Geneva Conventions of 1949', *Recueil des Cours de l'acadēmie de droit international,* Vol. 14 (I) (1965), pp. 61-165.

——'Implementation of International Law in Armed Conflicts', *International Affairs,* Vol. 48 (1972), pp. 46–59.

——'Military Necessity and Humanitarian Imperatives', *Revue de droit pênal militaire et de droit de la guerre,* Vol. 12 (1973), pp. 129–42.

Duffy, M., 'Volunteering', *Mainichi Daily News,* (2 May 1977).

Dulles, F. R., *The American Red Cross, a History* (New York, 1950).

Dunant, H., *A Proposal for Introducing Unifomity in the Conditions of Prisoners of War on Land* (1872).

—— *A Memory of Solferino* (1947).

Dunlop, E. E., 'Medical Experiences in Japanese Captivity', *British Medical Journal,* Vol. II (5 October 1946), pp. 481–96.

—— *The War Diaries of 'Weary' Dunlop* (Melbourne, 1988).

Durand, A., *From Sarajevo to Hiroshima, History of the International Committee of the Red Cross* (Geneva, 1984).

Fall of Singapore, 50 year remembrance service (Canberra, 15 February 1992).

Fearey, R. A., *The Occupation of Japan. Second phase 1948–50* (New York, 1980).

Fliegel, O. and Feuer, S. G., 'Historical Development of Lower-Extremity Prostheses', *Archives of Physical Medicine and Rehabilitation,* Vol. 47 (1966).

Forbis, W. H., *Japan Today* (New York, 1975).

Forsythe, D. P., *Humanitarian Politics : The International Committee of the Red Cross* (Baltimore, 1977).

Fraser, M. C. (ed. H. Cortazzi), *A Diplomat's Wife in Japan* (Tokyo, 1982).

Freidel, F. B., 'General Orders 100 and Military Government', *The Mississippi Valley Historical Review* (1945–46), pp. 541–56.

—— *Francis Lieber, Nineteenth Century Liberal* (1947).

Fuchida, M. and Okumiya, M., *Midway, the Battle that Doomed Japan* (1957).〔淵田美津雄・奥宮正武『ミッドウェー』(日本出版協同, 1951年)〕.

Gayn, M., *Japan Diary* (New York, 1948).

Gibney, F., *Five Gentlemen of Japan* (1953).

—— *Japan, the Fragile Superpower* (1975).

Giovannitti, L. and Fried, F., *The Decision to Drop the Bomb* (New York, 1965).
Glahn, G. von, *The Occupation of Enemy Territory* (Minneapolis, 1957).
Glover, E., *War, Sadism and Pacifism : Further Essays in Group Psychology and War* (1946).
Gluck, C., *Japan's Modern Myths, Ideology in the late Meiji Period* (Princeton, 1985).
Gluck, C. and Grauband, S. R. (eds.), *Showa, the Japan of Hirohito* (New York, 1990).
Goodwin, R., Passport to Eternity (1956).
Gordon, E., *Miracle on the River Kwai* (1963).
Gordon H., *Die like the Carp* (Sydney, 1978). 〔ハリー・ゴードン『俎上の鯉――カウラ収容所日本人捕虜集団脱走事件』豊田穣訳（双葉社，1979年）〕.
Gower, E. S. (compiler), *Queen Mary's Hospital, Roehampton, General Hospital and Limb Fitting Centre* (1966) (その歴史についてのタイプスクリプト版複写からの概略).
Greenfell, R., *Main Fleet to Singapore* (1951).
Greenspan, M., *The Modern Law of Land Warfare* (Berkeley, 1959).
Grew, J. C., *Report from Tokyo* (1943).
―― *Ten Years in Japan* (New York, 1944).
―― *Turbulent Era, a Diplomatic Record of Forty Years* (1953).
Guillain, R., *Le peuple Japonais et la guerre* (Paris, 1947).
―― *The Japanese Challenge* (1970).
―― *I saw Tokyo Burning* (1981).
Gumpert, M., Dunant, *the Story of the Red Cross or the Knight Errant of Charity* (1939).

Hackett, R. F., *Yamagata Aritomo in the Rise of Modern Japan 1838-1922* (Cambridge, Mass., 1971).
Haggie, P., *Britania at Bay* (1981).
Haldane, E. S., *The British Nurse in Peace and War* (1923).
Hamilton, I., *A Staff Officer's Scrap-Book during the Russo-Japanese War* (1905-7).
Harries, M. and S., *Sheathing the Sword* (1987).
―― *Soldiers of the Sun* (1991).
Hart, E., *Man Born to Live : Life and Work of Henri Dunant, Founder of*

the Red Cross (1953).
Hashimoto, S., *Henry Dunant and Myself* (Tokyo, 1978).
Hasluck, P., *The Government and The People* (Canberra, Australian War Memorial, 1952).
Havens, T. R. H., *Valley of Darkness, the Japanese People and World War Two* (New York, 1978).
Hino, Ashihei, (trans. Lewis Bush), *War and Soldier* (1940).〔火野葦平「土と兵隊」「花と兵隊」「麦と兵隊」「海と兵隊」の4作をまとめたもの〕.
Hirano, I., 'Sanitation in the Japanese Navy on the Classification and Treatment of Wounds, during the late war', *International Congress of Medicine* (1913), Section 20, Part II, *Naval and Military Medicine,* pp. 87-102.
Holtom, D. C., *Modern Japan and Shinto Nationalism : A Study in Present Day Trends in Japanese Religions* (New York, 1963).
Howard, M., *War and the Liberal Conscience* (1978).
—— *Restraints on War* (Oxford, 1979).
Hudson, M. O., *International Legislation,* Vol. V (Washington, 1936).
Hull, C., *The Memoirs of Cordell Hull* (New York, 1948).
Humphreys, C., *Via Tokyo* (1948).
Hunter, J., *Japanese Women Working* (1993).

Ibuse, M., *Black Rain* (1969).〔井伏鱒二『黒い雨』(新潮社, 1966年)〕.
Ichihashi, Y., *The Washington Conference and After* (Stanford, 1928).
Ienaga, S., *The Pacific War, 1931-1945* (1978). 家永三郎『太平洋戦争』(東京, 1968年).
Ike, N., *Japan's Decision for War* (1967).
International Committee of the Red Cross, *Inta Arma Caritas* (Geneva, 1947).
—— *Report of the ICRC on its activities during the Second World War,* 3 Vols. (Geneva, 1948).
—— *The Geneva Conventions of 12 August 1949* (Geneva, 1949).
—— *International Congress of Medicine* (1913).
Ion, H., *The Cross and the Rising Sun : The Canadian Protestant Movement in the Japan Empire, 1872-1931* (Waterloo, 1990).
Iritani, T., *Group Psychology of the Japanese in War-time* (1991).〔入谷敏男『日本人の集団心理』(新潮社, 1986年)〕.

Iriye, A., *Pacific Estrangement, Japanese and American Expansion 1897-1911* (Cambridge, Mass., 1975).

—— *Mutual Images, Essays in American-Japanese Relations* (Cambridge, Mass., 1975).

—— *Power and Culture* (Cambridge, Mass., 1981).

Ishimaru, T., *Japan Must Fight Britain* (New York, 1936).

James, D. H., *The Rise and Fall of the Japanese Empire* (1951).

Jannetta, A. B., *Epidemics and Mortality in Early Modern Japan* (Princeton, 1987).

Jansen, M. B., *The Japanese and Sun Yat Sen* (Cambridge, Mass, 1954).

—— (ed.), *Changing Japanese Attitudes toward Modernization* (Princeton, 1965).

Japan, Ministry of Education, *Cardinal Principles of National Entity in Japan* (『国体の本義』) trans. by G. O. Gauntlett, ed. by R. K. Hall (Cambridge, Mass., 1949).

Japanese Central Red Cross Hospital (Tokyo, 1934).

Japanese Central Red Cross Maternity Hospital (Tokyo, 1934).

Japanese Junior Red Cross (Tokyo, 1937).

Japanese Red Cross, College of Nursing Principles and Curriculum (Tokyo, 1990).

Japanese Red Cross Society, General Description of the Relief Work during the Last War, 1914-19 (Tokyo, 1919).

Japanese Red Cross Society, 1953-56 (New Delhi, 1957).

『人道——その歩み』(日本赤十字社百年史)(共同通信社, 1979年)

Jones, F. C., *Japan's New Order in East Asia* (1954).

Joyce, J. A., *Red Cross International and the Strategy of Peace* (New York, 1959).

Junod, M., *Warriors without Weapons ICRC* (Geneva, 1982) 'The Hiroshima Disaster' *International Review of the Red Cross* (Geneva, Sept.-Dec. 1982).〔マルセル・ジュノー『ドクター・ジュノーの戦い——エチオピアの毒ガスからヒロシマの原爆まで』丸山幹正訳(勁草書房, 1981年)に所収〕.

Kajima, M., *The Diplomacy of Japan 1894-1922* (Tokyo, 1976).〔鹿島守之助『日本外交史』(鹿島研究所出版会, 1965年)〕.

Kalshoven, F., *Materials on the Trial of Former Servicemen of the Japanese Army charged with Manufacturing and Employing Bacteriological Weapons* (Moscow, 1950).

—— *Belligerent Reprisals* (Leyden, 1971).

Karsten, P., *Law, Soldiers and Combat* (Westport, Conn., 1978).

Kase, T., *Eclipse of the Rising Sun* (1951).

Katai, T., *One Soldier* (1956).〔田山花袋『一兵卒』(『花袋集』所収，易風社，1908年)〕.

Kato, M., *The Lost War, a Japanese Reporter's Inside Story* (New York, 1946).

Kawahara, T., *Hirohito and his Times, a Japanese Perspective* (Tokyo, 1990).

Kawasaki, I., *Japan Unmasked* (Vermont and Tokyo, 1969).〔河崎一郎『素顔の日本』木村譲治訳 (二見書房，1969年)〕.

Keene, D., *Japanese Discovery of Europe* (1952).

Kent Hughes, W. S., *Salves of Samurai* (1946).

Keogh, A., 'The results of Sanitation on the efficiency of Arms in peace and war', *JRAMC*, Vol. 12 (1909), pp. 357-785.

Kido, K., *Diary of Marquis Kido, 1931-45.*〔『木戸幸一日記』(東京大学出版会，1966年) の部分英訳〕.

Kokuryukai,〔黒龍会『西南記伝』全6巻 (黒龍会本部，1908-11年)〕.

Kotsuji, A. (小辻誠祐), *From Tokyo to Jerusalem* (Jerusalem, 1964).

Kozlovski, N., 'Statistical data concerning the losses of the Russian Army from sickness and wounds in the war against Japan, 1904-05', *JRAMC*, Vol. 18 (1912), pp. 330-46.

Kranzler, D., *Japanese, Nazis and Jews, Shanghai, 1938-45* (Hoboken, New Jersey, 1988).

Kupchinskii, F. P.,〔F・クプチンスキー『松山捕虜収容所日記——ロシア将校の見た明治日本』小田川研二訳 (中央公論社，1988年)〕.

Large, S. S., *Emperor Hirohito and Showa Japan : A Political Biography* (1992).

Lawson, Lady, *Highways and Homes of Japan* (1910).

Lea, Homer, *The Valour of Ignorance* (1909).

Lebra, J. C., *Japan's Greater East Asia Co-Properity Sphere in World War II. Selected readings and documents* (1975).

Lebra, T. S., *Japanese Patterns of Behaviour* (Honolulu, 1976).
Lee, B. A., *Britain and the Sino-Japanese War 1937-39* (Oxford, 1973).
Lee, H. G., *Nothing But Praise* (Culver City, California, 1948).
Lindsay, O., *At the Going Down of the Sun* (1981).
Long, G., *The Final Campaigns.* Australian War Memorial (Series 1, Army V7) (Canberra, 1946).
Lu, D. J., *From The Marco Polo Bridge to Pearl Harbour : Japan's entry to the Second World War* (1961).
Lumiere, C., *Kura* (Brisbane, 1966).

Mabire, J. and Breheret, Y., *The Samurai* (1975).
MacArthur, D., *Reminiscences* (1964).〔D・マッカーサー『マッカーサー回想記』上・下，津島一夫訳（朝日新聞社，1964年)〕.
McCaul, E., *Under the Care of the Japanese War Office* (1905).
——'The Red Cross Society in Japan', *JSL,* Vol. VII (1905-1907), pp. 211-25.
McCulloch, T., 'The field Service Filter Water Cart', *JRAMC,* Vol. 6 (1906), pp. 449-54.
Macdonald, G., *The Epidemiology and Control of Malaria* (1957).
McGrew, R. E., *Encyclopedia of Medical History* (New York, 1985).
MacKenzie, K. S., *Dead Men Rising* (Sydney, 1971).
MacLeod, R. and Lewis, M., (eds.), *Disease, Medicine and Empire : Perspectives on Western Medicine and the Experience of European Expansion* (1988).
McLoughlin, G. S., 'Notes on the Organisation and methods of the medical services of the Russian Army in time od War', *JRAMC,* Vol. VII (January to June 1907), pp. 590-608.
McNeill, W. H., *Plaques and Peoples* (New York, 1976).
McNeill, W. H., *Survey of International Affairs, America, Britain and Russia, their Co-operation and Conflict 1941-46* (Oxford, 1953).
McPherson, W. G., 'The Medical Organisation of the Japanese Army', *JRAMC,* Vol. VI, No. 3 (March 1906), pp. 219-250.
——'Organisation and Resources of the Red Cross Society of Japan', *JRAMC,* Vol. VI, No. 3 (March 1906), pp. 467-478.
Manning, P., *Hirohito, the War Years* (1986).
Marks, J., *Vitamins in Health and Disease : a modern re-appraisal* (1968).

Marks, T., 'Life in war-time Japan', *Japan and the Second World War,* LSE, ICERD, IS/89/197 (1989).

Maruyama, M., *Nationalism and the Right Wing in Japan* (1960).〔丸山真男「戦前における日本の右翼運動」, Morris, I., *Nationalism and the Right Wing in Japan* (1960) への序文.『現代政治の思想と行動(増補版)』(未來社, 1964年) 所収〕.

—— *Thought and Behaviour in Modern Japanese Politics* (1969).〔『現代政治の思想と行動』(東京, 1956-7年)〕.

Mason, W. W., *Prisoners of War. Official history of New Zealand in the Second World War, 1939-45* (Wellington, 1954).

Matsumoto, T., *Stories of Fifty Japanese Heroes* (Tokyo 1929).

Matsumoto, T., with M. O. Lerrigo, *A Brother is a Stranger* (1947).

Matsumura, T.,〔松村高夫, 金平茂紀「『ヒル・レポート』(上)——731部隊の人体実験に関するアメリカ側調査報告 (1947年)」,『三田学会雑誌』(慶應義塾大学経済学会) 84巻2号, 1991年1月294-97頁〕.

Matsunami, N., *The National Flag of Japan* (Tokyo, 1928).

Maxon, Y. C., *Control of Japanese Foreign Policy* (Berkeley, 1957).

Miller, R. I. (ed.), *The Law of War* (Lexington, Mass., 1975).

Mine, W. G., 'The influence of rice on beri-beri', *JRAMC,* Vol. 12 (1909), pp. 583-4.

Minear, R. H., *Victor's Justice, the Tokyo War Crimes Trials* (Princeton, 1971).

Mishima, Y., *The Samurai Ethic in Modern Japan* (1977).

—— *The Sea of Fertility* (1985).〔三島由紀夫『豊饒の海』(新潮社, 1969年),『三島由紀夫全集』第18巻 (新潮社, 1973年)〕.

Mitford, A. B., *Mitford's Japan, the Memoirs and Recollections, 1866-1906 of Lord Redesdale* (ed. H. Cortazzi) (1985).

Moore, C.H., *The Japanese Mind* (1973).

Morishima, M., *Why has Japan 'Succeeded'? Western Technology and the Japanese Ethos* (Cambridge, 1982).

Morley, J. A., *The Japanese Thrust into Siberia, 1918* (1950).

Morris, I., *Nationalism and the Right Wing in Japan* (Oxford, 1960).

—— *The Nobility of Failure: Tragic Heroes in the History of Japan* (1975).

Mosley, L., *Hirohito, Emperor of Japan* (1966).〔L・モズレー『天皇ヒロヒト』高田市太郎訳 (毎日新聞社, 1966年)〕.

Murakami, H., *Japan the Years of Trial, 1919–52* (Tokyo, 1982).
Murray, G., 'Oswald Wynd, a novel life', *Intersect* (March 1991), pp. 28–36.
Myers, R. H. and Peattie, M. R., *The Japanese Colonial Empire, 1895–1945* (Princeton, 1984).

Nakane, C., *Japanese Society* (1970). 中根千枝『タテ社会の人間関係――単一社会の理論』(東京，1967年)．
Natsume, S (trans. E. McLellan), *Kokoro* (1968). 〔夏目漱石『心』，『漱石全集』(岩波書店，1993-99年) 第 9 巻〕．
Nish, I., *Japanese Foreign Policy, 1869–1942* (1977).
——(ed.), *Anglo-Japanese Alienation, 1919–52* (Cambridge, 1982).
—— *The Origins of the Russo-Japanese War* (1985).
——(ed.), *Contemporary European Writing on Japan* (Ashford, Kent, 1988).
Nishi, I., 'Hospital Ships and the Transport of the Wounded', *XVII International Congress of Medicine* (1913), Section 20, Part II, Naval and Military Medicine, pp. 17–32.
Nitobé, I., *Bushido, the Soul of Japan* (New York, 1905). 〔新渡戸稲造『武士道』矢内原忠雄訳 (岩波文庫版，1938年)〕．
Norbeck, E., 'Edokko, a narrative of Japanese Prisoners of War in Russia', *Rice University Studies, Essays in the Humanities,* Vol. 57, I (1971), pp. 19–67.
Norman, E. H., *Japan's Emergence as a Modern State* (New York, 1940).
Novikoff-Priboy, A., *Tsushima* (1936). 〔ノビコフ・プリボイ『ツシマ――バルチック艦隊の潰滅』上脇進訳 (原書房，1984年)〕．
Nu, T., *Burma under the Japanese* (1954).

O'Brien, W. V., 'The Meaning of 'Military Necessity' in International Law', *World Polity,* Vol. 1 (1957), pp. 109–76.
——'Legitimate Military Necessity in Nuclear War', *World Polity,* Vol. 2 (1960), pp. 35–120.
——'Biological/Chemical Warfare and the International War of Law', *Georgetown Law Journal,* Vol. 51 (1962), pp. 1–63.
O'Connell, B., *Return of the Tiger* (1960).
Oe, Kenzaburo, *The Catch* (1959). 〔大江健三郎『飼育』(『死者の奢り』所収，文芸春秋新社，1958年)〕．

—— *A Personal Matter* (1969).〔『個人的な体験』(新潮社，1964年)〕.

—— *The Silent Cry* (1974).〔『万延元年のフットボール』(講談社，1967年)〕.

Offner, A., *American Appeasement* (1969).

Ogiso, R. and M,〔ソフィヤ・フォン・タイル (Sophia von Theil)『日露戦争下の日本——ロシア軍人捕虜の妻の日記』小木曽龍・小木曽美代子訳(新人物往来社，1991年)〕.

Okamoto, S., *The Japanese Oligarchy and the Russo-Japanese War* (Tokyo, 1970).

Okuma, S., ed. M. B. Huish, *Fifty Years of New Japan* (1909).

Oliver, B., *The British Red Cross in Action* (1966).

Ooka, S., *Fires on the Plain* (1957).〔大岡昇平『野火』(創元社，1952年)〕.

Otis, G. A. and Huntingdon, D. L., *The Medical and Surgical History of the War of the Rebellion,* Vol. II, *Surgical History* (1876-83).

Pacific War Research Society, *Japan's Longest Day* (1968).

Packard, J. M., *Sons of Heaven* (New York, 1987).

Pal, R., *Crimes in International Relations* (Calcutta, 1955).

Paravicini, F., *Bericht des Herr Dr. F. Paravicini über seinen Besuch der Gefangenenlager in Japan, 30 June to 16 July 1918* (Account of Dr Paravicini's visits to POW camps in Japan) (Basle, 1919), pp. 1-43.

Parkin, R., *Out of the Smoke, the Story of a Sail* (1960).

—— *Into the Smother, a Journal of the Burma-Siam Railway* (1963).

—— *The Sword and the Blossom* (1968).

Paskins, B. and Dockerill, M., *The Ethics of War* (1979).

Passin, H., *Society and Education in Japan* (New York, 1965).

Paull, R., *Retreat from Kokoda* (1953).

Pavillard, S. S., *Bamboo Doctor* (1960).

Peattie, M. R., *Ishiwara Kanji and the Japan's Confrontation with the West* (Princeton, 1975).

—— *The Japanese Colonial Empire, 1895-1945* (Princeton, 1984).

——'The last Samurai, the military career of Nogi Maresuke', papers on E. Asian Studies 1, Japan 1 (Princeton, 1986).

Perrin, N., *Giving up the Gun* (1979).

Person, J. D., *Tokutomi Soho, 1863-1957, a Journalist for Modern Japan* (Princeton, 1980).

Pictet, J., *The Principles of International Humanitarian Law,* ICRC (Geneva, 1966).

Plomer, W., Sado (1931).

Pollock, C. E., 'Losses in the Russo-Japanese War, 1904-5', *JRAMC,* vol. 17 (1911), pp. 50-4.

Post, L. van der, *The Night of the New Moon* (1970).

Powell, J. W., 'Japan's Germ Warfare, the US cover-up of a war crime', *Bulletin of Concerned Asian Scientists* (December 1980), pp. 2-17.

——'A Hidden Chapter in History', *The Bulletin of the Atomic Scientists* (October 1981), pp. 44-52.

Poynter, F. N. L., 'Evolution of Military Medicine', in Higham, R. (ed.), *A Guide to the Sources of British Military History* (Berkeley, 1971).

Presseison, E. L., *Before Aggression : Europeans Prepare the Japanese Army* (Tucson, 1965).

Price, W. de M., *The Japanese Miracle and Peril* (1971).

Prior, M., *Campaigns of a War Correspondent* (1912).

Putti, V., *History of Artificial Limbs* (New York, 1930).

Rappaport, A., *Henry S. Stimson and Japan* (1963).

Reischauer, E. O., *Japan, the Story of a Nation* (1970).

Richardson, T. E., *In Japanese Hospitals during War-time : Fifteen Months with the Red Cross Society of Japan. April 1904 to July 1905* (Edinburgh, 1905).

Rimer, J. T., *Mori Ogai* (Boston, 1975).

Rivett, R. D., *Behind Bamboo, an inside story of the Japanese prison camps* (Sydney, 1946).

Roberts, A. and Guelff, R. K., *Basic Documents on the Law of War* (Oxford, 1982).

Röling, B. V. A., *Internaitonal Law in an Expanded World* (Amsterdam, 1960).

—— and Rüter, C. F. (eds.), *The Tokyo Judgement, the International Tribunal for the Far East,* 2 Vols (Amsterdam, 1977).

Ross, H. C., 'A rapid means of Sterilizing Water for troops by using Thermite as fuel', *JRAMC,* Vol. 6 (1906), pp. 145-9.

Ross, R., *Studies in Malaria* (1928).

Rothkopf, C. Z., *Jean Henri Dunant, Father of the Red Cross* (1971).

Rousseau, J. J., *Contract Social* (Geneva, 1762).〔J・J・ルソー『社会契約論』桑原武夫・前川貞次郎訳（岩波文庫版，1954年)〕.
Lord Russell of Liverpool, *The Knights of Bushido* (1958).
Russo-Japanese War, 3 Vols (Tokyo, 1903).

Sadler, A. L., *The Life of Shogun Tokugawa Ieyasu* (1937).
Sakurai, T., *Human Bullets, a Soldier's Story of Port Arthur* (1907).〔桜井忠温『肉弾』(1906年)（復刻版：国書刊行会，1978年)〕.
Sanders, H. St G., *The Red Cross and the White* (1957).
Schindler, D. and Toman, J., *The Law of Armed Conflict : A Collection of Conventions* (Leyden, 1973).
Seaman, L. L., *From Tokio through Manchuria with the Japanese* (New York, 1905).
— *The Real Triumph of Japan* (New York, 1906).
Seidensticker, E., *Tokyo, Rising* (Cambridge, Mass., 1991).
Selwyn-Clarke, S., *Footprints* (Hong Kong, 1975).
Seymoer, L. R., *Florence Nightingale's Nurses, St Thomas' Nurse Training School, 1860-1960* (1960).
Shigemitsu, M., *Japan and Her Destiny* (1958).
Shillony, Ben-Ami, *Politics and Culture in War-time Japan* (Oxford and New York, 1981).
Shunpo Ko Tsuishoukai,〔春畝公追頌会編『伊藤博文伝』(1940年)〕.
Shiroyama, S., *War Criminal* (1974).〔城山三郎『落日燃ゆ』(新潮社，1974年)〕.
Sissons, D. C. S., 'The Cowra Break-out',〔『歴史と人物』165号（中央公論社，1984年9月10日)〕.
Slim, Sir W., *Defeat into Victory* (1956).
Smethurst, R. J., 'The Creation of the Imperial Military Reserve', *Journal of Asian Studies* (*JAS*), Vol. XXX, No. 4 (1971), pp. 815-28.
— *The Social Bases for pre-war Japanese Militarism, the Army and the Rural Community* (Berkeley and Los Angeles, 1974).
Smith, F. B., *Florence Nightingale, Reputation and Power* (1982).
Smith, R., 'The Japanese Rural Community : Norms, Sanctions and Ostracism' in J. M. Potter *et al.* (eds.), *Peasant Society : A Reader* (Boston, 1967), pp. 246-255.
Smith, R. C., *The Last Japanese Soldier* (1972).

Smith, R. J., *Ancestor Warship in Contemporary Japan* (Stanford, 1974).
Smith, W., *Japan at the Cross Roads* (1936).
Smyth, J. G., *Arthur E. Percival and the Tragedy of Singapore* (1971).
Spaight, J, M., *War Rights on Land* (1911).
—— *Air Power and the War rights* (1924).
Specter, R. H., *Eagle against the Sun : The American War with Japan* (1984).
Stead, A., *Japan, our new Ally* (1902).
—— *Japan by the Japanese* (1904).
—— *Japanese Patriotism* (1906).
Stimson, H. L., 'The Decision to use the Atomic Bomb', *Harper's Magazine,* Vol. 194, No. 1161 (February 1947), pp. 98–107.
—— *The Far Eastern Crisis* (1971).
Stockholm International Peace Research Institute, *The Law of War and Dubious Weapons* (Stockholm, 1976).
Stone, J., *Legal Controls of International Conflict* (1959).
Storry, R., *The Double Patriots* (1957).
—— *Japan and the Decline of the West in Asia* (1979).
Stott, H., 'A Contribution to the Study to Aetiology of Beri-Beri', *JRAMC,* Vol. 17 (1911), pp. 231–44.
Suzuki, J., 'The Japanese Red Cross Mission to England', *JSL,* Vol. 14 (1915–16), pp. 28–36.

Takaki, K., 'The Preservation of health amongst the personnel of the Japanese Army', *JRAMC,* Vol. VI (1906), pp. 54–62.
——'The Preservation of health amongst the personnel of the Japanese Navy and Army', *The Lancet,* Vol. 1 (19 May 1906), pp. 1520–3.
——'Military Hygiene of the Japanese Army', *New York Medical Journal,* Vol. LXXXIII, No. 23 (New York, 9 June 1906), Whole No. 1436, pp. 1161–6.
Takeda, K., *Dual Image of Japanese Emperor* (1988). 〔武田清子『天皇観の相剋』(岩波書店, 1978年)〕.
Tasaki, H., *Long the Imperial Way* (1951).
Timms, E. W., 'Blood bath at Cowra', *As you were* (Canberra, Australian War Memorial), pp. 175–180.
Titus, D. A., *Palace and Politics in Pre-war Japan* (1974).

Tokayer, M. and Schwartz, M., *The Fugu Plan : The Untold Story of the Japanese and the Jews during the World War II* (1979).〔M・トケイヤー，M・シュオーツ『河豚計画』加藤明彦訳（日本ブリタニカ，1979年)〕.
Tokyo Gazette, Field Service Code (Tokyo, 1941).
Toland, John, *The Rising Sun* (New York, 1970).
Tolishuro, O. D., *Tokyo Record* (1943).
Towle, P., 'Japanese Treatment of Prisoners in 1904-5', *Military Affairs,* Vol. 39 (1975), pp. 115-17.
Tsuji, M., *Singapore : Th Japanese Version* (Sydney, 1960).〔辻政信『シンガポール——運命の転機』(東西南北社，1952年)〕.
Tsunoda, R. W. T., de Barry, W. T. and Keene, D., *Sources of Japanese Traditions* (New York, 1968).
Tsurumi, K., *Social Change and the Individual* (Princeton, 1969).
Tuchman, B., *Sand against the Wind* (1971).

Varley, H. P. with I. and N. Morris, *The Samurai* (1970).
Vining, E. G., *Windows for the Crown Prince* (Philadelphia, 1952).
Von Teil, S., *Under the Hague Treaty* (New York, 1907).

Wainwright, J. M., *General Wainwright's Story* (1946).〔ジョナサン・ウェーンライト『捕虜日記：敗北・降伏・捕虜——屈辱の四年間』富永謙吾・堀江芳孝訳（原書房，1967)〕.
Waksman, S. A., *The Conquest of Tuberculosis* (Berkeley, 1966).
Ward, R. E. and Shulman, F. J., *Allied Occupation of Japan 1945-1952, An annotated bibliography of Western language material* (Chicago, 1974).
Ward, R. S., *Asia for Asiatics? The Techniques of Japanese Occupation* (Chicago, 1945).
Wasserstorm, R. A. (ed.), *War and Morality* (Belmont, California, 1970).
Weinstein, Alfred A., *Barbed Wire Surgeon* (New York, 1948).
Wheeler, G. E., 'Isolated Japan, Anglo-American Diplomatic Co-operation 1927-1936', *Pacific Historical Review,* Vol. XXX, No. 2 (May 1961), pp. 165-78.
White, J. A., *The Diplomacy of the Russo-Japanese War : The Siberian Intervention* (Princeton, 1964).
Williams, P. and Wallace, D., *Unit 731, the Japanese Army's Secret of Secrets* (1990).

Williams, R. R. and Spies, I. D., *Vitamin B_1 (Thiamin) and its Use in Medicine* (New York, 1939).

Wohl, A. S., *Endangered Lives, Public Health in Victorian Britain* (Cambridge, Mass., 1983).

Woodham Smith, C., *Florence Nightingale, 1820-1910* (1950).

Woodhull, A. A., *Observations of the Medical Department of the British Army* (St Louis, Mo., 1894).

Woods, R. and Woodward, J. (eds.), *Urban Disease and Mortality in Nineteenth Century Engalnad* (New York, 1984).

Wynd, O., *The Forty Days* (1972).

Yabe, Tatsusaburo, 'Disparition du Kakke (beri-beri) dans la marine Japonais', *Archives du medicine navale* (1900), 73 : 58-551.

Yamashita, T., 〔『日本人ここに眠る』(私家版, 1969年)〕.

Yanaga, C., *Japanese People and Politics* (New York, 1956).

Yokoi, S., *The Last Japanese Soldier* (1972).

Yosano, A., 〔与謝野晶子『定本與謝野晶子全集』(講談社, 1979-81年)〕.

Yoshida, K., *Japan is a Circle* (1975).

Yoshihashi, T., *Conspiracy at Mukden, the Rise of the Japanese Military* (New Haven, 1963).

Zimmern, A., *The League of Nations and the Rule of Law 1918-1935* (1936).

天皇と赤十字
日本の人道主義100年

2002年10月31日　初版第1刷発行

オリーヴ・チェックランド
工藤教和 訳
発行所　財団法人　法政大学出版局
〒102-0073 東京都千代田区九段北3-2-7
電話03(5214)5540／振替00160-6-95814
製版，印刷　三和印刷／鈴木製本所

Printed in Japan

ISBN4-588-36411-1

著　者

オリーヴ・チェックランド

(Olive Checkland)

1941年バーミンガム大学地理学科卒業．翌年経済史家シドニー・G.チェックランドと結婚．リヴァプール，ケンブリッジ両大学で教鞭をとり，のちシドニーがグラスゴー大学に移ったのを期に，みずからの学究活動も本格化させた．かたわらシドニーの執筆活動を助け，共著も出版する．『ヴィクトリア期スコットランドの博愛運動』(1980)『社会史としての保健看護』(82，編著)『勤勉とエトス』(84，シドニーとの共著）など．永年，日英交流史の研究に携わり，本書の他に，『明治日本とイギリス』（法政大学出版局）などがある．

訳　者

工藤教和（くどう　のりかず）

1968年慶應義塾大学商学部卒業．現在慶應義塾大学商学部教授．専門は比較産業史，イギリス非鉄金属鉱山業史．主な論文：The Adaptability of the Cornish Cost Book System,（*Business History,* 1983，共著） Shares of South-West Mines as Portfolio Investments, 1861-92,（*Keio Buniness Review,* 1994）

魔女と魔女裁判〈集団妄想の歴史〉	K.バッシュビッツ／川端，坂井訳	¥380
科学論〈その哲学的諸問題〉	カール・マルクス大学哲学研究集団／岩崎允胤訳	¥250
先史時代の社会	クラーク，ピゴット／田辺，梅原訳	¥150
人類の起原	レシェトフ／金光不二夫訳	¥300
非政治的人間の政治論	H.リード／増野，山内訳	¥ 85
マルクス主義と民主主義の伝統	A.ランディー／藤野渉訳	¥120
労働の歴史〈棍棒からオートメーションへ〉	J.クチンスキー，良知，小川共著	¥190
ヒュマニズムと芸術の哲学	T.E.ヒューム／長谷川鉱平訳	¥220
人類社会の形成（上・下）	セミョーノフ／中島，中村，井上訳	上 品切 下 ¥280
倫理学	G.E.ムーア／深谷昭三訳	¥2200
国家・経済・文学〈マルクス主義の原理と新しい論点〉	J.クチンスキー／宇佐美誠次郎訳	¥ 850
ホワイトヘッド教育論	久保田信之訳	¥1800
現代世界と精神〈ヴァレリィの文明批評〉	P.ルーラン／江口幹訳	¥980
葛藤としての病〈精神身体医学的考察〉	A.ミッチャーリヒ／中野，白滝訳	¥1500
心身症〈葛藤としての病２〉	A.ミッチャーリヒ／中野，大西，奥村訳	¥1500
資本論成立史（全４分冊）	R.ロスドルスキー／時永，平林，安田他訳	(1)¥1200 (2)¥1200 (3)¥1200 (4)¥1400
アメリカ神話への挑戦（I・II）	T.クリストフェル他編／宇野，玉野井他訳	I ¥1600 II ¥1800
ユダヤ人と資本主義	A.レオン／波田節夫訳	¥2800
スペイン精神史序説	M.ピダル／佐々木孝訳	¥2200
マルクスの生涯と思想	J.ルイス／玉井，堀場，松井訳	¥2000
美学入門	E.スリヨ／古田，池部訳	¥1800
デーモン考	R.M.=シュテルンベルク／木戸三良訳	¥1800
政治的人間〈人間の政治学への序論〉	E.モラン／古田幸男訳	¥1200
戦争論〈われわれの内にひそむ女神ベローナ〉	R.カイヨワ／秋枝茂夫訳	¥3000
新しい芸術精神〈空間と光と時間の力学〉	N.シェフェール／渡辺淳訳	¥1200
カリフォルニア日記〈ひとつの文化革命〉	E.モラン／林瑞枝訳	¥2400
論理学の哲学	H.パットナム／米盛，藤川訳	¥1300
労働運動の理論	S.パールマン／松井七郎訳	¥2400
哲学の中心問題	A.J.エイヤー／竹尾治一郎訳	¥3500
共産党宣言小史	H.J.ラスキ／山村喬訳	¥980
自己批評〈スターリニズムと知識人〉	E.モラン／宇波彰訳	¥2000
スター	E.モラン／渡辺，山崎訳	¥1800
革命と哲学〈フランス革命とフィヒテの本源的哲学〉	M.ブール／藤野，小栗，福吉訳	¥1300
フランス革命の哲学	B.グレトゥイゼン／井上尭裕訳	¥2400
意志と偶然〈ドリエージュとの対話〉	P.ブーレーズ／店村新次訳	¥2500
現代哲学の主潮流（全５分冊）	W.シュテークミュラー／中埜，竹尾監修	(1)¥4300 (2)¥4200 (3)¥6000 (4)¥3300 (5)¥7300
現代アラビア〈石油王国とその周辺〉	F.ハリデー／岩永，菊地，伏見訳	¥2800
マックス・ウェーバーの社会科学論	W.G.ランシマン／湯川新訳	¥1600
フロイトの美学〈芸術と精神分析〉	J.J.スペクター／秋山，小山，西川訳	¥2400
サラリーマン〈ワイマル共和国の黄昏〉	S.クラカウアー／神崎巌訳	¥1700
攻撃する人間	A.ミッチャーリヒ／竹内豊治訳	¥ 900
宗教と宗教批判	L.セーヴ他／大津，石田訳	¥2500
キリスト教の悲惨	J.カール／高尾利数訳	¥1600
時代精神（I・II）	E.モラン／宇波彰訳	I 品切 II ¥2500
囚人組合の出現	M.フィッツジェラルド／長谷川健三郎訳	¥2000

りぶらりあ選書

スミス，マルクスおよび現代	R.L.ミーク／時永淑訳	¥3500
愛と真実〈現象学的精神療法への道〉	P.ローマス／鈴木二郎訳	¥1600
弁証法的唯物論と医学	ゲ・ツァレゴロドツェフ／木下，仲本訳	¥3800
イラン〈独裁と経済発展〉	F.ハリデー／岩永，菊地，伏見訳	¥2800
競争と集中〈経済・環境・科学〉	T.プラーガー／島田稔夫訳	¥2500
抽象芸術と不条理文学	L.コフラー／石井扶桑雄訳	¥2400
プルードンの社会学	P.アンサール／斉藤悦則訳	¥2500
ウィトゲンシュタイン	A.ケニー／野本和幸訳	¥3200
ヘーゲルとプロイセン国家	R.ホッチェヴァール／寿福真美訳	¥2500
労働の社会心理	M.アージル／白水，奥山訳	¥1900
マルクスのマルクス主義	J.ルイス／玉井，渡辺，堀場訳	¥2900
人間の復権をもとめて	M.デュフレンヌ／山縣熙訳	¥2800
映画の言語	R.ホイッタカー／池田，横川訳	¥1600
食料獲得の技術誌	W.H.オズワルド／加藤，禿訳	¥2500
モーツァルトとフリーメーソン	K.トムソン／湯川，田口訳	¥3000
音楽と中産階級〈演奏会の社会史〉	W.ウェーバー／城戸朋子訳	¥3300
書物の哲学	P.クローデル／三嶋睦子訳	¥1600
ベルリンのヘーゲル	J.ドント／花田圭介監訳，杉山吉弘訳	¥2900
福祉国家への歩み	M.ブルース／秋田成就訳	¥4800
ロボット症人間	L.ヤブロンスキー／北川，樋口訳	¥1800
合理的思考のすすめ	P.T.ギーチ／西勝忠男訳	¥2000
カフカ=コロキウム	C.ダヴィッド編／円子修平，他訳	¥2500
図形と文化	D.ペドウ／磯田浩訳	¥2800
映画と現実	R.アーメス／瓜生忠夫，他訳／清水晶監修	¥3000
資本論と現代資本主義（I・II）	A.カトラー，他／岡崎，塩谷，時永訳	I 品切 II ¥3500
資本論体系成立史	W.シュヴァルツ／時永，大山訳	¥4500
ソ連の本質〈全体主義的複合体と新たな帝国〉	E.モラン／田中正人訳	¥2400
ブレヒトの思い出	ベンヤミン他／中村，神崎，越部，大島訳	¥2800
ジラールと悪の問題	ドゥギー，デュピュイ編／古田，秋枝，小池訳	¥3800
ジェノサイド〈20世紀におけるその現実〉	L.クーパー／高尾利数訳	¥2900
シングル・レンズ〈単式顕微鏡の歴史〉	B.J.フォード／伊藤智夫訳	¥2400
希望の心理学〈そのパラドキシカルアプローチ〉	P.ワツラウィック／長谷川啓三訳	¥1600
フロイト	R.ジャカール／福本修訳	¥1400
社会学思想の系譜	J.H.アブラハム／安江，小林，樋口訳	¥2000
生物学における ランダムウォーク	H.C.バーグ／寺本，佐藤訳	¥1600
フランス文学とスポーツ〈1870～1970〉	P.シャールトン／三好郁朗訳	¥2800
アイロニーの効用〈『資本論』の文学的構造〉	R.P.ウルフ／竹田茂夫訳	¥1600
社会の労働者階級の状態	J.バートン／真実一男訳	¥2000
資本論を理解する〈マルクスの経済理論〉	D.K.フォーリー／竹田，原訳	¥2800
買い物の社会史	M.ハリスン／工藤政司訳	¥2000
中世社会の構造	C.ブルック／松田隆美訳	¥1800
ジャズ〈熱い混血の音楽〉	W.サージェント／湯川新訳	¥2800
地球の誕生	D.E.フィッシャー／中島竜三訳	¥2900
トプカプ宮殿の光と影	N.M.ペンザー／岩永博訳	¥3800
テレビ視聴の構造〈多メディア時代の「受け手」像〉	P.バーワイズ他／田中，伊藤，小林訳	¥3300
夫婦関係の精神分析	J.ヴィリィ／中野，奥村訳	¥3300
夫婦関係の治療	J.ヴィリィ／奥村満佐子訳	¥4000
ラディカル・ユートピア〈価値をめぐる議論の思想と方法〉	A.ヘラー／小箕俊介訳	¥2400

十九世紀パリの売春	パラン=デュシャトレ／A.コルバン編 小杉隆芳訳	¥2500
変化の原理〈問題の形成と解決〉	P.ワツラウィック他／長谷川啓三訳	¥2200
デザイン論〈ミッシャ・ブラックの世界〉	A.ブレイク編／中山修一訳	¥2900
時間の文化史〈時間と空間の文化／上巻〉	S.カーン／浅野敏夫訳	¥2300
空間の文化史〈時間と空間の文化／下巻〉	S.カーン／浅野,久郷訳	¥3400
小独裁者たち〈両大戦間期の東欧における民主主義体制の崩壊〉	A.ポロンスキ／羽場久浘子監訳	¥2900
狼狽する資本主義	A.コッタ／斉藤日出治訳	¥1400
バベルの塔〈ドイツ民主共和国の思い出〉	H.マイヤー／宇京早苗訳	¥2700
音楽祭の社会史〈ザルツブルク・フェスティヴァル〉	S.ギャラップ／城戸朋子,小木曽俊夫訳	¥3800
時間 その性質	G.J.ウィットロウ／柳瀬睦男,熊倉功二訳	¥1900
差異の文化のために	L.イリガライ／浜名優美訳	¥1600
よいは悪い	P.ワツラウィック／佐藤愛監修,小岡礼子訳	¥1600
チャーチル	R.ペイン／佐藤亮一訳	¥2900
シュミットとシュトラウス	H.マイアー／栗原,滝口訳	¥2000
結社の時代〈19世紀アメリカの秘密儀礼〉	M.C.カーンズ／野﨑嘉信訳	¥3800
数奇なる奴隷の半生	F.ダグラス／岡田誠一訳	¥1900
チャーティストたちの肖像	G.D.H.コール／古賀,岡本,増島訳	¥5800
カンザス・シティ・ジャズ〈ビバップの由来〉	R.ラッセル／湯川新訳	¥4700
台所の文化史	M.ハリスン／小林祐子訳	¥2900
コペルニクスも変えなかったこと	H.ラボリ／川中子,並木訳	¥2000
祖父チャーチルと私〈若き冒険の日々〉	W.S.チャーチル／佐藤佐智子訳	¥3800
エロスと精気《エネルギー》〈性愛術指南〉	J.N.パウエル／浅野敏夫訳	¥1900
有閑階級の女性たち	B.G.スミス／井上,飯泉訳	¥3500
秘境アラビア探検史(上・下)	R.H.キールナン／岩永博訳	上¥2800 下¥2900
動物への配慮	J.ターナー／斎藤九一訳	¥2900
年齢意識の社会学	H.P.チュダコフ／工藤,藤田訳	¥3400
観光のまなざし	J.アーリ／加太宏邦訳	¥3200
同性愛の百年間〈ギリシア的愛について〉	D.M.ハルプリン／石塚浩司訳	¥3800
古代エジプトの遊びとスポーツ	W.デッカー／津山拓也訳	¥2700
エイジズム〈優遇と偏見・差別〉	E.B.パルモア／奥山,秋葉,片多,松村訳	¥3200
人生の意味〈価値の創造〉	I.シンガー／工藤政司訳	¥1700
愛の知恵	A.フィンケルクロート／磯本,中嶋訳	¥1800
魔女・産婆・看護婦	B.エーレンライク,他／長瀬久子訳	¥2200
子どもの描画心理学	G.V.トーマス,A.M.J.シルク／中川作一監訳	¥2400
中国との再会〈1954—1994年の経験〉	H.マイヤー／青木隆嘉訳	¥1500
初期のジャズ〈その根源と音楽的発展〉	G.シューラー／湯川新訳	¥5800
歴史を変えた病	F.F.カートライト／倉俣,小林訳	¥2900
オリエント漂泊〈ヘスター・スタノップの生涯〉	J.ハズリップ／田隅恒生訳	¥3800
明治日本とイギリス	O.チェックランド／杉山・玉置訳	¥4300
母の刻印〈イオカステーの子供たち〉	C.オリヴィエ／大谷尚文訳	¥2700
ホモセクシュアルとは	L.ベルサーニ／船倉正憲訳	¥2300
自己意識とイロニー	M.ヴァルザー／洲崎惠三訳	¥2800
アルコール中毒の歴史	J.-C.スールニア／本多文彦監訳	¥3800
音楽と病	J.オシエー／菅野弘久訳	¥3400
中世のカリスマたち	N.F.キャンター／藤田永祐訳	¥2900
幻想の起源	J.ラプランシュ,J.-B.ポンタリス／福本修訳	¥1300
人種差別	A.メンミ／菊地,白井訳	¥2300
ヴァイキング・サガ	R.プェルトナー／木村寿夫訳	¥3300

りぶらりあ選書

肉体の文化史〈体構造と宿命〉	S.カーン／喜多迅鷹・喜多元子訳	¥2900
サウジアラビア王朝史	J.B.フィルビー／岩永，冨塚訳	¥5700
愛の探究〈生の意味の創造〉	I.シンガー／工藤政司訳	¥2200
自由意志について〈全体論的な観点から〉	M.ホワイト／橋本昌夫訳	¥2000
政治の病理学	C.J.フリードリヒ／宇治琢美訳	¥3300
書くことがすべてだった	A.ケイジン／石塚浩司訳	¥2000
宗教の共生	J.コスタ=ラスクー／林瑞枝訳	¥1800
数の人類学	T.クランプ／髙島直昭訳	¥3300
ヨーロッパのサロン	ハイデン=リンシュ／石丸昭二訳	¥3000
エルサレム〈鏡の都市〉	A.エロン／村田靖子訳	¥4200
メソポタミア〈文字・理性・神々〉	J.ボテロ／松島英子訳	¥4700
メフメト二世〈トルコの征服王〉	A.クロー／岩永，井上，佐藤，新川訳	¥3900
遍歴のアラビア〈ベドウィン揺籃の地を訪ねて〉	A.ブラント／田隅恒生訳	¥3900
シェイクスピアは誰だったか	R.F.ウェイレン／磯山，坂口，大島訳	¥2700
戦争の機械	D.ピック／小澤正人訳	¥4700
住む　まどろむ　嘘をつく	B.シュトラウス／日中鎮朗訳	¥2600
精神分析の方法 I	W.R.ビオン／福本修訳	¥3500
考える／分類する	G.ペレック／阪上脩訳	¥1800
バビロンとバイブル	J.ボテロ／松島英子訳	¥3000
初期アルファベットの歴史	J.ナヴェー／津村，竹内，稲垣訳	¥3500
数学史のなかの女性たち	L.M.オーセン／吉村，牛島訳	¥1700
解決志向の言語学	S.ド・シェイザー／長谷川啓三監訳	¥4500
精神分析の方法 II	W.R.ビオン／福本修訳	¥4000
バベルの神話〈芸術と文化政策〉	C.モラール／諸田，阪上，白井訳	¥4000
最古の宗教〈古代メソポタミア〉	J.ボテロ／松島英子訳	¥4500
心理学の７人の開拓者	R.フラー編／大島，吉川訳	¥2700
飢えたる魂	L.R.カス／工藤，小澤訳	¥3900
トラブルメーカーズ	A.J.P.テイラー／真壁広道訳	¥3200

（表示価格は本書刊行時のものです．表示価格は，重版に際して変わる場合もありますのでご了承願います．なお表示価格に消費税は含まれておりません．）